Unfallversicherung

der in

land- und forstwirthschaftlichen Betrieben

beschäftigten Personen

in Preußen.

Nach dem Reichsgesetz vom 5. Mai 1886 und
dem Preußischen Ausführungsgesetz vom 20. Mai 1887.

Textausgabe mit Anmerkungen.

In amtlichem Auftrage
unter Mitwirkung des Kgl. Geh. Regierungs-Raths, vortr. Raths
im Ministerium für Landwirthschaft, Domainen und Forsten,
Dr. **von Heydebrand und der Lasa,**

bearbeitet von

E. von Woedtke,
Kais. Geh. Regierungs-Rath,
vortr. Rath im Reichsamt des Innern.

Berlin.

Druck und Verlag von Georg Reimer.

1887.

Vorwort.

Das Reichsgesetz, betreffend die Unfall- und Krankenversicherung der in land- und forstwirthschaftlichen Betrieben beschäftigten Personen, vom 5. Mai 1886 hat der landesgesetzlichen Regelung weiten Spielraum gelassen. Demzufolge hat Preußen durch ein Landesgesetz Bestimmungen über die Abgrenzung und Verwaltung der Berufsgenossenschaften für die Land- und Forstwirthschaft getroffen. Bei der praktischen Durchführung der Unfallversicherung für diesen wichtigsten uud am weitesten verbreiteten Berufszweig ist es daher in Preußen nicht zu umgehen, jederzeit neben dem Reichsgesetz auch die landesgesetzlichen Ausführungsbestimmungen in Betracht zu ziehen. Diese Erwägung, sowie das Bestreben, die baldige Durchführung der Unfallversicherung in der Land- und Forstwirthschaft thunlichst zu fördern und das Verständniß für diese schwierige aber doch so ungemein segensreiche Einrichtung in möglichst weite Kreise zu tragen, haben das vorliegende Büchlein ins Leben gerufen. Dasselbe stellt sich äußerlich als ein nur das Nothwendigste enthaltender Wegweiser dar, und schließt sich an den größeren Kommentar, den der Verfasser zu dem Reichsgesetz vom 5. Mai 1886 herausgegeben hat, in ähnlicher Weise an, wie seine Textausgaben des Krankenversicherungsgesetzes und des Unfallversicherungsgesetzes sich an die von ihm gleichfalls bearbeiteten Kommentare dieser Gesetze anschließen. Nur besteht der Unterschied, daß die vorliegende kleine Textausgabe, eben um das Preußische Landesgesetz ausgiebig berücksichtigen zu können, nur für Preußen bearbeitet und bestimmt ist. Die in Folge der Bestimmungen des Landesgesetzes in Preußen modifizirten oder fortgefallenen Bestimmungen des Reichsgesetzes sind durch kleine Typen kenntlich gemacht, die an deren Stelle getretenen Bestimmungen des Preußischen Ausführungsgesetzes dagegen an der entsprechenden Stelle des Reichsgesetzes eingestellt und durch gesperrten Druck hervorgehoben. Im Anhange ist sodann außer den sonstigen für Preußen bisher erlassenen Ausführungsbestimmungen auch dieses Ausführungsgesetz im Zusammenhange abgedruckt. Der Verfasser giebt sich der Hoffnung hin, daß auf solche Weise diejenigen Bestimmungen, welche in Preußen über die Unfallversicherung der in land- und forstwirthschaftlichen Betrieben beschäftigten Personen gelten werden, übersichtlich und mit ausreichender Deutlichkeit hervortreten werden. Er hofft aber ferner, daß es ihm in Folge seiner Kenntniß der Gesetze über Unfall- und Krankenversicherung, die er sich in seiner amtlichen Stellung im Reichsamt des Innern und im Preußischen Ministerium für Handel und Gewerbe, sowie in seiner bisherigen literarischen Thätigkeit erworben hat — nicht weniger aber auch in Folge der Mitwirkung des zuständigen Referenten im Ministerium für Landwirthschaft, Domänen und Forsten, Herrn Geheimen Regierungs-Rath Dr. von Heydebrand und der Lasa, welchem der Verfasser auch an dieser Stelle für seine Betheiligung verbindlichst dankt, — gelungen sein wird, den bei der Durchführung der Unfallversicherung betheiligten Personen ein für den Handgebrauch ausreichendes und brauchbares Handbuch zu bieten. Daß die Ausführungen in den Anmerkungen, soweit sie nicht aus den Motiven ꝛc. entlehnt sind, nur die Niemanden bindende Privatmeinung des Verfassers darstellen, braucht wohl kaum hervorgehoben zu werden. Möchte auch dieses Scherflein zur Förderung des großen Werkes der socialen Reform beitragen!

Berlin, im Mai 1887.

Der Verfasser.

Inhaltsangabe.

X. Landesgesetzliche Regelung.

Abkürzungen.

a. a. O. = am angeführten Ort.

A.-G. Ausd.-G. = Ausdehnungsgesetz, (Gesetz, betreffend die Ausdehnung der Unfall- und Krankenversicherung, vom 28. Mai 1885, R.-G.-Bl. S. 159).

A. N. = Amtliche Nachrichten des Reichs-Versicherungsamts; erscheinen seit 1. Dezember 1884 im Verlage von A. Asher u. Comp. zu Berlin (I., II., III., d. h. Jahrgang 1885, 1886, 1887).

Anm. = Anmerkung.

Art. = Artikel.

Bek. = Bekanntmachung.

B.-G. = Berufsgenossenschaft.

fg. = und folgende.

G. = Gesetz.

G.-S. S. = Gesetzsammlung (Preußische) Seite.

i. f. = in fine.

Komm.-Ber. = Kommissionsbericht (der Reichstags-Kommission).

K.-V.-G. = Krankenversicherungsgesetz vom 15. Juni 1883 (R.-G.-B. S. 73).

L.-G. = Landesgesetz (Gesetz, betr. die Abgrenzung und Organisation der Berufsgenossenschaften auf Grund des § 110 des Reichsgesetzes vom 5. Mai 1886, — vom 20. Mai 1887.

M.-J.-B. = Ministerialblatt für die innere Verwaltung.
Mot. = Motive.
R.-G. = Reichsgesetz.
R.-G.-Bl. S. / Reichs-Gesetzbl. S. = Reichs-Gesetzblatt Seite.
R.-T.-Dr.-S. = Reichstags-Drucksache-Seite.
R.-V.-A. = Reichs-Versicherungsamt.
S. = Seite.
Sten.-Ber. = Stenographische Berichte (über die Verhandlungen des Reichstags).
St.-G.-B. = Strafgesetzbuch.
U.-V.-G. / Unf.-Vers.-Ges. = Unfallversicherungsgesetz vom 6. Juli 1884; R.-G.-Bl. S. 69 (für die Industrie).
z. = zum.
z. Th. = zum Theil.

Einleitung.

Die eng begrenzten Gesichtspunkte der bisher allein geltenden civilrechtlichen Verbindlichkeit zum Schadensersatz bei Betriebsunfällen sind nicht ausreichend, um den meist den besitzlosen Klassen der arbeitenden Bevölkerung angehörenden Personen, welche ihre Arbeitskraft im Dienste Anderer verwerthen und dabei verunglücken, sowie den Hinterbliebenen derselben eine ausreichende Schadloshaltung zu gewährleisten und sie dadurch vor wirthschaftlicher Noth zu schützen. Denn der civilrechtliche Schadensersatzanspruch läßt vielfach diejenigen Unfälle unberührt, in denen ein fremdes Verschulden nicht vorliegt oder durch eigenes Verschulden des Verletzten aufgewogen wird, obgleich die Folgen in diesen Fällen gleich schwer zu tragen sind; ferner erfordert derselbe, abgesehen von schwierigen Berechnungen, fast immer langwierige und in ihrem Ausgang unsichere, oft auch kostspielige Prozesse. Diese Prozesse müssen nothwendigerweise das Verhältniß zwischen Arbeitgeber und Arbeitnehmer in bedenklicher Weise verschlechtern, und haben nicht einmal materiell sicheren Erfolg: denn wenn es auch wirklich gelungen ist, einen Anspruch auf Fürsorge endgültig zu erstreiten, so wird doch die Realisirung desselben in Folge Mittellosigkeit des verpflichteten Mitarbeiters, Betriebsbeamten oder Unternehmers sehr häufig unmöglich. Die Folge davon ist, daß verunglückte Arbeiter und deren Hinterbliebene nach wie vor meist der öffentlichen Armenpflege anheimfallen, welche jederzeit etwas Entwürdigendes hat und erst eintritt, wenn die eigenen Mittel vollständig erschöpft sind. Gerade diese Folgen bereiten den Boden für das Gift der Socialdemokratie, welcher nicht nur repressiv durch Unterdrückung ihrer staatsgefährlichen Erscheinungen, sondern auch vorbeugend durch positive, den Schutz der arbeitenden Klassen bezweckende Einrichtungen entgegengetreten werden muß. Letzteres ist Gegenstand und Zweck der von Kaiser Wilhelm und den verbündeten Regierungen eingeschlagenen socialpolitischen Gesetzgebung des Deutschen Reichs. Dieselbe will den Beschwerden der arbeitenden Bevölkerung, soweit sie als berechtigt anzuerkennen sind, abhelfen, und zu dem Zweck insbesondere für die wirthschaftlichen Folgen von Krankheit, Unfall, Alter und Invalidität Fürsorge treffen; sie geht von der Ueberzeugung aus, daß es Pflicht des auf der Basis des Christenthums stehenden modernen

Staats und zugleich eine Aufgabe staatserhaltender Politik sei, durch positive Maßregeln für seine besitzlosen Mitglieder, welche zugleich die zahlreichste und am wenigsten unterrichtete Klasse der Bevölkerung bilden, zu sorgen, für dieselben, sobald sie ihrer Erwerbsquelle, der körperlichen Arbeitsfähigkeit, meist ohne eigene Schuld mehr oder weniger beraubt sind, eine ausreichende, vor der Armenpflege bewahrende Fürsorge eintreten zu lassen, und sie dadurch vor der Versuchung, den Irrlehren der Sozialdemokratie Gehör zu geben, thunlichst zu bewahren. In ergreifender Weise werden diese Ziele und die Nothwendigkeit, sie mit thunlichster Beschleunigung zu erreichen, in den inhaltschweren Worten der Kais. Botschaften vom 17. November 1881 und vom 14. April 1883 dargelegt, deren erstere den Reichstag in der Session 1881/2 eröffnete, während die letztere demselben im Laufe der Session 1882/3 zuging. Die Allerh. Botschaft vom 17. November 1881 entwickelt das Programm dieser Gesetzgebung in folgenden denkwürdigen Sätzen:

„Schon im Februar dieses Jahres haben Wir Unsere Ueberzeugung aussprechen lassen, daß die Heilung der sozialen Schäden nicht ausschließlich im Wege der Repression sozialdemokratischer Ausschreitungen, sondern auf dem der positiven Förderung des Wohles der Arbeiter zu suchen sein werde. Wir halten es für Unsere Kaiserliche Pflicht, dem Reichstage diese Aufgabe von Neuem an's Herz zu legen, und würden Wir mit um so größerer Befriedigung auf alle Erfolge, mit denen Gott Unsere Regierung sichtlich gesegnet hat, zurückblicken, wenn es Uns gelänge, dereinst das Bewußtsein mitzunehmen, dem Vaterlande neue und dauernde Bürgschaften seines inneren Friedens und den Hülfsbedürftigen größere Sicherheit und Ergiebigkeit des Beistandes, auf den sie Anspruch haben, zu hinterlassen. In Unseren darauf gerichteten Bestrebungen sind Wir der Zustimmung aller verbündeten Regierungen gewiß und vertrauen auf die Unterstützung des Reichstags ohne Unterschied der Parteistellungen.

In diesem Sinne wird zunächst der von den verbündeten Regierungen in der vorigen Session vorgelegte Entwurf eines Gesetzes über die Versicherung der Arbeiter gegen Betriebsunfälle mit Rücksicht auf die im Reichstage stattgehabten Verhandlungen über denselben einer Umarbeitung unterzogen, um die erneute Berathung desselben vorzubereiten. Ergänzend wird ihm eine Vorlage zur Seite treten, welche sich eine gleichmäßige Organisation des gewerblichen Krankenkassenwesens zur Aufgabe stellt. Aber auch diejenigen, welche durch Alter und Invalidität erwerbsunfähig werden, haben der Gesammtheit gegenüber einen begründeten Anspruch auf ein höheres Maaß staatlicher Fürsorge, als ihnen bisher hat zu Theil werden können.

Für diese Fürsorge die rechten Mittel und Wege zu finden, ist eine schwierige aber auch eine der höchsten Aufgaben eines jeden Gemeinwesens, welches auf den sittlichen Fundamenten des christlichen Volkslebens steht. Der engere Anschluß an die realen Kräfte dieses Volkslebens und das Zusammenfassen der letzteren in der Form korporativer Genossenschaften unter staatlichem Schutz und staatlicher Fürsorge werden, wie Wir hoffen, die Lösung auch von Aufgaben möglich machen, denen die Staatsgewalt allein in gleichem Umfange nicht gewachsen sein würde. Immerhin aber wird auch auf diesem Wege das Ziel nicht ohne die Aufwendung erheblicher Mittel zu erreichen sein."

Aus der Allerh. Botschaft vom 14. April 1883 gehören ferner folgende Sätze hierher:

„Mit Sorge aber erfüllt es Uns, daß die prinzipiell wichtigere Vorlage über die Unfallversicherung bisher nicht weiter gefördert worden ist, und daß daher auf deren baldige Durchberathung nicht mit gleicher Sicherheit gerechnet werden kann.

Wenn die Vorlage über die Unfallversicherung, wie nach dem Stande ihrer Bearbeitung zu befürchten steht, in der laufenden Frühjahrssession vom Reichstage nicht mehr berathen und festgestellt wird, so würde durch vorgängige Berathung des nächstjährigen Etats wenigstens für die Wintersession diejenige Freiheit von anderen unaufschiebbaren Geschäften gewonnen werden, welche erforderlich ist, um wirksame Reformen auf sozialpolitischem Gebiete zur Reife zu bringen. Die dazu erforderliche Zeit ist eine lange für die Empfindungen, mit welchen Wir in Unserem Lebensalter auf die Größe der Aufgaben blicken, welche zu lösen sind, ehe Unsere in der Botschaft vom 17. November 1881 ausgesprochenen Intentionen eine praktische Bethätigung auch nur soweit erhalten, daß sie bei den Betheiligten volles Vertrauen finden.

Unsere Kaiserlichen Pflichten gebieten Uns aber, kein in Unserer Macht stehendes Mittel zu versäumen, um die Besserung der Lage der Arbeiter und den Frieden der Berufsklassen unter einander zu fördern, solange Gott Uns Frist giebt zu wirken.

Darum wollen Wir dem Reichstage durch

diese Unsere Botschaft von Neuem und in vertrauensvoller Anrufung seines bewährten treuen Sinnes für Kaiser und Reich die baldige Erledigung der hierin bezeichneten wichtigen Vorlagen dringend an's Herz legen."

Wie aus dem Vorangeschickten ersichtlich, bildet einen wichtigen Theil des angedeuteten sozialpolitischen Programms die Unfallversicherungsgesetzgebung, durch welche Arbeitern und Betriebsbeamten, welche bei der Arbeit einen mit dem Betriebe zusammenhängenden Unfall erlitten haben, eine ausgiebige, allzeit sichere Entschädigung zugewendet wird. Hierbei mußte man, um den im Eingange angedeuteten bisherigen Mängeln abzuhelfen, den civilrechtlichen Grundsatz des Schadensersatzes aufgeben, und an dessen Stelle eine auf dem Boden der öffentlich-rechtlichen Versicherung beruhende Fürsorge der zu lebensfähigen Genossenschaften vereinigten Betriebsunternehmer für ihre durch Betriebsunfälle verletzten Arbeiter und deren Hinterbliebene statuiren. Die Unfallversicherung beruht hiernach ebenso wie die Krankenversicherung auf dem Boden des öffentlichen Rechts, auf welchem auch die öffentliche Armenpflege erwächst. Während aber letztere nur bei dem bittersten Elend das Nothdürftigste zu gewähren hat, und den Almosenempfänger durch Beschränkung seiner öffentlichen Rechte herunterdrückt, will die Unfallversicherung, welche ohne Rücksicht auf Dürftigkeit eintritt und ganz andere Voraussetzungen hat, höhere soziale Aufgaben lösen, den Empfänger vor der Armenpflege und ihren entwürdigenden Folgen schützen und ihn dadurch heben.

Eine so durchgreifende Aenderung der gesammten bisherigen Rechtsgrundsätze über die Entschädigung bei Betriebsunfällen konnte nicht auf einmal erreicht werden. Man sah sich vielmehr genöthigt, den ersten Schritt auf diesem Wege auf diejenigen Klassen der arbeitenden Bevölkerung zu beschränken, bei denen das Bedürfniß umfassenderer Fürsorge am deutlichsten in die Erscheinung getreten war, nämlich auf die verschiedenen Zweige der Industrie. Außer den Transportbetrieben mußte auch die Land- und Forstwirthschaft insbesondere um deswillen einstweilen zurücktreten, weil hier die Unfallgefahr im Durchschnitt eine ungleich geringere ist, auch die auf dem Lande noch nicht überall verschwundenen patriarchalischen Grundsätze der Naturalpflege und der nachbarlichen Aushülfe die schwersten Folgen der Unfälle immer noch mildern. Dazu trat die Erwägung, daß die Regelung der Unfallversicherung für die Land- und Forstwirthschaft, deren Verhältnisse von denen der Industrie verschieden sind, nothwendig ein besonderes Gesetz erforderlich machte, wenn nicht die Land- und Forstwirthschaft durch eine schablonenhafte

Unterstellung unter die für die Industrie geeigneten Bestimmungen schwer geschädigt werden sollte; auch mußten ja die unvermeidlichen Meinungsverschiedenheiten das Zustandekommen irgend eines Gesetzes um so mehr gefährden, je breiter die Grundlage desselben genommen wurde, und je mehr Angriffsobjekte dasselbe demgemäß bot. So beschränkt sich denn das erst nach mehreren Anläufen verabschiedete „Unfallversicherungsgesetz" vom 6. Juli 1884 (Reichs-Gesetzbl. S. 69) im Wesentlichen auf die Industrie einschließlich der in der Landwirthschaft betriebenen industriellen Anlagen, das „Ausdehnungsgesetz" vom 28. Mai 1885 (Reichsgesetzbl. S. 159) im Wesentlichen auf Transportbetriebe.

Ungeachtet dieser einstweiligen Beschränkung war die allmählige Ausdehnung der Unfallversicherung auf alle derselben bedürfenden Klassen der arbeitenden Bevölkerung, insbesondere auch auf die Arbeiter in der Land- und Forstwirthschaft, als Theil des sozialpolitischen Programms von vorn herein beabsichtigt und objektiv unentbehrlich; denn nachdem einmal den Arbeitern in der Industrie die erforderliche Fürsorge bei Unfällen gesichert ist, will und darf die Landwirthschaft in Sicherung einer gleichen Fürsorge für ihre Arbeiter nicht zurückbleiben. Daß auch in der Land- und Forstwirthschaft die Unfallgefahr (durch Abstürzen von Speichern und Luken, durch den Umgang mit Zugvieh, durch Handhabung schneidender Werkzeuge und mannigfacher Maschinen, durch Fällen von Bäumen, durch Forst- und Jagdschutz ꝛc.) keineswegs geringe ist, lehrt die tägliche Erfahrung und die Statistik; und die gesetzliche Regelung einer unter allen Umständen sicheren, von eigenem Verschulden unabhängigen Fürsorge für die im Dienste Fremder erwerbsunfähig gewordenen unbemittelten Arbeiter ist in der Land- und Forstwirthschaft um so unentbehrlicher, als für dieselbe nicht einmal das Haftpflichtgesetz vom 7. Juni 1871 (Reichs-Gesetzbl. S. 207) gilt, welches in der Industrie wenigstens einigen, wenn auch ungenügenden Schutz bot. Die bisher häufig über das Maaß der öffentlichen Armenpflege hinaus freiwillig gewährte Fürsorge für verletzte Arbeiter ist schon wegen der Unsicherheit ihrer Dauer und, weil sie nicht allgemein besteht, nicht ausreichend; es bedarf vielmehr, um das Loos Verletzter und ihrer Hinterbliebenen zuverlässig sicher zu stellen, eines sicher wirkenden Rechtsschutzes derselben. Der Umfang dieses Rechtsschutzes darf schon im Interesse der ausgleichenden Gerechtigkeit in der Land- und Forstwirthschaft hinter dem für die Industrie und das Transportwesen für richtig befundenen Maaße nicht zurückbleiben. Andernfalls würden insbesondere in denjenigen Gegenden, in welchen Industrie und Landwirthschaft örtlich sich berühren, — und diese Gegenden werden mit dem Fortschreiten der Industrie auch in dem zur Zeit industriearmen

Osten der Monarchie immer zahlreicher werden, — der Land- und Forstwirthschaft die erforderlichen Arbeitskräfte noch mehr wie bisher entzogen und der Industrie, weil dieselbe eine bessere Fürsorge gewähren würde, zugeführt werden.

Aus diesen Gründen beeilten sich die verbündeten Regierungen, unmittelbar nach dem Erlaß des Unfallversicherungsgesetzes noch in der Session 1884/5 dem Reichstage einen Gesetzentwurf über die Erstreckung der Unfallversicherung auf die Land- und Forstwirthschaft vorzulegen. Dieser Gesetzentwurf aber theilte das Schicksal der ersten Entwürfe eines Unfallversicherungsgesetzes und gelangte nicht zur Verabschiedung. Dagegen wurde im Jahre 1886 ein zweiter Entwurf nach eingehender Berathung zum Gesetz erhoben und als Gesetz, betreffend die Unfall- und Krankenversicherung der in land- und forstwirthschaftlichen Betrieben beschäftigten Personen, vom 5. Mai 1886 (Reichs-Gesetzbl. S. 132) veröffentlicht. Der Umstand, daß durch die bisherigen Gesetze nur etwa 3½ Millionen, durch das letzterwähnte Gesetz aber rund 7 Millionen der arbeitenden Klassen des Deutschen Volks der Wohlthaten der Unfallversicherung theilhaftig geworden sind, sowie der Umstand, daß bei der Industrie nur rund 220 000, in der Land- und Forstwirthschaft aber, selbst wenn man von den zahlreichen kleinsten Betrieben unter 1 hect. Größe absieht, rund 3 Millionen Betriebsunternehmer die Unfallversicherung ihrer Arbeiter auf ihre Kosten, wenn auch zumeist mit minimalen Beträgen, durchzuführen berufen sein werden, läßt die außerordentlich große Bedeutung ermessen, welche dieses Gesetz für Deutschland dereinst haben wird!

Das Gesetz vom 5. Mai 1886 zerfällt in drei Theile. Der bei Weitem umfangreichste, 132 Paragraphen umfassende erste Theil behandelt in kodificirter Form die Unfallversicherung. Der zweite kleinere, nur 10 Paragraphen umfassende Theil stellt eine Novelle zum Krankenversicherungsgesetz vom 15. Juni 1883 (Reichs-Gesetzbl. S. 73) dar, beläßt es in der Land- und Forstwirthschaft bei der durch das letztere Gesetz vorgesehenen statutarischen Einführung der Krankenversicherungspflicht und enthält für diejenigen Gegenden, in welchen eine solche statutarische Erstreckung stattgefunden hat, einige die Erhaltung der Naturwirthschaft und anderer Besonderheiten der Land- und Forstwirthschaft bezweckende besondere Vorschriften. Den dritten Theil bildet der Schlußparagraph, § 143, welcher das Inkrafttreten des Gesetzes regelt. Der zweite Theil über die Krankenversicherung scheidet für die Zwecke der vorliegenden Bearbeitung aus, weil er in eine Darstellung der Lehre von der Krankenversicherung gehört und schon wegen seiner novellitischen Form ohne Zusammenhang mit dem Krankenversicherungsgesetz nicht verständlich gemacht werden kann. Er ist in dem Kommentar des Verfassers zum Krankenversicherungsgesetz, 3. Aufl.*), ausführlich behandelt. Die vorliegende Arbeit hat sich vielmehr ausschließlich mit der Unfallversicherung in der Land- und Forstwirthschaft zu beschäftigen, welche für diesen Berufszweig noch mehr wie für die Industrie eine völlig abgeschlossene, von der Krankenversicherung verschiedene Materie darstellt.

Die Bestimmungen über die Unfallversicherung in der Land- und Forstwirthschaft lehnen sich an die äußere Eintheilung und die grundlegenden Bestimmungen des Unfallversicherungsgesetzes für die Industrie an, enthalten aber innerhalb dieses Rahmens mehrfache zum Theil erhebliche Abweichungen. Diese Abweichungen bezwecken eine ausgiebige Berücksichtigung der zahlreichen, nicht im ganzen Reiche gleichartigen Besonderheiten der Land- und Forstwirthschaft und neben thunlichster Vereinfachung auch die Möglichkeit von Kostenersparungen bei der Verwaltung der Unfallversicherung. Sie beziehen sich daher insbesondere auf die Organisation und Verwaltung, während in

*) v. Woedtke, Krankenversicherungsgesetz (v. 15. Juni 1883) und die dasselbe ergänzenden reichsgesetzlichen Bestimmungen. 3. Aufl. Berlin und Leipzig bei J. Guttentag D. Collin) 1886.

materieller Beziehung die Aenderungen weniger hervortreten. Sein charakteristisches Gepräge erhält das Gesetz dadurch, daß die Landesgesetzgebung ermächtigt worden ist, unbeschadet der grundlegenden materiellen Bestimmungen des Reichsgesetzes gewisse Formalien, insbesondere die Bildung, Organisation und Verwaltung der Berufsgenossenschaften, selbständig zu regeln, und daß die betr. Vorschriften des Reichsgesetzes erst subsidiär dann und soweit in Kraft treten, als entsprechende landesgesetzliche Bestimmungen nicht erlassen sind. In Preußen ist in Folge dessen als „Gesetz, betreffend die Abgrenzung und Organisation der Berufsgenossenschaften auf Grund des § 110 des Reichsgesetzes über die Unfall- und Krankenversicherung der in land- und forstwirthschaftlichen Betrieben beschäftigten Personen vom 5. Mai 1886 (Reichs-Gesetzbl. S. 132)" ein derartiges Ausführungsgesetz erlassen worden. Außerdem ermächtigt das Reichsgesetz die Landesgesetzgebung, auch einzelne fakultativ gelassene materielle Bestimmungen, welche sonst im Wesentlichen dem Statut der einzelnen Gesellschaften überlassen sind, statt des letzteren selbst zu regeln. Hiervon ist in Preußen kein Gebrauch gemacht worden. Die Bestimmungen jenes Preußischen Ausführungsgesetzes werden in der nachstehenden Darstellung der Grundzüge der für die Land- und Forstwirthschaft geregelten Unfallversicherung aus praktischen Gründen ebenso berücksichtigt werden, wie sie in dieser Bearbeitung bei der demnächstigen Darstellung des Gesetzestextes selbst berücksichtigt worden sind.

Hiernach gestaltet sich in Preußen die Unfallversicherung in der Land- und Forstwirthschaft ihren Grundzügen nach wie folgt.

Die Unternehmer land- und forstwirthschaftlicher Betriebe, d. h. diejenigen, für deren Rechnung der Betrieb erfolgt (Pächter, Nutznießer ꝛc. im Gegensatz zu dem nicht selbstwirthschaftenden Eigenthümer, § 12), einschließlich der Unternehmer von Kunst- und Handelsgärtnereien sind gezwungen (§ 1), auf alleinige Kosten ihre Arbeiter und kleineren Betriebsbeamten gegen die Folgen solcher Betriebsunfälle zu versichern, welche den Tod herbeiführen oder deren gesundheitsschädliche Folgen nach Ablauf von 13 Wochen nach dem Unfall (Karenzzeit) noch nicht beseitigt sind (§§ 6, 7). Für die ersten 13 Wochen nach dem Unfall haben, sofern nicht der Tod des Verletzten die Folge des Unfalls gewesen ist, die Krankenkassen oder die Gemeindekrankenversicherung einzutreten; soweit Krankenversicherung nicht besteht, sind die Verletzten auf die landesrechtlich zur Fürsorge verpflichteten Arbeitgeber, Dienstherren ꝛc. angewiesen, müssen aber, nöthigenfalls von der Gemeinde des Beschäftigungsorts, wenigstens freie ärztliche Behandlung, freie

Arznei und freie kleine Heilmittel erhalten (§ 10). Die Gemeinde hat hierfür einen selbständigen Regreßanspruch gegen solche aus Gründen des Civilrechts zur Entschädigung verpflichtete Personen, welche dieser ihrer Verpflichtung nicht nachkommen. Auch zur Selbstversicherung können Betriebsunternehmer genöthigt werden (§ 1 Abs. 3, § 2 Abs. 2); berechtigt zu derselben sind die kleineren Betriebsunternehmer schon kraft des Gesetzes (§ 2 Abs. 1).

Die Versicherung erfolgt durch Berufsgenossenschaften der Unternehmer (§ 13), welche unbedingt leistungsfähig sein müssen, deren Errichtung aber zunächst der Landesgesetzgebung frei gegeben ist (§§ 18, 110). In Preußen bilden die land- und forstwirthschaftlichen Betriebsunternehmer in jeder Provinz eine Berufsgenossenschaft; jede Berufsgenossenschaft zerfällt im Anschluß an die landräthlichen Kreise (Oberamtsbezirke) in Sektionen (Art. I, II L.-G.). Andere Bundesstaaten sind berechtigt, ihr ganzes Gebiet oder Theile desselben der Berufsgenossenschaft eines Bundesstaates, welcher von der Befugniß des § 110 Gebrauch gemacht hat, also auch Preußens, anzuschließen, sofern der Bundesstaat zustimmt oder der Bundesrath auf Anrufen die Zustimmung ergänzt (§ 114). Zur Berufsgenossenschaft gehören kraft Gesetzes sämmtliche unter dieses Gesetz fallende land- und forstwirthschaftliche Betriebe ihres Bezirks mit ihren Nebenbetrieben, jedoch mit zwei Ausnahmen. Es bleiben nämlich außerhalb der landwirthschaftlichen Berufsgenossenschaften und in ihrem bisherigen Verhältniß zu den industriellen Berufsgenossenschaften diejenigen Nebenbetriebe eines Landwirths, welche als Bergwerke, Gruben, „Fabriken" schon unter das Unfallversicherungsgesetz vom 6. Juli 1884 fallen (insbesondere die größeren Brennereien und Ziegeleien) (§ 1 Abs. 2); und ferner bleiben außerhalb jeder Berufsgenossenschaft die für Rechnung des Reichs oder eines Bundesstaates verwalteten Betriebe, wenn sie nicht ausdrücklich und zwar bis zur Errichtung der Berufsgenossenschaften an die letzteren angeschlossen werden (§§ 102, 109). Hiernach bleiben in Preußen insbesondere die Staatsforsten und staatlichen Gestütbetriebe außerhalb der Berufsgenossenschaften; für diese Betriebe tritt an die Stelle der Berufsgenossenschaft der Preußische Staat. Einige kleinere Reichs- und Staatsbetriebe, insbesondere die Betriebe bei den Remontedepots und die vorübergehend in Regie verwalteten Domainen, sollen jedoch den Berufsgenossenschaften angehören. Sollte wider Erwarten eine Berufsgenossenschaft leistungsunfähig werden, so haben das Reich bezw. Preußen für die bisher erwachsenen Verbindlichkeiten dieser Genossenschaft aufzukommen und insofern Garantie zu leisten; die leistungsunfähig gewordene Genossenschaft selbst aber ist aufzulösen und ihre Betriebe sind an andere Genossenschaften anzuschließen (§§ 14, 113).

Die Berufsgenossenschaften geben sich selbst ein Statut, durch welches ihre inneren Angelegenheiten und ihre Geschäftsordnung geregelt werden (§ 19). Sie sind nach Landes- und Reichsrecht (Art. IV L.-G., § 26 R.-G.) ermächtigt, die laufende Verwaltung, soweit sie den Vorständen zustehen würde, an Organe der Selbstverwaltung abzugeben. Will die Genossenschaft hiervon Gebrauch machen, so führen nach Landesrecht (Art. IV) der Provinzialausschuß die Geschäfte des Genossenschaftsvorstandes, der Kreisausschuß die Geschäfte des Sektionsvorstandes, und in denjenigen Provinzen, in welchen Provinzial- bezw. Kreisausschuß noch nicht bestehen, treten subsidiär besondere durch das Landesgesetz bezeichnete analoge Organe an deren Stelle. Die Prüfung und Abnahme der Jahresrechnung erfolgt in diesem Falle durch die Provinziallandtage. Nach Landesrecht müssen die bezeichneten Organe auf Wunsch der Genossenschaft, jedoch auf deren Kosten, die Verwaltung derselben führen; ein derartiges Verhältniß darf auch nicht nach Belieben rückgängig gemacht werden. Nach obligatorischer Vorschrift des Reichsrechts bleibt aber auch in diesem Fall der Genossenschaft eine Betheiligung an der Verwaltung insofern gewahrt, als eine Genossenschaftsversammlung mit den nach

Gesetz oder Statut ihr übertragenen Geschäften bestehen bleibt (§ 26). Zu diesen Geschäften gehört insbesondere die Beschlußfassung über Abänderungen des Statuts, während die Wahl des Vorstandes event. dadurch erledigt wird, daß die Genossenschaftsversammlung von der Befugniß, die laufende Verwaltung abzugeben, Gebrauch macht, auf die Bildung eigener Vorstände also verzichtet. Sofern die Berufsgenossenschaft von der Ermächtigung, ihre laufende Verwaltung an die Provinzial- bezw. Kreisausschüsse abzugeben, nicht Gebrauch macht, hat sie sich durch Wahl eigene Genossenschafts- und Sektionsvorstände zu schaffen. Außerdem können die Genossenschaften, welchen übrigens auch die Dienste der Polizei-, Gemeinde- und anderer Behörden zur Verfügung stehen (§ 121), in allen Fällen noch besondere örtliche Organe (Vertrauensmänner (§ 23), Beauftragte (§ 90)) bestellen und dadurch ihre Verwaltung dezentralisiren, sie können ferner in gewissen Grenzen zur gemeinsamen Tragung des Risikos Verbindungen mit anderen Genossenschaften eingehen (§ 40), auch einen Theil des Risikos unbeschadet ihrer Verantwortlichkeit nach außen auf die Sektionen übertragen (§ 41).

Die Berufsgenossenschaften führen die Aufsicht über die ihnen zugehörigen Betriebe, soweit dies für die Zwecke der Unfallversicherung nöthig ist (§ 90); die Aufsicht über die Berufsgenossenschaften aber führt das Reichs-Versicherungsamt, jene zur Durchführung des Unfallversicherungsgesetzes im Jahre 1884 neuerrichtete Reichsbehörde, welcher neben ständigen vom Kaiser auf Lebenszeit ernannten Berufsbeamten vier Mitglieder des Bundesraths sowie je zwei industrielle Unternehmer und industrielle Arbeiter angehören, und welche zur Durchführung des vorliegenden Gesetzes um zwei land- und forstwirthschaftliche Unternehmer und zwei Versicherte aus der Land- und Forstwirthschaft zu verstärken ist (§ 95). Bei der Entscheidung der wichtigeren seiner Kognition anheimfallenden Streitigkeiten treten dem Reichs-Versicherungsamt außerdem noch zwei richterliche Beamte hinzu. Ein Landes-Versicherungsamt, dessen Errichtung auf eigene Kosten den Bundesstaaten freigestellt ist (§ 96), wird für Preußen nicht errichtet werden.

Bei Betriebsunfällen leistet die Berufsgenossenschaft dem Verletzteu oder seinen Hinterbliebenen, dem ersteren jedoch erst nach Ablauf der Karenzzeit (s. oben), Schadenersatz (§§ 6, 7) ohne Rücksicht darauf, ob der Unfall durch Zufall oder irgend ein selbst grobes Verschulden des Verletzten oder eines Andern herbeigeführt ist. Nur wenn der Verletzte selbst den Unfall vorsätzlich veranlaßt hat, entfallen seine und seiner Hinterbliebenen Ansprüche (§ 5). Der Schadenersatz besteht in einem Pauschquantum für die Kosten der Beerdigung, in den Kosten des ferneren Heilverfahrens und einer Rente.

Die letztere ist ein Bruchtheil des Jahresarbeitsverdienstes. Bei Arbeitern kommt derjenige Jahresarbeitsverdienst in Betracht, welchen land- und forstwirthschaftliche Arbeiter nach den Verhältnissen des Beschäftigungsorts durchschnittlich verdienen, und welcher von der höheren Verwaltungsbehörde festgesetzt wird (§ 6 Abs. 3); für Betriebsbeamte ist der Individualverdienst während des letzten Jahres, mindestens aber der ortsübliche Tagelohn gewöhnlicher Tagearbeiter maßgebend (§ 6 Abs. 4); war der Verletzte ein versicherter Betriebsunternehmer, so berechnet sich die Rente nach den Grundsätzen für Arbeiter, sofern nicht das Genossenschaftsstatut abweichende Bestimmungen enthält (§ 6 Abs. 5). Die Rente des Verletzten beträgt bei völliger Erwerbsunfähigkeit zwei Drittel ($66^2/_3$ pCt.) des Jahresarbeitsverdienstes, bei nur theilweiser Invalidität einen Bruchtheil dieses Betrages (§ 6 Abs. 2); die Rente für Hinterbliebene (Wittwen, Descendenten, Ascendenten) beträgt 15 bis 60 pCt. des Jahresarbeitsverdienstes (§ 7). Bei Personen, welche schon vor dem Unfall nur beschränkt erwerbsfähig waren, wird die Entschädigung gemindert (§ 6 Abs. 6).

Alle Unfälle, deren Folgen voraussichtlich länger als 3 Tage dauern werden, sind polizeilich zu melden (§ 55), alle Unfälle, welche den Tod oder eine länger als 13 Wochen währende Erwerbsunfähigkeit zur Folge haben, polizeilich zu untersuchen.

Die Feststellung der Entschädigung, welche

natürlich nur bei Unfällen der letzteren Art erforderlich ist, soll von Amtswegen und zwar durch die Organe der Genossenschaft erfolgen (§ 62). Gegen deren Feststellung findet die Berufung an ein Schiedsgericht statt (§ 67), welches in jedem Kreise ein für alle Mal errichtet ist (§ 50), den Charakter eines Spezialgerichtshofs trägt und unter dem Vorsitz eines unbetheiligten öffentlichen Beamten, zu gleichen Theilen aus Mitgliedern der Genossenschaft und Vertretern der versicherten Arbeiter besteht. Für die einer Berufsgenossenschaft nicht zugewiesenen Reichs- und Staatsbetriebe werden für die Bezirke der Ausführungsbehörden besondere Schiedsgerichte errichtet (§ 51). In den schwereren Fällen ist gegen die Entscheidung des Schiedsgerichts noch der Rekurs an das Reichs-Versicherungsamt gegeben (§ 68). Die Rechtsmittel haben keine aufschiebende Wirkung. Der Rechtsweg ist ausgeschlossen; nur dann, wenn die Ansprüche Hinterbliebener um deswillen zweifelhaft sind, weil das Familienverhältniß der letzteren zu dem Getödteten noch der Aufklärung bedarf, können die Hinterbliebenen zur rechtskräftigen Feststellung dieses ihren Anspruch begründenden Familienverhältnisses, aber auch nur zu diesem Zweck, zunächst auf den Rechtsweg verwiesen werden (§ 68). Die Auszahlung der Entschädigungen erfolgt auf Anweisung der Genossenschaftsvorstände durch die Postämter (§ 74); verändern sich in der Folge die Verhältnisse, welche für die Feststellung der Entschädigung maßgebend gewesen sind, so kann auf Antrag oder von Amtswegen die Entschädigung anderweit festgesetzt werden (§ 70).

Die Postverwaltungen schießen die von den Genossenschaftsvorständen angewiesenen Beträge vor und liquidiren dieselben nach Ablauf eines jeden (vom Bundesrath einheitlich festzustellenden) Rechnungsjahres ohne Berechnung von Zinsen bei den Genossenschaftsvorständen zur Erstattung (§ 75). Letztere vertheilen den zu erstattenden Jahresbetrag (einschließlich ihrer Verwaltungskosten) auf die Mitglieder der Genossenschaft mittelst Umlage (§§ 13, 76), also dergestalt, daß, wie bei Gemeinden und ähnlichen öffentlich-rechtlichen, die Gewähr ihres Bestandes in sich selbst tragenden Korporationen, nach Ablauf eines jeden Rechnungsjahres immer nur derjenige Betrag baar aufgebracht wird, welcher zur Deckung der im Vorjahre thatsächlich geleisteten Zahlungen erforderlich ist. Der Kapitalwerth der im Falle eines Unfalls zu leistenden Renten wird also nicht erhoben. Auf diese Weise werden der Landwirthschaft große Kapitalien erhalten, die ihr durch Hinterlegung geringer verzinslicher Deckungskapitalien entzogen werden würden. Zur Ausgleichung kann während der ersten Jahre, in denen die Last bei dem Umlageverfahren naturgemäß eine geringere sein muß, um dann bis zum

Eintritt des Beharrungszustandes zu wachsen, durch Zuschläge zu den umgelegten Beiträgen ein Reservefonds aufgesammelt werden (§ 17).

Ueber den Maßstab, nach welchem die Umlage erfolgen soll, beschließt im Wesentlichen die Genossenschaftsversammlung. Es kann nämlich durch das Statut bestimmt werden, daß die aufzubringenden Beträge nach dem Maßstabe direkter Steuern, insbesondere nach der Grundsteuer, umgelegt werden sollen (§ 33 Abs. 1), wobei die einzelnen Betriebe nach dem Maaße ihrer Unfallgefährlichkeit bezw. nach den verschiedenen Klassen eines Gefahrentarifs verschieden hoch herangezogen werden dürfen. Sofern das Statut eine solche Bestimmung nicht enthält, tritt die gerechtere und theoretisch richtigere, aber in der Praxis umständlichere reichsgesetzliche Regel dahin ein, daß die Höhe der Beiträge jedes Betriebes sich nach der Höhe des Risikos richtet, mit welchem der betr. Betrieb (nach Umfang und Betriebsart) die Genossenschaft belastet. Hierzu werden die Beiträge für Arbeiter nach dem durchschnittlichen Arbeiterbedarf, welcher durch Abschätzung der Betriebe ermittelt wird, einerseits, und nach der objektiven Unfallgefahr jedes Betriebes, welcher durch Veranlagung zu den einzelnen Klassen eines Gefahrentarifs festgestellt wird, andererseits umgelegt (§ 33 Abs. 2), doch kann das Reichs- (bezw. Landes-)

Versicherungsamt genehmigen, daß auch hier von Aufstellung des Gefahrentarifs Abstand genommen werde (§ 35 Abs. 6); für Betriebsbeamte treten an Stelle der Abschätzung jährliche Nachweisungen der verdienten Gehälter, für Betriebsunternehmer deren Jahresarbeitsverdienst (§ 78). An dieser der Autonomie der Berufsgenossenschaften reichsrechtlich übertragenen Fakultät, den Maaßstab für die Beiträge zu bestimmen, hat das Preußische Landesgesetz nichts geändert (vgl. § 110), damit in jeder Provinz derjenige Maaßstab angewendet werden möge, welcher nach den Verhältnissen dieser Provinz als der geeignetste erscheint. Kleine Betriebsunternehmer können von Beiträgen ganz oder theilweise befreit werden (§ 16).

Wie der Staat und die einzelnen Betriebsunternehmer, so haben auch die Berufsgenossenschaften als solche ein pekuniäres Interesse daran, durch Verhütung von Unfällen ihre Lasten zu vermindern, und das um so mehr, als bei der Natur des Umlageverfahrens die Jahreslasten bis zum 75. Betriebsjahre steigen werden, falls nicht eine Ermäßigung derselben durch Verminderung der Unfälle ermöglicht wird. Das Gesetz überweist demgemäß den Berufsgenossenschaften die Befugniß, Unfallverhütungsvorschriften zu erlassen (§ 87) und den Betriebsunternehmern zur Verhütung einer Erhöhung ihrer Beiträge zweckdienliche Betriebseinrichtungen vorzuschreiben. Auch die von den Landesbehörden beabsichtigten Unfallverhütungsvorschriften sollen den Genossenschaftsorganen zur vorherigen Begutachtung vorgelegt werden (§ 89).

Ebenso wie den industriellen, so wird auch den land- und forstwirthschaftlichen Arbeitern eine Theilnahme an den Geschäften der Unfallversicherung eingeräumt. Sie sind nämlich durch je zwei Beisitzer an den Schiedsgerichten (§ 51), und durch Bevollmächtigte an den polizeilichen Unfalluntersuchungen betheiligt (§ 59). Die Wahl dieser Vertreter der Arbeiter erfolgt durch die Vorstände der für die Land- und Forstwirthschaft in der Sektion bestehenden Krankenkassen; soweit solche nicht vorhanden sind, werden die Vertreter der Arbeiter behördlich berufen. Ferner werden aus den Kreisen der Versicherten zwei nicht ständige Mitglieder des Reichs-Versicherungsamts durch den Bundesrath berufen (§ 95).

Für diejenigen Personen, welche auf Grund der öffentlich-rechtlichen Unfall- und Krankenversicherung Schadenersatz erhalten, fällt die civilrechtliche Haftpflicht des Betriebsunternehmers auch rücksichtlich des Versehens seiner Betriebsbeamten fort. Dieselbe bleibt aber rücksichtlich der ersten 13 Wochen nach dem Unfall bezw. bis zu dem in diesen Zeitraum fallenden Tode des Verletzten für diejenigen bestehen, welche nicht der Krankenversicherung unterliegen, weil solche Verletzte durch die von der Gemeinde gewährte freie Kur und Arznei für ihre civilrechtlichen Ansprüche während dieser Zeit nicht als ausreichend abgefunden gelten können (§ 116). Außerdem ist derjenige Unternehmer und Betriebsbeamte, welcher strafrechtlich wegen Verschuldung des Unfalls hat haftbar gemacht werden können, dem Verletzten und seinen Hinterbliebenen sowie den Gemeinden, Krankenkassen und Berufsgenossenschaften regreßpflichtig, und zwar dem Verletzten und seinen Hinterbliebenen auf das Mehr, jedoch nur bei Vorsatz, den schadensersatzpflichtigen Korporationen dagegen in vollem Umfang und auch bei (kriminell strafbarer) Fahrlässigkeit (§ 117). Dritte haften ohne jede Beschränkung, leisten aber dasjenige, was die Verbände bereits gewährt haben, an diese, nicht an den schon befriedigten Verletzten (§ 119). Unterstützungskassen, Armenverbände und sonstige zur Fürsorge Verpflichtete bleiben zu den ihnen obliegenden Leistungen nach wie vor verbunden, erhalten aber von den Genossenschaften dasjenige erstattet, was die letzteren ihrerseits auf Grund dieses Gesetzes zu leisten verpflichtet sind (§. 10). Hierin liegt eine erhebliche Entlastung der öffentlichen Armenpflege.

Das hier skizzirte Gesetz scheint zwar bei dem ersten Anblick der Land- und Forstwirthschaft unerwünschte Lasten aufzulegen. Diese aber beugen lediglich größeren Nachtheilen vor. Dadurch, daß die Unfallversicherung den land- und forstwirthschaftlichen Arbeitern das Bewußtsein größerer Sicherheit ihres Looses giebt, sie dadurch der Landwirthschaft erhält, auch sie davor bewahren wird, den Irrlehren der Sozialdemokratie zum Opfer zu fallen, falls diese versuchen sollte, ihr Gift auch unter die ländlichen Arbeiter zu tragen, wird das Gesetz der Landwirthschaft ebenso zum Vortheil gereichen, wie das Unfallversicherungsgesetz vom 6. Juli 1884 sich schon jetzt für die Industrie als segensreich erweist. Möchte dieser Gesichtspunkt, auch wenn er zunächst weniger hervortreten sollte, niemals aus den Augen verloren werden — dann wird es gelingen, auch dieses Gesetz freudig und richtig durchzuführen und dadurch das Ziel, welches die Sozialpolitik unseres unvergleichlichen Kaisers und der verbündeten Regierungen sich gesteckt hat, das Ziel, durch positive Reformen eine Verbesserung der wirthschaftlichen Lage der arbeitenden Klassen zu erreichen und so den Frieden der verschiedenen Bevölkerungsklassen unter einander zu wahren, näher zu rücken!

Gesetz,

betreffend die

Unfall- und Krankenversicherung der in land- und forstwirthschaftlichen Betrieben beschäftigten Personen.

Vom 5. Mai 1886.

(Reichs-Gesetzbl. S. 132.)

Wir **Wilhelm,** von Gottes Gnaden Deutscher Kaiser, König von Preußen rc.

verordnen im Namen des Reichs, nach erfolgter Zustimmung des Bundesraths und des Reichstags, was folgt:

A. Unfallversicherung.

I. Allgemeine Bestimmungen.

Umfang der Versicherung.

§ 1.

Alle in land- oder forstwirthschaftlichen Betrieben beschäftigten Arbeiter und Betriebsbeamten, letztere sofern ihr Jahresarbeitsverdienst an Lohn oder Gehalt zweitausend Mark nicht übersteigt, werden gegen die Folgen der bei dem Betriebe sich ereignenden Unfälle nach Maßgabe der Bestimmungen dieses Gesetzes versichert. (Abs. 1)

Dasselbe gilt von Arbeitern und Betriebsbeamten in land- und forstwirthschaftlichen, nicht unter § 1 (Abs. 2) des Unfallversicherungsgesetzes vom 6. Juli 1884 (Reichs-Gesetzbl. S. 69) fallenden Nebenbetrieben.

(Abs. 3) Der Landesgesetzgebung bleibt überlassen, zu bestimmen, in welchem Umfange und unter welchen Voraussetzungen Unternehmer der unter Absatz 1 fallenden Betriebe versichert, oder Familienangehörige, welche in dem Betriebe des Familienhauptes beschäftigt werden, von der Versicherung ausgeschlossen sein sollen.

(Abs. 4) Wer im Sinne dieses Gesetzes als Betriebsbeamter anzusehen ist, wird durch statutarische Bestimmung der Berufsgenossenschaft (§ 13) für ihren Bezirk festgestellt.

(Abs. 5) Als landwirthschaftlicher Betrieb im Sinne dieses Gesetzes gilt auch der Betrieb der Kunst- und Handelsgärtnerei, dagegen nicht die ausschließliche Bewirthschaftung von Haus- und Ziergärten.

(Abs. 6) Welche Betriebszweige im Sinne dieses Gesetzes als land- oder forstwirthschaftliche Betriebe anzusehen sind, entscheidet im Zweifelsfalle das Reichs-Versicherungsamt.

Anmerkungen.

1. Alle land- und forstwirthschaftlichen Betriebe ohne Rücksicht darauf, ob sie die Haupterwerbsquelle bilden oder nur nebenher betrieben werden, und ohne Rücksicht auf Ausdehnung und Betriebsart (z. B. Verwendung von Maschinen) fallen unter das Gesetz. Der Begriff des „land- und forstwirthschaftlichen Betriebes" ist „umfassend genug, um auch die Aufzucht landwirthschaftlicher Nutzthiere, den Wein-, Obst- und Gemüsebau mit

zu erfassen. Die Bewirthschaftung von Haus- oder Ziergärten, sowie die Jagd und die Fischerei werden nur dann hierher gehören, wenn sie Theile oder Nebenbetriebe eines solchen Betriebes sind. Letzteres gilt auch von der Beschäftigung bei Heerden." (Mot. S. 49) Vgl. Abs. 5. Es gehören demnach auch die staatlichen Haupt- und Landgestüte, die Remontedepots etc. hierher.

2. Ebenso fallen unter das Gesetz die land- und forstwirthschaftlichen Nebenbetriebe, sofern sie nicht durch § 1 des Unfallversicherungsgesetzes v. 6. Juli 1884 erfaßt sind. Ausgenommen sind also insbesondere die mit landwirthschaftlichen Betrieben zuweilen verbundenen „Fabriken" und „Gräbereien" im Sinne des Unfallversicherungsgesetzes. Eine „Gräberei" in diesem Sinne ist eine nach technischen Regeln betriebene und gleichzeitig als selbständige unmittelbare Erwerbsquelle benutzte Anlage; eine „Fabrik" eine Anlage, welche bei vollem Betriebe regelmäßig mindestens zehn Arbeiter beschäftigt oder sich sonst sprachlich als „Fabrik" charakterisirt. „Fabriken" und „Gräbereien" in diesem Sinne bleiben also unter dem Unfallversicherungsgesetz, während andere gleichartige Anlagen, welche jene charakteristischen Merkmale nicht haben, unter das vorliegende land- und forstwirthschaftliche Gesetz fallen. Die Entscheidung, welche Anlagen (sofern sie nicht 10 oder mehr Arbeiter bei vollem Betriebe beschäftigen und deshalb kraft Gesetzes als Fabriken gelten) als „Fabriken" anzusehen sind, ist insbesondere bei denjenigen, welche auf der Grenze liegen, von Fall zu Fall durch das Reichs-Versicherungsamt zu treffen (§ 1 Abs. 5 U.-V.-G., § 1 Abs. 6 G. v. 5. Mai 1886 für generelle, ganze Kategorien umfassende Entscheidungen; §§ 36 bis 38 U.-V.-G., §§ 38, 46, 48 G. v. 5. Mai 1886 für einzelne, die Zuweisung einzelner Betriebe zu einer bestimmten Berufsgenossenschaft betreffende Katasterentscheidungen; §§ 59, 62 U.-V.-G., §§ 64, 67 G. v. 5. Mai 1886 für Einzelentscheidungen aus Anlaß von Unfällen, die in zweifelhaft gebliebenen Betrieben entstanden sind). Für

die Entscheidung ist insbesondere der Umfang der Anlage maßgebend. Nach bisher ergangenen Entscheidungen hält das R.-V.-A. für „Fabriken"

a) Brauereien, wenn mindestens 1000 hect. Malz jährlich verbraut werden (A.-N. II S. 160).

b) Brennereien mit Dampfbetrieb und 6 bis 12 Arbeitern (A.-N. I S. 2). Brennereien mit Handbetrieb und weniger als 10 Arbeitern, oder Brennereien mit einer Jahresproduktion von 20 hect. Spiritus zu 50% Tralles (A.-N. II S. 56) oder von ähnlich geringem Umfang sind keine „Fabriken", sondern landwirthschaftliche Nebenbetriebe.

c) Kalköfen und Kalkbrennereien (A.-N. I S. 366);

d) Mühlen (Getreide-, Oel-, Walk- ꝛc.), wenn sie gegen Entgelt für Dritte arbeiten. Mühlen aber, welche zu einem Gut gehören und in der Hauptsache den Bedarf des Gutes und seiner Leute decken, sind landwirthschaftliche Nebenbetriebe (vgl. A.-N. II S. 48).

e) Ziegeleien, ständige, mit einer Jahresproduktion von 100000 bis 200000 Stück (A.-N. II S. 160).

Hieraus ergibt sich, welche Anlagen dieser Art, weil nicht als Fabriken anzusehen, unter das vorliegende Gesetz fallen. Darüber, inwieweit durch Abänderung des Gesetzes weitere, z. B. unter das U.-V.-G. fallende Anlagen bezw. „Fabriken" aus dem letzteren herausgehoben und unter das vorliegende Gesetz werden gestellt werden können, sind weitere Erwägungen in Aussicht gestellt.

Unter das vorliegende Gesetz fallen sodann auch alle Nebenbetriebe, die bereits nach dem Ausdehnungsgesetz vom 28. Mai 1886 (R.-G.-Bl. S. 159) versicherungspflichtig waren (Kom.-Ber. S. 6), also Feldeisenbahnen, Fuhrwerks-, Speicherei-, Kellerei-, Flössereibetriebe; ferner fallen als Theile der Land- und Forstwirthschaft unter das vorliegende Gesetz die Bauten, welche der Unternehmer des land- oder forstwirthschaftlichen Betriebes im laufenden Wirthschaftsbetrieb ohne Vermittelung eines Baugewerbetreibenden ausführt. Um letzteres außer Zweifel zu stellen, bestimmt § 1 Abs. 4 des Gesetzentwurfs, betr. die Unfallversicherung der bei Bauten beschäftigten Personen, in der bei der Berathung des Reichstags bisher festgestellten Fassung:

„Die laufenden Reparaturen an den zum Betriebe der Land- und Forstwirthschaft bestimmten Gebäuden, und die zum laufenden Wirthschaftsbetrieb gehörenden Bodenkultur- und sonstigen Bauarbeiten, insbesondere die diesem Zwecke dienende Herstellung oder Unterhaltung von Wegen, Dämmen, Kanälen und Wasserläufen, gelten als Theile des land- und forstwirthschaftlichen Betriebes, wenn sie von Unternehmern land- und forstwirthschaftlicher Betriebe ohne Uebertragung an andere Unternehmer auf ihren Grundstücken ausgeführt werden".

Auch Jagd und Fischerei fallen, sofern sie von dem Unternehmer des land- und forstwirthschaftlichen Betriebes auf den zu letzterem gehörenden Grundstücken für eigene Rechnung betrieben werden, als Nebenbetrieb unter das vorliegende Gesetz, vgl. Anm. 1.

Im Uebrigen vgl. Näheres über die land- und forstw. Nebenbetriebe bei v. Woedtke, Kommentar Anm. 12 zu § 1.

3. Versichert sind (kraft Gesetzes, ohne besondere Anmeldung) alle Arbeiter und Arbeiterinnen, einschl. des landw. Gesindes, ohne Rücksicht darauf, ob sie Lohn bekommen (vgl. v. Woedtke Kommentar Anm. 6 zu § 1). Betriebsbeamte sind kraft Gesetzes versichert, sofern sie weniger als 2000 Mark Gehalt haben, jedoch können durch das Genossenschaftsstatut auch höher gelohnte Betriebsbeamte versicherungspflichtig gemacht werden, § 2; für Reichs-, Staats- und Kommunalbeamte vgl. die besondere Bestimmung des § 4. Betriebsunternehmer können durch die Landesgesetzgebung (§ 1 Abs. 3) event. in gewissem Umfang durch die Genossenschaft versicherungspflichtig gemacht werden, § 2; in Preußen bewendet es bei dieser Fakultät der Genossenschaft, da eine derartige

landesgesetzliche Bestimmung nicht erlassen ist. (Außerdem sind die Betriebsunternehmer versicherungsberechtigt, § 2 Abs. 1.) Ebensowenig ist in Preußen eine landesgesetzliche Ausschließung der Familienangehörigen erfolgt (Abs. 3); sie sind also versichert.

4. Die Versicherung bezieht sich auf Unfälle, welche ein „in" der Landwirthschaft nebst Nebenbetrieben (vgl. Anm. 2) beschäftigter Versicherter bei dem Betrieb erleidet; es wird also ein ursächlicher Zusammenhang zwischen Unfall und Betrieb verlangt. (Vergl. v. Woedtke, Kommentar Anm. 2, 10, 11 zu § 1 sowie desselben Verf. Kommentar z. U.-V.-G. 3. Aufl. Anm. 16, 17 zu § 1 U.-V.-G.).

Unter „Unfall bei dem Betriebe" ist ein (dem regelmäßigen Gang des Betriebes fremdes, aber mit dem letzteren in Verbindung stehendes) abnormes Ereigniß zu verstehen, dessen Folgen für das Leben oder die Gesundheit schädlich sind. Nachtheile für die Gesundheit, welche lediglich die Folge davon sind, daß ein Betrieb auch unter normalen Verhältnissen allmählig der Gesundheit schädlich wird, z. B. schleichende Krankheiten, allmählige Verschlechterung des Gehörs oder des Gesichts ꝛc., sind keine Betriebsunfälle. Auch der Waldhüter (Förster), welcher bei der Ausübung seines Amts von Holz- oder Wildfrevelern getödtet wird, erleidet einen Betriebsunfall. Der Unfall muß nach dem Inkrafttreten des Gesetzes sich ereignet haben, vgl. Anm. zu § 143.

Unerheblich ist, ob der Unfall durch höhere Gewalt, Zufall, Verschulden des Verletzten, des Unternehmers oder eines Dritten, ja selbst grobes Verschulden des Verletzten herbeigeführt ist. Nur bei eigener vorsätzlicher Herbeiführung des Unfalls fällt der Anspruch fort, § 5.

5. Die auf Grund der Unfallversicherung gewährte Entschädigung gilt ebensowenig wie bei der Krankenversicherung als öffentliche Armenunterstützung. Den verunglückten Personen bleiben also insbesondere ihre politischen ꝛc. Wahlrechte erhalten. Vgl. Näheres bei v. Woedtke, Krankenversicherung, 3. Aufl. Anm. 1 zu § 77 K.-V.-G.

§ 2.

Unternehmer der unter § 1 fallenden Betriebe (Abs. 1)
sind berechtigt, andere nach § 1 nicht versicherte in ihrem Betriebe beschäftigte Personen und, sofern ihr Jahresarbeitsverdienst zweitausend Mark nicht übersteigt, sich selbst zu versichern. Diese letztere Berechtigung kann durch Statut (§ 22) auf Unternehmer mit einem zweitausend Mark übersteigenden Jahresarbeitsverdienst erstreckt werden.

Auch kann durch Statut die Versicherungspflicht (Abs. 2)
auf Betriebsbeamte mit einem zweitausend Mark übersteigenden Jahresarbeitsverdienst und auf Betriebsunternehmer ausgedehnt werden, deren Jahresarbeitsverdienst zweitausend Mark nicht übersteigt.

Bei Versicherung von Betriebsbeamten ist der (Abs. 3)
volle Jahresarbeitsverdienst zu Grunde zu legen.

Anmerkung.

Vgl. Anm. 3 zu § 1.

§ 3.

Als Jahresarbeitsverdienst der Betriebsbeamten, (Abs. 1)
soweit sich derselbe nicht aus mindestens wochenweise fixirten Beträgen zusammensetzt, gilt das Dreihundertfache des durchschnittlichen täglichen Verdienstes an Gehalt oder Lohn. Als Gehalt oder Lohn gelten dabei auch feste Naturalbezüge. Der Werth der letzteren ist nach Durchschnittspreisen in Ansatz zu

bringen. Dieselben werden von der unteren Verwaltungsbehörde festgesetzt.

(Abs. 2) Ueber die Ermittelung des Jahresarbeitsverdienstes der Betriebsunternehmer hat das Statut (§ 22) Bestimmung zu treffen.

Anmerkungen.

1. Ueber die in Betracht kommende Höhe des Jahresarbeitsverdienstes der Arbeiter und anderer, von dem Unternehmer versicherter Personen disponirt der § 6. Für Arbeiter gelten Durchschnittssätze, für Betriebsbeamte der individuelle Verdienst, für Betriebsunternehmer entweder die Durchschnittssätze für Arbeiter oder andere dem Statut überlassene Bestimmungen; für andere versicherte Personen (§ 2), sofern dieselben nicht Betriebsbeamte sind, die Durchschnittssätze für Arbeiter.

2. Der Absatz 2 bezieht sich auf die Ermittelung, nach welchen Grundsätzen der Jahresarbeitsverdienst der Betriebsunternehmer im konkreten Fall zu ermitteln ist. Auf Grund dieser Bestimmungen wird das Versicherungsrecht bezw. die Versicherungspflicht der Unternehmer (§ 2) festgestellt. Der so festgestellte Jahresarbeitsverdienst derselben ist aber nicht ohne Weiteres maßgebend für die Höhe der Versicherung (§ 6 Abs. 5). Soll auch diese von dem nach § 3 ermittelten Jahresarbeitsverdienst abhängig sein, so muß dies durch das Statut ausdrücklich bestimmt werden, widrigenfalls die Rente wie für Arbeiter berechnet wird.

Letzteres gilt auch für die Berechnung der Beiträge (§ 80), sofern diese nicht überhaupt nach einem von dem Jahresarbeitsverdienst bezw. den Löhnen unabhängigen Maaßstabe, insbesondere nach der Grundsteuer, erhoben werden (§§ 33, 80).

3. Ueber „untere Verwaltungsbehörde" in Preußen vgl. Ziffer 2 der Ausführungsanweisung (siehe Anhang).

Reichs-, Staats- und Kommunalbeamte.

§ 4.

Auf die im § 1 des Gesetzes, betreffend die Fürsorge für Beamte und Personen des Soldatenstandes in Folge von Betriebsunfällen, vom 15. März 1886 (Reichs-Gesetzbl. Seite 53) bezeichneten Personen, auf Beamte, welche in Betriebsverwaltungen eines Bundesstaates oder eines Kommunalverbandes mit festem Gehalt und Pensionsberechtigung angestellt sind, sowie auf andere Beamte eines Bundesstaates oder Kommunalverbandes, für welche die in § 12 a. a. O. vorgesehene Fürsorge in Kraft getreten ist, findet dieses Gesetz keine Anwendung.

Anmerkung.

1. Reichsbeamte und Personen des Soldatenstandes (als solche, vgl. v. Woedtke, Kommentar Anm. 6 zu § 1) fallen nicht unter die Unfallversicherung; für sie trifft das Reichsgesetz vom 15. März 1886 (Reichs-Gesetzbl. S. 53) eine materiell gleichartige Fürsorge durch Gewährung entsprechender Pensionen und Reliktengelder, sofern sie durch Betriebsunfälle dienstunfähig werden.

Dasselbe wird für Preußische Staatsbeamte (ohne Rücksicht darauf, ob sie mit oder ohne Gehalt und Pensionsberechtigung angestellt sind,) gelten, da der Erlaß eines dem Reichsgesetz vom 15. März 1886 nachgebildeten Preußischen Landesgesetzes unmittelbar bevorsteht.

Kommunalbeamte fallen nicht unter die Unfallversicherung, wenn sie mit Gehalt und Pensionsberechtigung angestellt sind; sie bleiben dann auf ihr Gehalt bezw. ihre Pension angewiesen, deren Erhöhung die betr. Kommunalverbände sich event. angelegen sein lassen müssen.

Andere Kommunalbeamte sind in der Unfallversicherung und treten aus derselben erst dann heraus, wenn für sie durch statutarische Bestimmung des Kommunalverbandes eine der Unfallversicherung materiell gleichartige Fürsorge bei Betriebsunfällen geschaffen ist. Dies ist z. B. in Preußen noch nirgends geschehen.

2. Als Kommunalverband gelten sowohl weitere (Kreis, Provinz 2c.) wie engere Verbände (Gemeinden). Beamte anderer Korporationen, die nicht Kommunalverbände sind (Stifter, Kirchen 2c.), fallen unter diese Ausnahme — welche, wie alle Ausnahmen einschränkend zu interpretiren ist — auch dann nicht, wenn sie ebenso wie die Beamten des Staates 2c. gegen Gehalt und Pensionsberechtigung angestellt sind.

Gegenstand der Versicherung und Umfang der Entschädigung.

§ 5.

Gegenstand der Versicherung ist der nach Maaßgabe der nachfolgenden Bestimmungen zu bemessende Ersatz des Schadens, welcher durch Körperverletzung oder Tödtung entsteht. Der Anspruch ist ausgeschlossen, wenn der Verletzte den Betriebsunfall vorsätzlich herbeigeführt hat.

Anmerkungen.

1. Vgl. Anm. 4 zu § 1. Ersetzt wird nur Schaden an Leib und Leben, nicht auch Sachbeschädigung (an Kleidern 2c.) oder ein anderer Nachtheil.

Der Schadenersatz wird nicht gewährt auf Grund eines civilrechtlichen Schadensanspruchs, sondern auf Grund einer öffentlich-rechtlichen Versicherung; die in ihrer Verfolgung und Realisirung unsicheren civilrechtlichen Ersatzansprüche des Verletzten sind gegenüber dieser absolut sicheren öffentlich-rechtlichen Entschädigung z. Th. in Fortfall gebracht. Vgl. darüber §§ 116 bis 119.

2. *Körperverletzung* ist hier wie im Reichsstrafrecht (§ 223 Str.-G.-B.) jede Einwirkung auf den Körper eines Menschen, durch welche derselbe eine Störung des körperlichen Wohlbefindens erleidet. Vgl. Oppenhoff, Anm. 2 zu § 223 Str.-G.-B. Sie ist nicht auf äußere Verletzung (laesio) des Körpers (Verwundungen und Verstümmelungen) beschränkt, sondern umfaßt auch Störungen der inneren Körpertheile, überhaupt aller Funktionen der äußeren und inneren Organe. So gehören auch Störungen der geistigen Funktionen (eigentliche Geisteskrankheiten, Gedächtnißschwäche ꝛc.) hierher. Die Folgen der Körperverletzung müssen aber die *Arbeitsfähigkeit beeinträchtigen*. Die Einwirkung kann auch eine psychische (Gemüthserschütterung, Schreck ꝛc.) sein.

3. Der *Tod* kann sofort oder erst später eintreten. Es ist nur erforderlich, daß der Unfall wirklich die unmittelbare oder mittelbare Ursache des Todes ist.

4. Ueber die Nothwendigkeit, die Schuldfrage zurücktreten zu lassen, vgl. die Einleitung. *Vorsatz* ist bewußtes Wollen der Rechtswidrigkeit (hier also des Unfalls bezw. der Verletzung). Beim Vorsatz will man das Unrecht, beim Versehen ist das Rechte nicht gewollt, cf. Förster (Eccius), Theorie und Praxis des Preußischen Privatrechts I. 5. Aufl. S. 144.

§ 6.

Im Falle der Verletzung soll der Schadensersatz (Abs. 1) bestehen:

1. in den Kosten des Heilverfahrens, welche vom Beginn der vierzehnten Woche nach Eintritt des Unfalls an entstehen,

2. in einer dem Verletzten vom Beginn der vierzehnten Woche nach Eintritt des Unfalls an für die Dauer der Erwerbsunfähigkeit zu gewährenden Rente.

(Abs. 2) Die Rente beträgt:

a) im Falle völliger Erwerbsunfähigkeit für die Dauer derselben sechsundsechzigzweidrittel Prozent des Arbeitsverdienstes,

b) im Falle theilweiser Erwerbsunfähigkeit für die Dauer derselben einen Bruchtheil der Rente unter a, welcher nach dem Maaße der verbliebenen Erwerbsfähigkeit zu bemessen ist.

(Abs. 3) Bei Berechnung der Rente für Arbeiter sowie für andere von dem Betriebsunternehmer nach Maaßgabe des § 2 versicherte Personen, soweit dieselben nicht Betriebsbeamte sind, gilt als Arbeitsverdienst derjenige Jahresarbeitsverdienst, welchen land- und forstwirthschaftliche Arbeiter am Orte der Beschäftigung durch land- und forstwirthschaftliche, sowie durch anderweite Erwerbsthätigkeit durchschnittlich erzielen. Der Betrag dieses durchschnittlichen Jahresarbeitsverdienstes wird durch die höhere Verwaltungsbehörde nach Anhörung der Gemeindebehörde je besonders für männliche und weibliche, für jugendliche und erwachsene Arbeiter festgesetzt. Die Festsetzung kann je besondes für die landwirthschaftlichen und die forstwirthschaftlichen Arbeiter erfolgen. Die für verletzte jugendliche Arbeiter festgesetzte Rente ist vom vollendeten sechszehnten Lebensjahre des Verletzten ab auf den nach dem Arbeitsverdienst Erwachsener zu berechnenden Betrag zu erhöhen.

Bei Berechnung der Rente für Betriebsbeamte (Abs. 4) ist der Jahresarbeitsverdienst (§ 3 Abs. 1) zu Grunde zu legen, welchen der Verletzte in dem Betriebe, in welchem der Unfall sich ereignete, während des letzten Jahres bezogen hat. Uebersteigt dieser Jahresarbeitsverdienst für den Arbeitstag, das Jahr zu dreihundert Arbeitstagen gerechnet, vier Mark, so ist der überschießende Betrag nur mit einem Drittel anzurechnen. War der Betriebsbeamte in diesem Betriebe nicht ein volles Jahr, von dem Tage des Unfalls zurückgerechnet, beschäftigt, so ist der Betrag zu Grunde zu legen, welchen während dieses Zeitraums Betriebsbeamte derselben Art in demselben Betriebe oder in benachbarten gleichartigen Betrieben durchschnittlich bezogen haben. Erreicht der Jahresarbeitsverdienst des verletzten Betriebsbeamten das Dreihundertfache des nach Maßgabe des § 8 des Krankenversicherungsgesetzes vom 15. Juni 1883 (Reichs-Gesetzbl. S. 73) für den Beschäftigungsort festgesetzten ortsüblichen Tagelohns gewöhnlicher Tagearbeiter nicht, so ist das Dreihundertfache dieses ortsüblichen Tagelohns der Berechnung zu Grunde zu legen.

Bei Berechnung der Rente für versicherte Be- (Abs. 5) triebsunternehmer ist der nach Absatz 3 für den Sitz des Betriebes festgestellte durchschnittliche Jahresarbeitsverdienst land- und forstwirthschaftlicher Arbeiter zu Grunde zu legen, sofern nicht durch das Statut (§ 22) hiervon abweichende Bestimmungen getroffen werden. Uebersteigt der Jahresarbeitsverdienst für den Arbeitstag, das Jahr zu dreihundert Arbeitstagen gerechnet, vier Mark, so ist der überschießende Betrag nur mit einem Drittel anzurechnen.

(Abs. 6) Wenn der Verletzte zur Zeit des Unfalls bereits theilweise erwerbsunfähig war und deshalb einen geringeren als den durchschnittlichen Arbeitsverdienst bezog, so wird die Rente nur nach dem Maße der durch den Unfall eingetretenen weiteren Schmälerung der Erwerbsfähigkeit bemessen. War der Verletzte zur Zeit des Unfalls bereits völlig erwerbsunfähig, so beschränkt sich der zu leistende Schadensersatz auf die im § 6 Absatz 1 Ziffer 1 angegebenen Kosten des Heilverfahrens.

Anmerkungen.

1. Nach einem allgemeinen Grundsatz der Unfallversicherung **beginnen** die Leistungen aus der Unfallversicherung als solcher erst mit Ablauf der ersten 13 Wochen oder dem etwa früher eingetretenen Tode. Während der ersten 13 Wochen werden die Kosten des Heilverfahrens der durch Unfall Verletzten, sowie die Entschädigung derselben im Falle einer durch den Unfall herbeigeführten Erwerbsunfähigkeit von den Krankenkassen (bezw. hier unter theilweiser Konkurrenz der Gemeinden, vgl. § 10!) getragen („Karenzzeit"). „Im Falle der Tödtung da-

gegen ist die den Hinterbliebenen des Getödteten zustehende Rente sogleich vom Tage des Todes ab von der Unfallversicherung zu übernehmen, welcher auch die zu gewährenden Beerdigungskosten unbeschadet der Bestimmung in § 8 (hier § 11) zur Last fallen" (Mot. d. U.-V.-G. S. 45).

2. Die Höhe der den Berufsgenossenschaften aus den §§ 6, 7 erwachsenen Last ist ziffermäßig veranschlagt worden, wozu freilich z. Th. unsichere Grundlagen haben zu Hülfe genommen werden müssen. Einzelne Positionen der Rechnung sind entschieden zu hoch gegriffen, die Zahl der Invaliditätsfälle vielleicht zu niedrig. Die Berechnung ergab bei rund 7 Millionen Versicherten im Reich eine durchschnittliche Jahresbelastung von rund 2 800 000 Mark, also auf den Kopf der ländlichen Arbeiterschaft ohne Verwaltungskosten eine Belastung von rund 40 Pf. im Jahresdurchschnitt. Höchstens wird die Belastung — falls die Invaliditätsfälle zu niedrig angenommen sein sollten — sich auf 80 Pf. pro Kopf und Jahr im Jahresdurchschnitt belaufen. Die Verwaltungskosten werden, namentlich wenn die Verwaltung durch die Provinzial- und Kreisausschüsse geführt wird und die Lasten nach der Grundsteuer (auch mit Einschätzung in Gefahrenklassen) aufgebracht werden (§ 33), gering sein, vgl. Anm. 3 und § 26. Der oben erwähnte „Jahresdurchschnitt" wird etwa im 17. Jahre erreicht; bis dahin sind die Lasten geringer, von da ab bis zum Beharrungszustand, der erst nach etwa 75 Jahren eintritt und eine um ²/₃ höhere Last ergeben wird, höher. In den ersten Jahren sind sie jedenfalls minimal. Diese allmählige Steigerung ist eine Folge des Umlagesystems (§ 15).

Zu diesen Lasten der Unfallversicherung tragen die Versicherten (Arbeiter ꝛc.) nichts bei. Dagegen haben sie an der Gesammtbelastung aus Unfällen insofern mitzutragen, als Verletzte während der ersten 13 Wochen auf die Krankenkassen, zu welchen die Arbeiter ²/₃ beitragen, angewiesen sind, oder, sofern Krankenkassen nicht bestehen, von der Gemeinde nur Arzt und Arznei erhalten, und in letzterem Falle die baaren Hülfsmittel während dieser Zeit allein aufbringen müssen. Diese Betheiligung der Versicherten an der Gesammtbelastung aus Unfällen ist aber immerhin eine geringfügige. Denn wenn auch die kleineren Unfälle, deren Folgen vor Ablauf von 13 Wochen beendigt sind, nach der Zahl die schwereren Unfälle weit übersteigen, so tritt doch umgekehrt die finanzielle Belastung aus den ersteren weit zurück hinter den Geldwerth der Belastung aus den letzteren. Für die Industrie ist ermittelt, daß bei Zugrundelegung aller Unfälle und ihres Geldwerths die Last der ersten 13 Wochen (der Karenzzeit) zu der später erwachsenden Last sich verhält wie $2^{3}/_{4}$ zu $13^{4}/_{5}$; bei der ersteren Ziffer ist jedoch noch zu beachten, daß zu den Lasten der Krankenkassen die Arbeiter ja auch nur $^{2}/_{3}$ beitragen, die Arbeitgeber $^{1}/_{3}$ (sofern nicht etwa die Arbeiter durch Betheiligung an freien Hülfskassen das Zusammenwirken mit den Arbeitgebern und deren Betheiligung an den Kosten der Krankenversicherung verschmähen). Hiernach entfällt von der Gesammtbelastung aus Unfällen in der Industrie auf die Arbeitgeber 89 %, auf die Arbeiter 11 %. Aehnlich werden sich die Verhältnisse in der Land- und Forstwirthschaft gestalten. Für diese Mitbetheiligung an der Gesammtbelastung ist den Arbeitern in Gestalt der „Vertreter der Arbeiter" auch eine Betheiligung an der Verwaltung eingeräumt, § 49. Vgl. Näheres v. Woedtke, Kommentar, Anm. 2, 3 zu § 6.

3. Die Rente ist ein Prozentsatz des Jahresarbeitsverdienstes, welcher letztere für Arbeiter, Betriebsbeamte und Betriebsunternehmer verschieden ermittelt wird, vgl. Anm. 1 zu § 3.

4. Der § 8 des Krankenversicherungsgesetzes lautet:

> Der Betrag des ortsüblichen Tagelohnes gewöhnlicher Tagearbeiter wird von der höheren Verwaltungsbehörde nach Anhörung der Gemeindebehörde festgesetzt.
>
> Die Festsetzung findet für männliche und weibliche, für jugendliche und erwachsene Arbeiter besonders

statt. Für Lehrlinge gilt die für jugendliche Arbeiter getroffene Feststellung.

Der „ortsübliche Tagelohn gewöhnlicher Tagearbeiter" (§ 8 K.-V.-G.) wird auf dem Lande häufig mit dem „durchschnittlichen Jahresarbeitsverdienst land- und forstwirthschaftlicher Arbeiter" (vgl. Abs. 3) zusammenfallen. Letzterer entscheidet für die Renten land- und forstwirthschaftlicher Arbeiter (Abs. 3) und event. der Betriebsunternehmer (Abs. 5), ersterer ist der Minimalsatz, nach welchem die Rente von Betriebsbeamten bemessen wird (Abs. 4).

5. Die nach § 6 Abs. 1 Ziffer 1 K.-V.-G. zu leistenden Kosten des Heilverfahrens sind

„freie ärztliche Behandlung, Arznei, sowie Brillen, Bruchbänder und ähnliche Heilmittel".

Im Falle des Abs. 6 werden — und zwar ebenfalls nur für die Zeit nach Ablauf der ersten 13 Wochen — nur diese, in der Regel des Abs. 1 dagegen werden alle, auch umfassendere Kosten, welche das Heilverfahren nach Ablauf der ersten 13 Wochen erfordert, ersetzt.

6. Ueber „höhere Verwaltungsbehörde" und „Gemeindebehörde" in Preußen vgl. Ziffer 1, 4 der Ausführungsanweisung (s. Anhang).

§ 7.

Im Falle der Tödtung ist als Schadensersatz außerdem zu leisten:

1. als Ersatz der Beerdigungskosten der fünfzehnte Theil des nach § 6 Absatz 3 bis 6 ermittelten Jahresarbeitsverdienstes, jedoch mindestens dreißig Mark;
2. eine den Hinterbliebenen des Getödteten vom Todestage an zu gewährende Rente, welche nach den Vorschriften des § 6 Absatz 3 bis 6 zu berechnen ist.

Dieselbe beträgt;

a) für die Wittwe des Getödteten bis zu deren Tode oder Wiederverheirathung zwanzig Prozent, für jedes hinterbliebene vaterlose Kind bis zu dessen zurückgelegtem fünfzehnten Lebensjahre fünfzehn Prozent und, wenn das Kind auch mutterlos ist oder wird, zwanzig Prozent des Jahresarbeitsverdienstes.

Die Renten der Wittwen und der Kinder dürfen zusammen sechzig Prozent des Jahresarbeitsverdienstes nicht übersteigen; ergiebt sich ein höherer Betrag, so werden die einzelnen Renten in gleichem Verhältniß gekürzt.

Im Falle der Wiederverheirathung erhält die Wittwe den dreifachen Betrag ihrer Jahresrente als Abfindung.

Der Anspruch der Wittwe ist ausgeschlossen, wenn die Ehe erst nach dem Unfalle geschlossen worden ist;

b) für Aszendenten des Verstorbenen, wenn dieser ihr einziger Ernährer war, für die Zeit bis zu ihrem Tode oder bis zum Wegfall der Bedürftigkeit zwanzig Prozent des Jahresarbeitsverdienstes.

Wenn mehrere der unter b benannten Berechtigten vorhanden sind, so wird die Rente den Eltern vor den Großeltern gewährt.

Wenn die unter b bezeichneten mit den unter a bezeichneten Berechtigten konkurriren, so haben die ersteren einen Anspruch nur, so weit für die letzteren der Höchstbetrag der Rente nicht in Anspruch genommen wird.

Die Hinterbliebenen eines Ausländers, welche zur Zeit des Unfalls nicht im Inlande wohnten, haben keinen Anspruch auf die Rente.

Anmerkungen.

1. Vgl. die Anm. zu §§ 5, 6.

2. Zu den rentenberechtigten „Kindern" gehören nicht die mit einer anderen Frauensperson gezeugten außerehelichen Kinder eines männlichen Arbeiters, wohl aber die außerehelichen Kinder einer verletzten Frauensperson (A. N. II S. 129). Vgl. im Uebrigen v. Woedtke, Kommentar Anm. 9, 10 zu § 7.

3. Nach § 7 i. f. in Verbindung mit § 72 gilt für Ausländer das folgende:

ein Ausländer, welcher verunglückt, erhält selbst auch dann Rente (§ 6), wenn er nicht im Reichsgebiet wohnt, darf aber (§ 72) mit seiner Einwilligung abgefunden werden; während der ersten 13 Wochen hat ein Ausländer im Auslande keinen Anspruch auf die Gewährung freier ärztlicher Behandlung und Arznei Seitens der Gemeinde (§ 10 Abs. 1);

die Hinterbliebenen eines Ausländers erhalten Rente nur, wenn sie zur Zeit des Unfalls im Inlande wohnten (§ 7 i. f.); verlassen sie dasselbe später, so bleibt ihr Anspruch unberührt.

§ 8.

Bis zum beendigten Heilverfahren kann an Stelle (Abs. 1)
der in § 6 vorgeschriebenen Leistungen freie Kur

und Verpflegung in einem Krankenhause gewährt werden, und zwar:

1. für Verunglückte, welche verheirathet sind oder bei einem Mitgliede ihrer Familie wohnen, mit ihrer Zustimmung oder unabhängig von derselben, wenn die Art der Verletzungen Anforderungen an die Behandlung oder Verpflegung stellt, denen in der Familie nicht genügt werden kann;
2. für sonstige Verunglückte in allen Fällen.

(Abs. 2) Für die Zeit der Verpflegung des Verunglückten in dem Krankenhause steht den im § 7 Ziffer 2 bezeichneten Angehörigen desselben die daselbst angegebene Rente insoweit zu, als sie auf dieselbe im Falle des Todes des Verletzten einen Anspruch haben würden.

§ 9.

Durch das Statut kann bestimmt werden, daß die Rente (§§ 6 bis 8) solchen versicherten Personen, welche ihren Lohn oder Gehalt herkömmlich ganz oder zum Theil in Form von Naturalleistungen (z. B. Wohnung, Feuerung, Nahrungsmittel, Landnutzung, Kleidung ꝛc.) beziehen, sowie den Hinterbliebenen oder Angehörigen solcher Personen, nach Verhältniß ebenfalls in dieser Form gewährt wird. Der Werth dieser Naturalbezüge ist gemäß § 3 festzusetzen.

Anmerkungen.

1. Mot. S. 57: (Es) „ist (im § 9) eine fakultative

statutarische Bestimmnng des Inhalts zugelassen worden, daß die in der Landwirthschaft vielfach herkömmlichen Naturalleistungen an Wohnung, Feuerung, Nahrungsmitteln, Landbenutzung, Kleidung und dergleichen auf die Renten der Entschädigungsberechtigten nach Verhältniß, d. h. insoweit angerechnet werden dürfen, als der Verletzte auch seinen Arbeitslohn in Naturalien zu beziehen pflegte. Die einzelnen Kategorien von Naturalbezügen brauchen dabei nicht in demjenigen Verhältniß gewährt zu werden, in welchem sie Bestandtheile des Lohnes bildeten. Nach dieser Richtung hin wird es vielmehr Aufgabe des Statuts sein, wo es erforderlich ist, nähere Bestimmungen zu treffen. Der Werth der Naturalien ist auch in diesem Fall nach den Bestimmungen des § 3 zu ermitteln".

2. Es kommt auf die Kategorie der Arbeiter und auf die Verhältnisse des Arbeitsorts an, nicht auf den thatsächlichen Lohnbezug des Verletzten selbst, zumal dieser Schwankungen ausgesetzt sein kann. Naturalrenten sind nur da berechtigt, wo die Gewährung von Naturalien statt oder neben dem Baarlohn allgemeiner Gebrauch ist.

§ 10.

Während der ersten dreizehn Wochen nach dem (Abs. 1) Unfall eines Arbeiters hat die Gemeinde, in deren Bezirk der Verletzte beschäftigt war, demselben die Kosten des Heilverfahrens in dem in § 6 Absatz 1 Ziffer 1 des Krankenversicherungsgesetzes vom 15. Juni 1883 (Reichs-Gesetzbl. S. 73) bezeichneten Umfange zu gewähren. Diese Verpflichtung besteht nicht, insoweit die Verletzten auf Grund landesgesetzlicher Bestimmungen oder auf Grund der Krankenversicherung Anspruch auf eine gleiche Fürsorge haben oder nach § 136 dieses Gesetzes von der Versicherungspflicht befreit sind, oder sich im Auslande aufhalten. Soweit aber solchen Personen die im § 6 Absatz 1 Ziffer 1 des Krankenversicherungsgesetzes bezeichneten Leistungen von den zunächst Verpflichteten nicht gewährt werden, hat die Gemeinde dieselben mit Vorbehalt des Ersatzanspruchs zu übernehmen. Die zu diesem Zweck gemachten Aufwendungen sind von den Verpflichteten zu erstatten.

(Abs. 2) Für außerhalb des Gemeindebezirkes wohnhafte versicherte Personen hat die Gemeinde ihres Wohnortes die im Absatz 1 bezeichneten Leistungen unter Vorbehalt des Anspruchs auf Ersatz der aufgewendeten Kosten zu übernehmen.

(Abs. 3) Als Beschäftigungsort gilt im Zweifel diejenige Gemeinde, in deren Bezirk der Sitz des Betriebes (§ 44) belegen ist.

(Abs. 4) Die Berufsgenossenschaft ist befugt, die im Absatz 1 bezeichneten Leistungen selbst zu übernehmen. Dieselbe ist ferner befugt, der Gemeinde-Krankenversicherung oder Krankenkasse, welcher der Verletzte angehört, die Fürsorge für denselben über die dreizehnte Woche hinaus bis zur Beendigung des Heilverfahrens zu übertragen. In diesem Falle hat sie die gemachten Aufwendungen zu ersetzen.

(Abs. 5) Als Ersatz der Kosten des Heilverfahrens gilt die Hälfte des nach dem Krankenversicherungsgesetze zu gewährenden Mindestbetrages des Krankengeldes, sofern nicht höhere Aufwendungen nachgewiesen werden.

Anmerkungen.

1. Während der Karenzzeit hat grundsätzlich nicht die Unfallversicherung, sonden die Krankenversicherung einzutreten, vgl. Anm. 1 zu § 6. Letztere besteht in der Land- und Forstwirthschaft nicht obligatorisch, sondern nur, soweit sie durch statutarische Bestimmungen von Gemeinden oder weiteren Kommunalverbänden gemäß § 2 Ziffer 6 K.-V.-G. eingeführt ist oder soweit einzelne Personen einer Krankenkasse bezw. der Gemeindekrankenversicherung freiwillig beigetreten sind (§§ 4, 19, 26, 75 K.-V.-G.).

Um nun auch solchen „Arbeitern", welche hiernach der Krankenversicherung entbehren, im Falle eines Unfalls wenigstens das Nothwendigste während der Karenzzeit zuzuwenden, bestimmt § 10, daß dann die Gemeinde des Beschäftigungsorts (vgl. Abs. 3 sowie Anm. 1 zu § 44) für freie Kur aufzukommen hat, soweit diese nicht dem Verletzten auf Grund besonderen Rechtstitels (z. B. auf Grund der Gesindeordnungen) von andern Personen, insbesondere den Dienstherrn, zu gewähren ist. Kommen letztere ihren betr. Pflichten nicht nach, so hat die Gemeinde auf deren Kosten vorschußweise einzutreten, erhält aber einen Regreßanspruch gegen die säumigen Verpflichteten.

2. „Hat die Berufsgenossenschaft Grund zu der Annahme, daß die Gemeinde" (oder der civilrechtlich zur Schadloshaltung verpflichtete Dienstherr ꝛc.) „die ihr hiernach während der ersten dreizehn Wochen obliegende Fürsorgepflicht in unzureichender Weise erfüllen werde, und daß die Heilung des Verletzten dadurch verzögert, die Last also nach Ablauf der ersten dreizehn Wochen erschwert werden möchte, so bleibt ihr unbenommen, die Leistung auch während der ersten Wochen ganz oder theilweise, dann jedoch natürlich auf eigene Kosten, selbst zu übernehmen." (Mot. S. 35). Ein solches Eingreifen während der Karenz-

zeit ist den Berufsgenossenschaften im eigenen Interesse dringend anzurathen, A.-N. III. S. 55.

3. Wegen des Umfangs der nach § 6 Ziffer 1 K.-V.-G. zu gewährenden „Kosten des Heilverfahrens" vgl. Anm. 5 zu § 6.

Verhältniß zu Krankenkassen, Armenverbänden ꝛc.

§ 11.

(Abs. 1) Die Verpflichtung der eingeschriebenen Hülfskassen, sowie der sonstigen Kranken-, Sterbe-, Invaliden- und anderen Unterstützungskassen, den von Betriebsunfällen betroffenen Arbeitern und Betriebsbeamten, sowie deren Angehörigen und Hinterbliebenen Unterstützungen zu gewähren, sowie die Verpflichtung von Gemeinden oder Armenverbänden zur Unterstützung hülfsbedürftiger Personen wird durch dieses Gesetz nicht berührt. Soweit auf Grund solcher Verpflichtung Unterstützungen in Fällen gewährt sind, in welchen dem Unterstützten nach Maßgabe der §§ 6 bis 8 dieses Gesetzes ein Entschädigungsanspruch zusteht, geht der letztere bis zum Betrage der geleisteten Unterstützung auf die Kassen, die Gemeinden oder die Armenverbände über, von welchen die Unterstützung gewährt worden ist.

(Abs. 2) Das Gleiche gilt von den Betriebsunternehmern und Kassen, welche die den bezeichneten Gemeinden und Armenverbänden obliegende Verpflichtung zur Unterstützung auf Grund gesetzlicher Vorschrift erfüllt haben.

Anmerkungen.

1. Leistungen der Armenverbände an Verletzte und deren Hinterbliebene werden von der Berufsgenossenschaft (soweit diese aufzukommen hat, also bei Verletzungen erst nach Ablauf der ersten 13 Wochen, § 6) erstattet und dem Empfangsberechtigten von der Rente abzogen. Demgemäß können die Renten zur Höhe der gewährten Armenunterstützung gepfändet werden, § 73. Hierdurch wird die Armenpflege wirksam entlastet.

In gleicher Weise wird Krankenkassen rc. das Sterbegeld sowie eine etwaige Leistung nach Ablauf der ersten 13 Wochen (vgl. Anm. 1) zur Höhe dessen, was die Berufsgenossenschaften zu gewähren haben, erstattet.

§ 12.

Streitigkeiten über Unterstützungsansprüche, welche aus der Bestimmung des § 10 zwischen den Verletzten einerseits und den Gemeinden andererseits entstehen, werden von der Aufsichtsbehörde entschieden. Die Entscheidung ist vorläufig vollstreckbar. Dieselbe kann im Verwaltungsstreitverfahren, wo ein solches nicht besteht, im Wege des Rekurses nach Maßgabe der Vorschriften der §§ 20, 21 der Gewerbeordnung angefochten werden. (Abs. 1)

Streitigkeiten über Ersatzansprüche, welche aus den Bestimmungen des § 10 entstehen, werden im Verwaltungsstreitverfahren, wo ein solches nicht besteht, von der Aufsichtsbehörde der in Anspruch genommenen Gemeinde, Gemeinde-Krankenversicherung oder Krankenkasse entschieden. Gegen die Entscheidung der letzteren findet der Rekurs nach Maßgabe (Abs. 2) der Vorschriften der §§ 20, 21 der Gewerbeordnung statt.

(Abs. 3) Der Landes-Zentralbehörde bleibt überlassen, vorzuschreiben, daß anstatt des Rekursverfahrens innerhalb der Rekursfrist die Berufung auf den Rechtsweg mittels Erhebung der Klage stattfinde.

Anmerkungen.

In Preußen gilt in den meisten Provinzen das Verwaltungsstreitverfahren. Bei demselben behält es sein Bewenden. In denjenigen Provinzen Preußens, in denen das Verwaltungsstreitverfahren einstweilen noch nicht stattfindet, soll nach den Ausf. Anw. (siehe Anm. 3) der Rekurs von der Kommunalaufsichtsbehörde an die Regierung gehen, welche in öffentlicher Sitzung nach Ladung und Anhörung der Parteien entscheidet. War aber die Regierung selbst Aufsichtsbehörde und hat als solche in erster Instanz entschieden, so soll als Rechtsmittel innerhalb 2 Wochen nach der Zustellung Antrag auf mündliche Verhandlung vor derselben Behörde oder (nach Wahl des Antragstellers) Rekurs an den Minister für Landwirthschaft zulässig sein. Wird Antrag auf mündliche Verhandlung gewählt, so hat auch hier die Entscheidung in öffentlicher Sitzung nach Ladung und Anhörung der Parteien und vorbehaltlich des Rekurses an den Minister für Landwirthschaft zu erfolgen.

2. Die Bestimmungen der §§ 20, 21 Gew.-Ordn. sind in der Fassung der Novelle vom 1. Juli 1883 (Reichs-Gesetzblatt S. 159) zu verstehen. Vgl. dieselben in v. Woedtke, Kommentar Anm. 4 zu § 12.

3. Vgl. Nr. 1, II Anw. v. 26. Juli 1886 (M.-I.-B. S. 187) sowie Nr. IV 18 Ausf. Anw. (siehe Anhang).

Träger der Versicherung (Berufsgenossenschaften).

§ 13*).

Die Versicherung erfolgt auf Gegenseitigkeit durch die Unternehmer der unter § 1 fallenden Betriebe, welche zu diesem Zweck in Berufsgenossenschaften vereinigt werden. Die Berufsgenossenschaften sind für örtliche Bezirke zu bilden und umfassen alle im § 1 genannten Betriebe, deren Sitz sich in demjenigen Bezirke befindet, für welchen die Genossenschaft errichtet ist. (Abs. 1)

Als Unternehmer gilt derjenige, für dessen Rechnung der Betrieb erfolgt. (Abs. 2)

Die Bezirke, für welche die einzelnen Berufsgenossenschaften gebildet sind, werden durch den Reichsanzeiger veröffentlicht. (Abs. 3)

Die Berufsgenossenschaften können unter ihrem Namen Rechte erwerben und Verbindlichkeiten eingehen, vor Gericht klagen und verklagt werden. (Abs. 4)

Für die Verbindlichkeiten der Berufsgenossenschaft haftet den Gläubigern derselben nur das Genossenschaftsvermögen. (Abs. 5)

*) Der § 13 gilt nicht für die einer Berufsgenossenschaft nicht zugewiesenen Reichs- und Staatsbetriebe (§ 103).

Anmerkungen.

1. Auch für die Unfallversicherung in der Land- und Forstwirthschaft bildet die berufsgenossenschaftliche Regelung, d. h. die Zusammenfassung von Betriebsunternehmern mit gemeinsamen wirthschaftlichen Interessen, ein Grundprincip. Von diesem kann um so weniger ab-

gewichen werden, als dies der Allerhöchsten Botschaft vom 17. November 1881 widersprechen würde. Dadurch, daß die Berufsgenossenschaft nach der ihr eingeräumten Befugniß ihre laufende Verwaltung in gewissem Umfange an bestehende Selbstverwaltungsorgane überträgt (cf. § 26), wird der Charakter der Berufsgenossenschaft nicht berührt. In Preußen hat das Landesgesetz für jede Provinz eine Berufsgenossenschaft der land- und forstwirthschaftlichen Betriebsunternehmer gebildet (Art. I L.-G. bei § 18 R.-G.); jede Berufsgenossenschaft zerfällt in Sektionen, welche die landräthlichen Kreise umfassen. (Art. II L.-G. bei § 23 R. G.)

2. Jede Berufsgenossenschaft umfaßt mit alleiniger Ausnahme der für Rechnung des Reichs oder eines Bundesstaates verwalteten Betriebe — für welche das Reich bezw. der Bundesstaat an die Stelle der Berufsgenossenschaft tritt, § 103 — obligatorisch alle in dem betr. Bezirk ihren Sitz (§ 44) habenden Betriebe der in § 1 bezeichneten Art, also die landwirthschaftlichen und die forstwirthschaftlichen Betriebe nebst ihren nicht unter das Unfallversicherungsgesetz fallenden Nebenbetrieben (cf. Anm. 2 zu § 1) ohne Unterscheidung nach Größe oder Betriebsart, nach Betrieb im Haupt- oder Nebenberuf; ferner die Betriebe der Kunst- und Handelsgärtnerei, die Aufzucht landwirthschaftlicher Nutzthiere, Betrieb für Wein-, Obst- und Gemüsebau (cf. Anm. 1 zu § 1).

3. Die obligatorische Betheiligung an der Berufsgenossenschaft wird auch durch Versicherung bei einer Privatunfallversicherungsgesellschaft nicht alterirt. Diese Gesellschaften sind schon wegen ihrer nicht genügenden Garantie für die öffentlich-rechtliche Unfallversicherung nicht geeignet.

4. Unternehmer ist nach Abs. 2, ebenso wie im Unfallversicherungsgesetz vom 6. 7. 84, derjenige, dem das ökonomische Ergebniß des Betriebes Vortheil oder Nachtheil bringt, welcher die Wirthschaft, ihrem Zwecke gemäß, um den Unternehmergewinn zu erzielen, nutzt. Auf das Eigenthum kommt nichts an. Unternehmer ist

also, wenn der Betrieb verpachtet ist, der Pächter, nicht der Verpächter (wie die Motive S. 55 ausdrücklich hervorheben); bei im Nießbrauch befindlichen Anlagen der Nutznießer ꝛc.

5. Durch Abs. 4, 5 wird den Berufsgenossenschaften juristische Persönlichkeit beigelegt. Sie sind öffentlich-rechtliche Verbände mit Zwangsbefugnissen, vgl. Anm. 1 zu § 15.

Auflösung von Berufsgenossenschaften.

§ 14*).

Berufsgenossenschaften, welche zur Erfüllung der ihnen durch dieses Gesetz auferlegten Verpflichtungen leistungsunfähig werden, können auf Antrag des Reichs-Versicherungsamts, vorbehaltlich der Bestimmungen des § 113, von dem Bundesrath aufgelöst werden. Diejenigen Betriebe, welche die aufgelöste Genossenschaft gebildet haben, sind anderen Berufsgenossenschaften nach deren Anhörung zuzutheilen. (Abs. 1)

Mit der Auflösung der Genossenschaft gehen deren Rechtsansprüche und Verpflichtungen, vorbehaltlich der Bestimmungen der §§ 101, 113, 114, auf das Reich über. (Abs. 2)

*) Der § 14 gilt nicht für die einer Berufsgenossenschaft nicht zugewiesenen Reichs- und Staatsbetriebe (§ 103).

Anmerkungen.

1. Die Bestimmung, daß Berufsgenossenschaften, wenn sie leistungsunfähig werden sollten, aufzulösen sind, hat in der Land- und Forstwirthschaft noch mehr wie in der Industrie nur „theoretische", „dekorative" Bedeutung; denn die Land- und Forstwirthschaft größerer Bezirke kann be-

griffsmäßig für die Anforderungen der Unfallversicherung (vgl. Anm. 2 zu § 6) wohl niemals leistungsunfähig werden. Für den unwahrscheinlichen Fall, daß die Bestimmung doch einmal praktisch werden sollte, giebt § 14 eine Garantie des Reichs bezw. des betr. Bundesstaates dafür, daß die bisher entstandenen Verpflichtungen der Genossenschaft nicht eingestellt zu werden brauchen.

2. In Preußen, wo die nach § 110 zugelassene landesrechtliche Regelung gewisser Formalien der Unfallversicherung erfolgt ist, tritt eventuell an Stelle der Reichsgarantie in der Regel die Garantie des Preußischen Staats (§ 113), vgl. v. Woedtke, Kommentar. Anm. 1 zu § 14.

Aufbringung der Mittel.

§ 15*).

(Abs. 1) Die Mittel zur Deckung der von den Berufsgenossenschaften zu leistenden Entschädigungsbeträge und der Verwaltungskosten werden durch Beiträge aufgebracht, welche auf die Mitglieder jährlich umgelegt werden.

(Abs. 2) Zu anderen Zwecken als zur Deckung der von der Genossenschaft zu leistenden Entschädigungen und der Verwaltungskosten, zur Gewährung von Prämien für Rettung Verunglückter und für Abwendung von Unglücksfällen, sowie zur Ansammlung eines Reservefonds (§ 17) dürfen weder Beiträge von den Genossenschaftsmitgliedern erhoben werden, noch Verwendungen aus dem Vermögen der Genossenschaft erfolgen.

*) Der § 15 gilt nicht für die einer Berufsgenossenschaft nicht zugewiesenen Reichs- und Staatsbetriebe (§ 103).

Behufs Bestreitung der Verwaltungskosten kann (Abs. 3
die Berufsgenossenschaft von den Mitgliedern für das erste Jahr einen Beitrag im voraus erheben. Falls die Landesgesetzgebung oder das Statut hierüber nichts Anderes bestimmen, erfolgt die Aufbringung der hierzu erforderlichen Mittel vorschußweise nach der Zahl der von den Mitgliedern in ihren Betrieben dauernd beschäftigten versicherten Personen. Dabei ist das von den Gemeindebehörden aufzustellende Verzeichniß (§ 34) maßgebend.

Anmerkungen.

1. Der § 15 bestimmt das Prinzip für die Aufbringung der Beiträge (Umlageverfahren); der § 33 enthält Vorschriften über den Maaßstab, nach welchem die Umlage erfolgen soll (Arbeitsbedarf und Gefahrenklassen, eventuell ein Steuerfuß); §§ 76 fg. endlich regeln das Verfahren bei Ausführung der Umlagen.

2. Das Umlageprinzip ist in der Land- und Forstwirthschaft, wie in der Industrie, obligatorisch. Dasselbe steht insbesondere im Gegensatz zum Deckungskapitalprinzip. Nach dem Deckungskapitalprinzip wäre für jeden einzelnen Unfall ein nach technischen Grundsätzen zu berechnendes Kapital auszuwerfen und aufzubringen, aus welchem einschließlich seiner Zinsen alle aus dem Unfall gegenwärtig und künftig sich ergebenden Leistungen zu bestreiten sind; hierdurch würden natürlich große Summen mit schwieriger Verwaltung für andere Zwecke brach gelegt werden. Nach dem Umlageverfahren dagegen wird für jedes Rechnungsjahr nur derjenige Betrag an Entschädigungen von den Mitgliedern baar aufgebracht, welcher in demselben Jahr aus Anlaß der in diesem Jahr oder früher entstandenen Unfälle baar auszuzahlen war. Bis zum Eintritt des Beharrungszustandes wird sich hier der Jahresbedarf fort-

während steigern, weil zu den neuen Ausgaben, die jedes Jahr erfordert, die durch die Unfälle der Vorjahre hervorgerufenen Zahlungen an Renten ꝛc. abzüglich der dem Werthe nach geringeren Abgänge hinzutreten. Dieses Verfahren empfiehlt sich wegen des öffentlich-rechtlichen Charakters der Berufsgenossenschaften als Träger der Versicherungslast. Es entspricht dem Wesen dieser sich fortwährend verjüngenden, dauernden Verbände ebenso wie dem der Kommunalverbände, nicht mehr als die effektiven Bedarfssummen alljährlich umzulegen. Für derartige Verbände, welche vermöge eines gesetzlichen Beitrittszwanges die Garantie fortwährenden Bestandes in sich tragen, ist es nicht erforderlich, nach den Grundsätzen der Versicherungstechnik bemessene Deckungskapitalien oder dementsprechende Prämien zu erheben.

Auch bleibt der gerade jetzt in bedrängter Lage sich befindenden Land- und Forstwirthschaft dadurch, daß die Last nur allmählich sich steigert, Zeit, auf diese neue Last sich einzurichten. Vgl. im Uebrigen v. Woedtke, Kommentar zum Unfallversicherungsgesetz, 3. Aufl. Anm. 1 zu § 10 a. a. O.

2. Eine landesgesetzliche Bestimmung über die Aufbringung des Verwaltungskostenvorschusses ist in Preußen nicht erlassen.

§ 16*).

(Abs. 1) Durch die Landesgesetzgebung, das Statut oder durch Beschluß der Genossenschaftsversammlung, welcher der Genehmigung der Landes-Zentralbehörde bedarf, kann bestimmt werden, daß Unternehmer solcher Betriebe, welche mit erheblicher Unfallgefahr nicht verbunden sind und in welchen ihres geringen

*) Der § 16 gilt nicht für die einer Berufsgenossenschaft nicht zugewiesenen Reichs- und Staatsbetriebe (§ 103).

Umfanges wegen Lohnarbeiter nur ausnahmsweise beschäftigt werden, von Beiträgen ganz oder theilweise befreit sein sollen, und in welcher Weise bei der Ermittelung der zu befreienden Unternehmer verfahren werden soll.

Streitigkeiten, welche wegen einer solchen Befreiung zwischen der Berufsgenossenschaft oder ihren Organen einerseits und den Unternehmern andererseits entstehen, werden von der höheren Verwaltungsbehörde endgültig entschieden. (Abs. 2)

Anmerkungen.

1. Eine entsprechende landesgesetzliche Bestimmung ist in Preußen nicht erlassen.

2. Wegen der „höheren Verwaltungsbehörde" in Preußen vgl. Nr. 1 Ausf. Anw. (siehe Anhang).

§ 17*).

Durch Landesgesetz oder durch das Statut kann die Ansammlung eines Reservefonds angeordnet werden. Geschieht dies, so ist zugleich darüber Bestimmung zu treffen, unter welchen Voraussetzungen die Zinsen des Reservefonds für die Deckung der der Genossenschaft obliegenden Lasten zu verwenden sind, und in welchen Fällen der Kapitalbestand des Reservefonds angegriffen werden darf.

*) Der § 17 gilt nicht für die einer Berufsgenossenschaft nicht angeschlossenen Reichs- und Staatsbetriebe (§ 103).

Anmerkung.

Ein entsprechendes Landesgesetz ist in Preußen nicht erlassen.

II. Bildung und Veränderung der Berufsgenossenschaften.

Bildung der Berufsgenossenschaften.

§ 18.

(Der § 18 R.-G. ist für Preußen ersetzt durch Landesgesetz Art. I.)

Artikel I*).

In jeder Provinz bilden die Unternehmer der unter § 1 des Reichsgesetzes vom 5. Mai 1886 (Reichs-Gesetzbl. S. 132) fallenden Betriebe eine Berufsgenossenschaft.

Die Hohenzollernschen Lande werden der Berufsgenossenschaft der Rheinprovinz, die Stadt Berlin der Berufsgenossenschaft der Provinz Brandenburg angeschlossen.

Der Sitz der Berufsgenossenschaft ist — sofern durch den Ressortminister nichts anderes bestimmt wird — die Provinzialhauptstadt.

*) Der § 18 R.-G. und mit ihm der an seine Stelle getretene Art. I L.-G. gilt nicht für die einer Berufsgenossenschaft nicht zugewiesenen Reichs- und Staatsbetriebe (§ 110).

Anmerkungen.

1. Der § 18 R.-G., welcher durch die Landesgesetzgebung abgeändert werden darf (§ 110) und für Preußen durch Art. I L.-G. ersetzt ist, lautet:

> Die Berufsgenossenschaften werden auf Grund von Vorschlägen der Landesregierungen durch den Bundesrath nach Anhörung des Reichs-Versicherungsamts gebildet.

Vor Einbringung der Vorschläge sind Vertreter der unter § 1 fallenden Betriebe, welche zu einer Berufsgenossenschaft vereinigt werden sollen, zu hören.

2. Nach den Motiven des Preuß. Ausf. Ges. (Dr. S. d. Abg. H. 1887 Nr. 7 S. 8) sind die Provinzen die geeignetsten örtlichen Bezirke für die Berufsgenossenschaften, „sowohl was die Leistungsfähigkeit bei Uebernahme des genossenschaftlichen Risikos betrifft, als auch im Hinblick auf eine möglichst zweckmäßige Gestaltung der berufsgenossenschaftlichen Verwaltung, während die Kreise wiederum als die gegebenen Bezirke für die Bildung der Sektionen angesehen werden müssen.

Fällt aber der Bezirk der Berufsgenossenschaft mit dem der Provinz, und der Bezirk der Sektion mit dem des Kreises zusammen, so erscheint es ohne Beeinträchtigung des genossenschaftlichen Charakters der Unfallversicherung durchführbar und im Interesse einer Vereinfachung des Verwaltungsapparates in hohem Grade zweckmäßig, die Uebertragung der laufenden Verwaltung der Genossenschaft, bezw. der Sektion — soweit sie den Vorständen zustehen würde — an die schon vorhandenen Organe der Selbstverwaltung (Provinzial-, Kreisausschüsse rc.) nach Möglichkeit zu erleichtern und auf gesetzlichem Wege vor Zufälligkeiten oder Weiterungen sicher zu stellen, welche naturgemäß da nicht auszubleiben pflegen, wo die Uebernahme neuer Geschäftslasten in das Belieben der Betroffenen gestellt ist."

Wegen der obligatorischen, mit den landräthlichen Kreisen zusammenfallenden Eintheilung der Genossenschaften in Sektionen siehe Landesgesetz Art. II bei § 23 R.-G.

Statut der Berufsgenossenschaft.

§ 19*).

Die Berufsgenossenschaft regelt ihre Angelegen-

*) Der § 19 gilt nicht für die einer Berufsgenossenschaft nicht zugewiesenen Reichs- und Staatsbetriebe (§ 103).

heiten und ihre Geschäftsordnung durch ein Genossenschaftsstatut, welches durch eine Generalversammlung (konstituirende Genossenschaftsversammlung) zu beschließen ist.

Anmerkung.

Ein durch eine Vertretung der Berufsgenossen (§ 20) zu beschließendes und vom Reichs-Versicherungsamt zu genehmigendes (§ 24) Genossenschaftsstatut, welchem nicht nur Formalien, sondern auch wichtige materielle Bestimmungen überlassen sind (z. B. Versicherungspflicht kleiner Betriebsunternehmer § 2, Freilassung kleiner Betriebsunternehmer von den Beiträgen § 16, Bildung eines Reservefonds § 17, Umlagemaßstab § 33 u. a.), ist obligatorisch.

§ 20*).

Für Preußen ersetzt durch Landesgesetz, Art. III.

Artikel III*).

Für jede Gemeinde bezeichnet die Gemeindevertretung, oder, wo eine solche nicht besteht, die Gemeindebehörde aus der Mitte der der Gemeinde angehörenden unter dieses Gesetz fallenden Unternehmer oder bevollmächtigten Betriebsleiter einen Wahlmann. Innerhalb jedes Kreises (Oberamtsbezirks) wählen die demselben angehörenden Wahlmänner aus ihrer Mitte je einen Vertreter.

*) Der § 20 R.-G. und mit ihm der an dessen Stelle getretene Art. III L.-G. gilt nicht für die einer Berufsgenossenschaft nicht zugewiesenen Reichs- und Staatsbetriebe (§ 103).

In denjenigen Gemeinden, welche einen Kreis für sich bilden, wird der Vertreter aus der Zahl der unter dieses Gesetz fallenden Unternehmer oder Betriebsleiter durch die Gemeindevertretung bezeichnet.

Diese Vertreter bilden die konstituirende Genossenschaftsversammlung (Artikel I.).

Auf die späteren Genossenschaftsversammlungen (§ 23 des Reichsgesetzes) finden diese Bestimmungen entsprechende Anwendung. Jedoch kann durch das Genossenschaftsstatut (§ 22 des Reichsgesetzes) vorgeschrieben werden, daß die Zahl der für jeden Kreis zu wählenden Vertreter vermehrt oder vermindert wird, und daß im letzteren Falle Kreise zu gemeinsamen Wahlbezirken vereinigt werden.

Die Berufung und Leitung der konstituirenden Genossenschaftsversammlung (§§ 20 und 21 des Reichsgesetzes) liegt — soweit sie nicht dem provisorischen Genossenschaftsvorstand zusteht — auch in dem Falle, daß der Bezirk der Genossenschaft über die Grenzen des Staates hinausgeht (vgl. § 114 des Reichsgesetzes), der Landes-Zentralbehörde oder deren Beauftragten ob.

Anmerkungen.

Der § 20 R.-G. kann durch die Landesgesetzgebung abgeändert werden (§ 110). Für Preußen ist er ersetzt durch Art. III L.-G. Der § 20 R.-G. lautet:

> Die konstituirende Genossenschaftsversammlung besteht aus Vertretern der Unternehmer der unter § 1 fallenden Betriebe.
>
> Die Gemeindevertretung, oder wo solche nicht besteht, die Gemeindebehörde bezeichnet aus der Mitte der der Gemeinde angehörigen Unternehmer oder bevollmächtigten Betriebsleiter Wahlmänner, deren Zahl die Landes-Zentralbehörde bestimmt. Die Wahlmänner werden nach Bezirken, welche von den Landes-Zentralbehörden bestimmt werden, zu Wahlversammlungen berufen. Die letzteren wählen aus ihrer Mitte mit einfacher Stimmenmehrheit die Vertreter, aus welchen die konstituirende Genossenschaftsversammlung besteht. Im Uebrigen wird das Wahlverfahren durch eine von der Landes-Zentralbehörde zu erlassende Wahlordnung geregelt, in welcher die Vertreter auf die Wahlbezirke nach der Zahl der Wahlmänner so zu vertheilen sind, daß mindestens ein Vertreter auf je zwanzig Wahlmänner entfallt. Die Landes-Zentralbehörde kann die Bestimmung der Wahlbezirke und den Erlaß der Wahlordnung auch einer anderen Behörde übertragen.
>
> Geht der Bezirk der Genossenschaft über die Grenzen eines Bundesstaats hinaus, so werden die Obliegenheiten der Landes-Zentralbehörde vom Reichs-Versicherungsamt im Einvernehmen mit den Zentralbehörden der betheiligten Bundesstaaten wahrgenommen.

Aus diesem § des Reichsgesetzes könnte etwa noch die Bestimmung, „daß im Uebrigen das Wahlverfahren durch eine von der Landes-Zentralbehörde zu erlassende Wahlordnung geregelt wird", als beibehalten gelten; das Erforderniß einer solchen Wahlordnung ergiebt sich aber auch schon aus Art. XI L.-G. (bei § 110 R.-G.) Die für Preußen als Anlage A der Ausf. Anw. erlassene Wahlordnung ist im Anhang abgedruckt.

2. Die Abänderungen bezwecken insbesondere eine möglichst kleine Versammlung, weil nur in einer solchen, wie das Abgeordnetenhaus glaubte annehmen zu sollen,

die bei der Neuheit der Sache doppelt schwierige Berathung des Genossenschaftstatuts ein ersprießliches Ergebniß erwarten lasse. Im Uebrigen wird auch hier, wie nach Reichsgesetz, die konstituirende Genossenschaftsversammlung durch indirekte Wahl, an welcher Anhörige sämmtlicher Gemeinden der Provinz Theil nehmen, gebildet.

Derselbe Wahlmodus bleibt für die späteren Genossenschaftsversammlungen obligatorisch; nur die Zahl der zu wählenden Vertreter kann für diese Versammlungen durch das Statut anderweit bestimmt werden (vgl. § 22).

3. An die Stelle der Gemeinden treten in selbständigen Gutsbezirken und Gemarkungen die Gutsherren bezw. Gemarknngsberechtigten § 131 R.-G.

Das Allegat (Art. I) im Abs. 2 des Art. III. soll andeuten, daß für jede einzelne der nach Art. I gebildeten Berufsgenossenschaften eine besondere konstituirende Genossenschaftsversammlung zu wählen ist.

§ 21*).

Die Berufung der konstituirenden Genossenschafts- (Abs. 1) versammlung erfolgt (wenn der Bezirk der Genossenschaft über die Grenzen eines Bundesstaates hinausgeht, durch das Reichs-Versicherungsamt, im Uebrigen[a]) durch die Zentralbehörde (des Bundesstaates, zu welchem der Bezirk der Genossenschaft gehört!) oder durch eine von der Zentralbehörde zu bestimmende andere Behörde.

Die Versammlung findet in Gegenwart eines (Abs. 2) Beauftragten derjenigen Behörde, welche dieselbe

*) Der § 21 (mit Abänderungen) gilt nicht für die einer Berufsgenossenschaft nicht zugewiesenen Reichs- und Staatsbetriebe (§ 110).

a) Wegen der (klein gedruckten) Abänderungen vgl. Art. III Abs. 4 L.-G. bei § 20 R.-G.

einberufen hat, statt. Der Beauftragte hat die Versammlung zu eröffnen, die Wahl eines aus einem Vorsitzenden, zwei Schriftführern und mindestens zwei Beisitzern bestehenden provisorischen Vorstandes herbeizuführen und, bis dieselbe erfolgt ist, die Verhandlungen zu leiten.

(Abs. 3) Nach erfolgter Wahl übernimmt der provisorische Vorstand die Leitung der Verhandlung, führt die Geschäfte bis zur Uebernahme derselben durch den definitiven Vorstand und beruft erforderlichenfalls die weiteren Genossenschaftsversammlungen. In den Genossenschaftsversammlungen muß der Beauftragte der Behörde auf Verlangen jederzeit gehört werden.

(Abs. 4) Die Beschlüsse der Genossenschaftsversammlung werden nach Stimmenmehrheit gefaßt. Bei Stimmengleichheit giebt die Stimme des Vorsitzenden den Ausschlag.

Anmerkungen.

Der § 21 R.-G. kann durch die Landesgesetzgebung abgeändert werden (110). Dies ist für Preußen geschehen durch Landesgesetz Art. III Abs. 5 siehe denselben § 20 bei R.-G.

2. Vgl. Nr. II 7 fg. Ausf. Anw. (s. Anhang).

§ 22*).

Das Genossenschaftsstatut muß Bestimmung treffen:

*) Der § 22 (mit Abänderungen) gilt nicht für die einer Berufsgenossenschaft nicht zugewiesenen Reichs- und Staatsbetriebe (§ 103).

1. über Namen (und Sitz a) der Genossenschaft;
2. (über die Bildung des Genossenschaftsvorstandes b) und) über den Umfang seiner Befugnisse;
3. (über die Bildung des Genossenschaftsausschusses zur Entscheidung über Beschwerden (§§ 38, 82 c);
4. über die (Zusammensetzung und d) Berufung der Genossenschaftsversammlung, sowie über die Art ihrer Beschlußfassung;
5. über das den Mitgliedern der Genossenschaftsversammlung zustehende Stimmrecht und die Prüfung ihrer Legitimation;
6. über den Maaßstab für die Umlegung der Beiträge und, sofern nicht die Umlegung nach dem Maaßstabe von Steuern erfolgt, über das bei der Veranlagung und Abschätzung zu beobachtende Verfahren (§§ 33, 37);
7. über das Verfahren bei Aenderungen in der Person des Unternehmers, sowie bei Betriebsveränderungen (§§ 47, 48);
8. über die Folgen der Betriebseinstellungen, insbesondere über die Sicherstellung der Bei-

---

a) wegen des Sitzes vgl. Artikel I Abs. 3 L.-G. bei § 18 R.-G.

b) wegen der Bildung des Genossenschaftsvorstandes vgl. Artikel IV L.-G. bei § 26 R.-G.

c) wegen des Beschwerdeausschusses vgl. Artikel VI ad 2 L.-G. bei § 38 R.-G.

d) wegen der Zusammensetzung der Genossenschaftsversammlungen vgl. Artikel III Abs. 3 L.-G. bei § 20 R.-G.

träge der Unternehmer, welche den Betrieb einstellen;

9. über die den Vertretern der versicherten Arbeiter (§ 49) zu gewährenden Vergütungssätze (§§ 53 Abs. 2, 60 Abs. 1);

10. (über die Aufstellung, Prüfung und Abnahme der Jahresrechnung e);

11. über die Ausübung der der Genossenschaft zustehenden Befugnisse zum Erläß von Vorschriften behufs der Unfallverhütung und zur Ueberwachung der Betriebe (§§ 87 ff.);

12. über das bei der Anmeldung und dem Ausscheiden der versicherten Betriebsunternehmer und anderer nach § 1 nicht versicherter Personen (§ 2) zu beobachtende Verfahren, sowie über die Ermittelung des Jahresarbeitsverdienstes der ersteren (§ 3) und darüber, welche in land- und forstwirthschaftlichen Betrieben des betreffenden Genossenschaftsbezirks beschäftigten Personen als Betriebsbeamte (§ 1 Abs. 4) anzusehen sind;

13. über die Voraussetzungen einer Abänderung des Statuts.

Anmerkungen

1. Der § 22 R..G. kann durch die Landesgesetzgebung abgeändert werden (§ 110). Dies ist für Preußen geschehen durch Landesgesetz Art. I Abs. 4, III Abs. 3, IV, VI ad 2, 5.

---

e) wegen der Jahresrechnungen vgl. Artikel VI ad 5 L.-G. bei § 26 R.-G.

2. Der § 22 R.-G. enthält Bestimmungen über den obligatorischen Inhalt des Genossenschaftsstatuts (§ 19). Die Modifikationen des § 22, welche das Preußische Ausführungsgesetz (cf. Anm. 1) für Preußen zur Folge hat, sind doppelter Art:

a) ein Theil des nach R.-G. obligatorischen Inhalts des Statuts fällt kraft Gesetzes fort — nämlich die Bestimmung des Sitzes der Genossenschaft (Ziffer 1), dessen Bestimmung nach L.-G. Art. I (bei § 18 R.-G.) dem Belieben der Genossenschaft entzogen ist;

b) ein anderer Theil des nach R.-G. obligatorischen Inhalts des Statuts ist nur noch fakulativ, — nämlich

α) die Bestimmungen über die Zusammensetzung der (späteren) Genossenschaftsversammlungen, welche durch Landesgesetz Art. III Abs. 3 (bei § 20 R.-G.) vorbehaltlich eines beschränkten, dem Statut überlassenen Spielraums geordnet ist,

β) die Bestimmungen über die Bildung des Genossenschaftsvorstandes, über welche die konstituirende oder eine spätere Genossenschaftsversammlung, unabhängig von dem Statut, gewisse anderweite Beschlüsse fassen darf (L.-G. Art. IV bei § 26 R.-G.), die alsdann besondere Wirkungen auf den weiteren Inhalt des Genossenschaftsstatuts ausüben (vgl. Anm. 3).

3. Nach dem Preußischen Ausführungsgesetz kann nämlich die konstituirende Genossenschaftsversammlung oder eine spätere Genossenschaftsversammlung in Anlehnung an § 26 R.-G. beschließen, daß die laufende Verwaltung der Angelegenheiten der Berufsgenossenschaft, soweit sie den Vorständen zustehen würde, von Organen der Selbstverwaltung geführt werden soll. Wird ein solcher Beschluß gefaßt, so hat derselbe die Wirkung, daß

a) die Geschäfte des Genossenschaftsvorstandes auf den Provinzialausschuß oder, soweit ein solcher noch nicht besteht, auf bestimmte andere provinzialständische Verwaltungen, die Geschäfte des Sektionsvorstandes auf den Kreis- (Stadt-) Ausschuß oder ad hoc gebildete Kreiskommissionen übergehen,

b) der andernfalls obligatorische Beschwerdeausschuß (§ 22 Ziffer 3 R.-G.) fortfällt,

c) die Prüfung und Abnahme der Jahresrechnung von den Organen der Berufsgenossenschaft auf die Provinziallandtage übergeht, Bestimmungen über die Rechnungsführung aber, auch soweit sie die Aufstellung der Jahresrechnung betreffen, nicht blos durch das Genossenschaftsstatut (welches, soweit es sich um die Jahresrechnung handelt, nach R.-G. die alleinige Stelle wäre), sondern auch durch den Genossenschaftsvorstand (d. h. in diesem Falle den Provinzialausschuß) mit Genehmigung des Reichs-Versicherungsamts getroffen werden dürfen.

Wird die Uebertragung der laufenden Verwaltung durch die konstituirende Genossenschaftsversammlung (§§ 19, 20) beschlossen, so bedarf es im Statut einer besonderen Bestimmung über „die Bildung des Genossenschaftsvorstandes" (Ziffer 2) nicht mehr, weil diese dann schon anderweit festgelegt ist; es empfiehlt sich jedoch in dem Statut ausdrücklich auf jenen Beschluß, wonach die Genossenschaft der eigenen laufenden Verwaltung sich begeben hat, hinzuweisen. Wird jedoch die Uebertragung erst durch eine spätere Genossenschaftsversammlung — welche erst berufen werden kann, nachdem ein Statut durch die konstituirende Genossenschaftsversammlung beschlossen und vom Reichs-Versicherungsamt genehmigt ist, § 19 R.-G. — beschlossen, so muß das Statut einstweilen Bestimmungen über die Bildung des Genossenschaftsvorstandes, über die Bildung des Beschwerdeausschusses und über die Jahresrechnung treffen; dieselben fallen aber (von selbst) fort bzw. werden modifizirt, sobald dann von der späteren Genossenschaftsversammlung die Uebertragung der Verwaltung beschlossen wird. Vgl. Anm. 2, 4, 5 zu § 26.

4. Es darf erwartet werden, daß vom Reichs-Versicherungsamt ein Normalstatut aufgestellt werden wird, an welches sich die Beschlüsse der Genossenschaftsversammlung über das Statut anlehnen können.

5. Das Statut und dessen Abänderungen bedürfen der Genehmigung des Reichs-Versicherungsamts; das Statut darf event. von diesem oktroyirt werden (§ 24 R.-G).

6. Durch Landesgesetz sind noch einige andere Bestimmungen obligatorisch in das Genossenschaftsstatut gewiesen worden. Das Statut soll nämlich Vorschriften enthalten.

a) in Genossenschaften, an welche Gebietstheile anderer Bundesstaaten angeschlossen sind (§ 114 R.-G.), über die Bildung, den Sitz und die Verwaltung der in den angeschlossenen Gebietstheilen zu errichtenden Sektionen, Art. V. L.-G.

b) allgemein über die Vertretung der Berufsgenossenschaften bei den Untersuchungsverhandlungen (Art. VII ad 2 L.-G. bei § 58 R.-G.); über das Organ, welches die Anmeldung der Entschädigungsansprüche entgegenzunehmen und die Entschädigungen festzustellen hat (Art. VII ad 4 L.-G. bei § 62 R.-G.); über die Mitwirkung des Sektionsvorstandes bei Aufstellung der Heberolle (Art. VII ad 5 L.-G. bei § 81 R.-G.).

Vgl. auch Anm. 5 zu § 23.

§ 23*).

Die Genossenschaftsversammlung besteht aus Vertretern der versicherungspflichtigen Unternehmer. (Abs. 1)

Die Berufsgenossenschaft zerfällt in Sek- (Landesgesetz Art. II)

*) Der § 23 gilt nicht für die einer Berufsgenossenschaft nicht zugewiesenen Reichs- und Staatsbetriebe (§ 103).

tionen. Jeder Kreis (Oberamtsbezirk) bildet eine Sektion.

Der Sitz der Sektion ist — sofern durch den Ressortminister nichts anderes bestimmt wird — die Kreisstadt.

Sektionsversammlungen finden nicht statt.

(Landesgesetz Art V.) Für Bundesstaaten, welche auf Grund des § 114 des Reichsgesetzes vom 5. Mai 1886 (Reichs-Gesetzbl. S. 132) ihr Gebiet oder Theile desselben einer Berufsgenossenschaft Preußens angeschlossen haben, wird die Bildung, der Sitz und die Verwaltung der Sektionen durch das Genossenschaftsstatut geregelt.

(Abs. 2) Das Statut kann vorschreiben, (daß die Berufsgenossenschaft in örtlich abgegrenzte Sektionen eingetheilt wird und) daß Vertrauensmänner als örtliche Genossenschaftsorgane eingesetzt werden. Enthält dasselbe Vorschriften dieser Art, so ist darin zugleich (über Sitz und Bezirk der Sektionen, über die Zusammensetzung und Berufung der Sektionsversammlungen, sowie über die Art ihrer Beschlußfassung) über die Bildung der Sektionsvorstände[1]) und über den Umfang ihrer Befugnisse, sowie) über die Abgrenzung der Bezirke der Vertrauensmänner, die Wahl der letzteren und ihrer Stellvertreter und den Umfang ihrer Befugnisse Bestimmung zu treffen.

(Abs. 3) Die Abgrenzung der Bezirke der Vertrauens-

---

[1]) Wegen der Sektionsvorstände vgl. Art. IV Abs. 1, 2 ad II L.-G. bei § 26 R.-G.

männer, sowie die Wahl der letzteren und ihrer Stellvertreter, kann von der Genossenschaftsversammlung dem Genossenschafts- oder Sektionsvorstande (die Wahl der Sektionsvorstände den Sektionsversammlungen) übertragen werden.

Anmerkungen.

1. Der § 23 kann durch die Landesgesetzgebung abgeändert werden (§ 110). Dies ist in Preußen geschehen durch Landesgesetz Art. II, IV Abs. 2 ad II, Art. V. Die erste und dritte Abänderung betreffen die Sektionseintheilung, und sind obligatorisch. Die zweite Abänderung, betr. die Sektionsvorstände, ist fakultativ; die dieselbe betreffende landesgesetzliche Bestimmung ist bei § 26 abgedruckt.

2. Ueber die Bildung der Genossenschaftsversammlungen vgl. Landesgesetz Art. III Abs. 3 bei § 20 R.-G.

3. Die nach Reichsgesetz akultative Eintheilung der Berufsgenossenschaften in Sektionen ist für Preußen durch das Landesgesetz obligatorisch geworden (vgl. Anm. 2 zu § 18); jeder Kreis (Oberamtsbezirk) bildet kraft Gesetzes eine Sektion; in ihnen liegt der Schwerpunkt der Verwaltung der Berufsgenossenschaft. Auch die von dem reichsgesetzlichen Recht des Anschlusses Gebrauch machenden nichtpreußischen Bundesstaaten müssen in Sektionen eingetheilt werden oder selbst eine Sektion bilden; die nähere Ausführung dieser Anordnung aber ist wegen der Verschiedenheit der in Betracht kommenden Verhältnisse dem Genossenschaftsstatut überlassen. Die Bestellung von Vertrauensmännern als örtliche Verwaltungsorgane ist dagegen fakultativ geblieben. Außerdem können als weitere Organe „Beauftragte" angestellt werden, vgl. § 90 R.-G.

4. Wird die Uebertragung der laufenden Verwaltung an Organe der Selbstverwaltung beschlossen (vgl. Anm. 3 zu § 22), so treten an die Stelle des Sektionsvorstandes obligatorisch die Kreisausschüsse, und subsidiär besondere

ad hoc zu bildende Kreiskommissionen. Für die sich anschließenden Bundesstaaten (vgl. Anm. 3) und für den Stadtkreis Berlin hat das Genossenschaftsstatut über die Bildung des Sektionsvorstandes Bestimmung zu treffen.

Wird die Uebertragung der laufenden Verwaltung nicht beliebt, so muß in analoger Anwendung der Bestimmungen des § 25 R.-G. das Genossenschaftsstatut die Verwaltung der Sektionen und die Bildung der Sektionsvorstände regeln.

5. Ueber die Abgrenzung der Befugnisse des Sektionsvorstandes muß — soweit sie nicht durch Reichs- oder Landesgesetz festgesetzt sind — das Statut Bestimmung treffen.

§ 24.*)

(Abs. 1) Das Genossenschaftsstatut bedarf zu seiner Gültigkeit der Genehmigung des Reichs-Versicherungsamts.

(Abs. 2) Gegen die Entscheidung desselben, durch welche die Genehmigung versagt wird, findet binnen einer Frist von vier Wochen nach der Zustellung an den provisorischen Genossenschaftsvorstand (§ 21) die Beschwerde an den Bundesrath statt.

(Abs. 3) Wird innerhalb dieser Frist Beschwerde nicht eingelegt oder wird die Versagung der Genehmigung des Statuts vom Bundesrath aufrecht erhalten, so sind die Vertreter (§ 20) innerhalb vier Wochen zu einer neuen Genossenschaftsversammlung behufs anderweiter Beschlußfassung über das Statut in

*) Der § 24 gilt nicht für die einer Berufsgenossenschaft nicht zugewiesenen Reichs- und Staatsbetriebe (§ 103).

Gemäßheit des § 21 zu laden. Wird auch dem von dieser Versammlung beschlossenen Statut die Genehmigung endgültig versagt, so wird ein solches von dem Reichs-Versicherungsamt erlassen.

Abänderungen des Statuts bedürfen der Genehmigung des Reichs-Versicherungsamts. Gegen deren Versagung findet binnen einer Frist von vier Wochen die Beschwerde an den Bundesrath statt. (Abs. 4)

Anmerkung.

Der § 24 R.-G. kann durch die Landesgesetzgebung abgeändert werden (§ 110). Dies ist für Preußen nicht geschehen; derselbe findet daher nach Art. X des Landesgesetzes (siehe bei § 110 R.-G.) sinngemäße Anwendung.

Veröffentlichung des Namens und Sitzes der Genossenschaft ꝛc.

§ 25.*)

Nach endgültiger Feststellung des Statuts hat der Genossenschaftsvorstand durch den Reichsanzeiger, für die über die Grenzen eines Bundesstaates sich nicht hinaus erstreckenden Genossenschaften durch das zu den amtlichen Veröffentlichungen der Landes-Zentralbehörde bestimmte Blatt bekannt zu machen: (Abs. 1)

1. den Namen und den Sitz der Genossenschaft,
2. die Bezirke der Sektionen und der Vertrauensmänner,
3. die Zusammensetzung des Genossenschaftsvorstandes und der Sektionsvorstände sowie, falls

*) Der § 25 gilt nicht für die einer Berufsgenossenschaft nicht zugewiesenen Reichs- und Staatsbetriebe (§ 103).

von den Bestimmungen des § 26 Gebrauch gemacht ist, die betreffenden Organe der Selbstverwaltung.

(Abs. 2) Etwaige Aenderungen sind in gleicher Weise zur öffentlichen Kenntniß zu bringen.

Anmerkungen.

1. Der § 25 R.-G. kann durch die Landesgesetzgebung abgeändert werden (§ 110). Dies ist in Preußen nicht geschehen; derselbe findet daher nach Art. X des Landesgesetzes (siehe bei § 110) in Preußen „sinngemäße“ Anwendung.

2. Die „Bezirke der Sektionen“ und event. die „betreffenden Organe der Selbstverwaltung“ stehen zwar für Berufsgenossenschaften, welche lediglich Preußische Gebietstheile umfassen, kraft Landesgesetzes (Art. II, IV, jedoch in letzterer Beziehung ausschließlich Berlin) fest, nicht aber durchweg für Berufsgenossenschaften, an welche nichtpreußische Bundesstaaten sich angeschlossen haben (§ 114 R.-G., Art. V L.-G.).

Genossenschaftsvorstände.

§ 26*).

(Abs. 1) Dem Genossenschaftsvorstande liegt die gesammte Verwaltung der Genossenschaft ob, soweit nicht einzelne Angelegenheiten durch Gesetz oder Statut der Beschlußnahme der Genossenschaftsversammlung vorbehalten oder anderen Organen der Genossenschaft übertragen sind.

*) Der § 26 (nebst Abänderungen) gilt nicht für die einer Berufsgenossenschaft nicht zugewiesenen Reichs- und Staatsbetriebe (§ 110).

Der Beschlußnahme der Genossenschaftsversammlung müssen vorbehalten werden: (Abs. 2)

1. Die Wahl der Mitglieder des Genossenschaftsvorstandes, a)
2. Abänderungen des Statuts,
3. (die Prüfung und Abnahme der Jahresrechnung, falls diese nicht einem Ausschusse der Genossenschaftsversammlung von der letzteren übertragen wird. b)

Durch Beschluß der Genossenschaftsversammlung kann für einen bestimmten Zeitraum die Prüfung und Abnahme der Jahresrechnung, (sowie die Verwaltung der Genossenschaft, soweit sie den Vorständen zustehen würde, ganz oder zum Theil c) an Organe der Selbstverwaltung mit deren Zustimmung übertragen werden. Eine solche Uebertragung bedarf der Genehmigung der Landes-Zentralbehörde. (Abs. 3)

Durch Beschluß der konstituirenden oder einer späteren Genossenschaftsversammlung kann die Verwaltung der Genossenschaft bezw. der Sektion, soweit sie den Vorständen zustehen würde, an Organe der Selbstverwaltung übertragen werden. (Art. IV. L.-G.)

Wird eine solche Uebertragung beschlossen, so tritt:

---

a) vgl. Art. IV L.-G., sowie Anm. 4 i. f. (S. 89).
b) vgl. Art. VI ad 5 L.-G. (S 83) sowie Anm. 2 (S. 85, 88).
c) ersetzt durch Art. IV L.-G.

I. an die Stelle des Genossenschaftsvorstandes der Provinzialausschuß.

Bis zu dem in § 155 des Gesetzes über die allgemeine Landesverwaltung vom 30. Juli 1883 (Gesetzsamml. S. 195) bezeichneten Zeitpunkt treten an die Stelle des Provinzialausschusses:

1. in der Provinz Posen die Provinzialständische Verwaltungskommission zu Posen, bezw. dasjenige Organ, welchem die Obliegenheiten der genannten Behörde übertragen werden;
2. in der Provinz Schleswig-Holstein, einschließlich des Herzogthums Lauenburg, die Provinzialständische Verwaltung in Kiel;
3. in der Provinz Westfalen der Provinzialständische Verwaltungsausschuß;
4. in der Rheinprovinz der Provinzialverwaltungsrath.

II. an die Stelle des Sektionsvorstandes der Kreis- (Stadt-) Ausschuß.

In denjenigen Provinzen, in welchen das Gesetz über die allgemeine Landesverwaltung vom 30. Juli 1883 (Gesetzsamml. S. 195) noch nicht in Geltung ist, tritt bis zu dem in § 155 vorstehenden Gesetzes bezeichneten Zeitpunkte an die Stelle des Kreisausschusses eine Kommission, welche aus dem Landrath als Vorsitzenden und sechs von der Kreisversammlung aus der Zahl der Kreisangehörigen nach absoluter Stimmenmehrheit auf die Dauer von sechs Jahren zu erwählenden Mitgliedern besteht.

In den selbstständigen Stadtkreisen tritt an die Stelle des Landraths der Bürgermeister und an die Stelle der Kreisversammlung die Stadtverordnetenversammlung (Bürgervorsteherkollegium).

Für den Stadtkreis Berlin wird der Sektionsvorstand nach näherer Bestimmung des Genossenschaftsstatuts (§ 23 des Reichsgesetzes) gebildet.

Soweit eine solche Uebertragung stattfindet, gehen die Befugnisse und Obliegenheiten der Organe der Genossenchaft auf die betreffenden Organe der Selbstverwaltung über. (Abs. 4 R.-G.)

Im Falle des Artikel IV finden folgende Bestimmungen Anwendung: (Art. VI. ad 5 L.-G.)

5. . . . . . .

Die Prüfung und Abnahme der Jahresrechnung der Berufsgenossenschaft (§ 26 Absatz 2 Ziffer 3 des Reichsgesetzes) erfolgt durch die Provinziallandtage.

Bestimmungen über die Rechnungsführung, soweit sie nicht durch das Genossenschaftsstatut getroffen sind, werden unbeschadet der Vorschriften des § 85 des Reichsgesetzes durch den Genossenschaftsvorstand erlassen. Dieselben bedürfen der Genehmigung des Reichs-Versicherungsamts.

Anmerkungen.

1. Der § 26 R.-G. kann mit Ausnahme des Abs. 2 Ziffer 1 und 2 durch die Landesgesetzgebung abgeändert werden (§ 110). Dies ist für Preußen geschehen durch die in den Text aufgenommenen Artikel IV, V ad 5 des Landesgesetzes.

2. Schon nach Reichsgesetz (§ 26 Abs. 3, wie er sich aus dem vorstehenden Text ergiebt, wenn man die klein gedruckten Worte mit liest) durfte die Genossenschaftsversammlung

a) die den Vorständen obliegende laufende Verwaltung,

b) die Prüfung und Abnahme der Jahresrechnung

ganz oder zum Theil an Organe der Selbstverwaltung übertragen, jedoch nur

α) unter Beschränkung auf einen bestimmten Zeitraum,

β) mit Zustimmung der betr. Organe der Selbstverwaltung,

γ) mit Genehmigung der Landes-Zentralbehörde.

Hierin ist durch das Preußische Landesgesetz manches geändert worden. Beibehalten ist die Fakultät der Genossenschaftsversammlung, die Uebertragung der laufenden Verwaltung zu beschließen, und zwar ist diese Befugniß auch schon der konstituirenden Genossenschaftsversammlung beigelegt worden. Erweitert ist die Wirkung eines solchen Beschlusses: es bedarf nicht mehr der Zustimmung der betr. Selbstverwaltungsorgane und nicht mehr der Genehmigung der Landes-Zentralbehörde. Beschränkt ist die Genossenschaftsversammlung in der Auswahl der betr. Selbstverwaltungsorgane und in der Zeitdauer der Uebertragung. Die Genossenschaftsversammlung hat nämlich nur darüber zu beschließen, ob die laufende Verwaltung durch eigene besonders zu schaffende Vorstände geführt oder an Selbstverwaltungsorgane übertragen werden soll. Im letzteren Fall bestimmt das Landesgesetz selbst die Organe, welche die Verwaltung führen sollen (Provinzial-, Stadt-, Kreis-Ausschuß bezw. subsidiär andere analoge Behörden). Der Beschluß der Genossenschaftsversammlung kann auch nicht nach Belieben wieder rückgängig gemacht werden. (Vgl. Komm.-Ber. d. Preuß. Abg.-H., Dr. S. 1887, Nr. 58 S. 10). Die Uebertragung der laufenden Verwaltung hat endlich die Wirkung, daß die Prüfung und Abnahme der Jahresrechnung kraft Landesgesetzes auf die Provinziallandtage übergeht, also weder der Genossenschaftsversammlung verbleibt, noch von dieser einem Ausschusse übertragen werden darf. Nur dann, wenn die Genossenschaftsversammlung die laufende Verwaltung selbst behält, kann sie die Prüfung und Abnahme der Jahresrechnung noch in der durch das Reichsgesetz (Abs. 3) geordneten Form an Organe der Selbstverwaltung abgeben.

3. Die Gründe für diese Abänderungen liegen darin, daß man allgemein die Verwaltung der Angelegenheiten der landwirthschaftlichen Berufsgenossenschaften durch die bestehenden, mit vollständigem Verwaltungsapparat ausgerüsteten und mit den Verhältnissen der Provinz bekannten Provinzial- und Kreisausschüsse für die zweckmäßigste und wohlfeilste Art der Verwaltung erachtete, und dieselbe daher thunlichst fördern zu sollen glaubte. Vgl. darüber Mot. z. L.-G.:

„Eine praktischere und zuverlässigere Behandlung der beregten Angelegenheiten kann durch andere, als durch jene erprobten und mit den ländlichen Verhältnissen genau vertrauten Organe der Selbstverwaltung wohl kaum erwartet werden."

„Aber auch die Besorgniß einer Ueberlastung jener Organe wird im Allgemeinen nicht für begründet zu erachten sein."

„Abgesehen davon, daß die Bildung von Sektionen es ermöglicht, den größten Theil der laufenden Geschäfte auf zahlreiche Schultern zu vertheilen und namentlich die Provinzialinstanz wesentlich zu entlasten, ist — soweit die Kreisausschüsse in Betracht kommen — weder die Zahl der Sitzungen dieser Organe, noch das Maß der in denselben zur Erledigung kommenden Geschäfte — einzelne besonders große Kreise vielleicht ausgenommen — so umfänglich, daß eine innerhalb mäßiger Grenzen sich haltende Erhöhung ausgeschlossen wäre. Während bisher Klagen von Mitgliedern über zu häufige Sitzungen der Kreisausschüsse im Allgemeinen nicht bekannt geworden sind, würden solche Klagen voraussichtlich kaum ausbleiben, wenn dieselben Personen — und eine Ablehnung dieser Funktionen ist nur unter gewissen, gesetzlich fixirten Voraussetzungen zulässig — daneben an anderen Tagen als Mitglieder von Sektionsvorständen für die Unfallversicherung an den betreffenden Sitzungen theilzunehmen hätten, und ähnlich würden die Dinge auch in der Provinzialinstanz liegen, obwohl naturgemäß hier der Kreis der in Betracht kommenden Personen ein größerer ist."

„Dazu kommt, daß die den Genossenschafts- und Sektionsvorständen obliegende Geschäftsthätigkeit nur in der ersten Zeit und zwar bis zur Feststellung des Katasters der versicherungspflichtigen Betriebe eine umfangreichere, — demnächst aber, abgesehen von den besonderen Maßnahmen, welche Unfälle sowie die Kontrole der Rentenempfänger und die Befolgung etwaiger Unfallverhütungsvorschriften nach sich ziehen, eine mehr mechanische, auf den gewonnenen und kurrent zu erhaltenden Unterlagen weiter bauende sein wird."

„Bei der laufenden Verwaltung aber werden gerade die mit derselben zunächst zu befassenden Kreisausschüsse, denen das in den landräthlichen Bureaus vorhandene Akten- und Listenmaterial zu Gebote steht, und denen eine genaue Personal- und Lokalkenntniß zu Gute kommt, nicht nur in der Lage sein, sich selbst diese ihre neue Amtsthätigkeit wesentlich zu erleichtern, sondern diese Erleichterung naturgemäß auch weit eher auf die lokalen vollziehenden Organe (Guts-, Gemeindevorsteher) erstrecken können, als neue, nur ad hoc geschaffene und mit den Verhältnissen weniger bekannte Organe."

„Selbstverständlich sind die bei den Selbstverwaltungsorganen durch die berufsgenossenschaftliche Verwaltung etwa entstehenden Mehrkosten von der Berufsgenossenschaft zu tragen. Diese Kosten aber werden aller Wahrscheinlichkeit nach bei Weitem geringer sein, als diejenigen, welche durch eine ganz neue Behördenorganisation mit ihrem personell und räumlich unentbehrlichen Zubehör für etwa 4 134 038 in Preußen zu versichernde ländliche Personen entstehen müßten. Letztere dürften zwar bei den einfacher liegenden ländlichen Verhältnissen diejenige Höhe nicht erreichen, welche für die erste Organisationsarbeit in einzelnen industriellen Berufsgenossenschaften erforderlich geworden ist, aber immer noch so hoch sein, daß sie weder zu der voraussichtlich nicht übermäßigen finanziellen Belastung durch Unfallrenten 2c., noch zu der Leistungsfähigkeit der Land- und Forstwirthschaft überhaupt in angemessenem Verhältniß stehen würden."

„Ist daher die Möglichkeit vorhanden, durch eine zweckentsprechende Organisation diese Verwaltungskosten zu verringern, so wird die landesgesetzlich geregelte Sicherstellung der berufsgenossenschaftlichen Verwaltung im Sinne dieser Kostenersparniß und Vereinfachung nicht allein geeignet sein, das Vertrauen der ländlichen Kreise zu dieser neuen Institution wesentlich zu kräftigen und gleich von vornherein die Besorgnisse zu zerstreuen, welche vielfach gerade wegen der hohen Verwaltungskosten gehegt werden, sondern auch im Allgemeinen die organisatorische Durchführung der ländlichen Unfallversicherungsgesetzgebung sehr wesentlich erleichtern und beschleunigen, was im Interesse der ländlichen Arbeiter in hohem Grade wünschenswerth bleibt."

Andrerseits wollte man der Genossenschaft die freie Entschließung darüber, ob sie die laufende

Verwaltung ihrer Angelegenheiten selbst führen, oder dieselbe durch die Organe der Provinzial- und Kreisverwaltung führen lassen wolle, nicht nehmen, weil in dieser freien Entschließung ein gewichtiges Stück freier Selbstbestimmung, welches einer über ihre Angelegenheiten selbst beschließenden Berufsgenossenschaft nicht wohl entzogen werden kann, in die Erscheinung tritt. Will aber die Genossenschaft von der durch Abnahme der laufenden Verwaltung ihr gebotenen materiellen Erleichterung Gebrauch machen, so soll sie auch die aus Rücksicht auf die belasteten Organe der Selbstverwaltung für erforderlich erachteten Konsequenzen dieser Entschließung tragen, insbesondere der Wiederaufhebung dieses Verhältnisses durch eigenen Beschluß und der eigenen Revision der Jahresrechnung sich begeben.

3. Die bei den Selbstverwaltungsorganen durch die genossenschaftliche Verwaltung entstehenden Mehrkosten werden selbstverständlich von der Berufsgenossenschaft, d. h. der Gesammtheit der Unternehmer land- und forstwirthschaftlicher Betriebe des Bezirks, getragen, vgl. auf S. 87 die Motive des L.-G.

4. Darüber, daß die land- und forstwirthschaftlichen Berufsgenossenschaften auch dann, wenn ihre laufende Verwaltung von Behörden der provinziellen und Kreisverwaltung geführt wird, eine mit Selbstverwaltung ausgestattete „Berufsgenossenschaft“ bilden, vgl. v. Woedtke Kommentar Anm. 1 zu § 13, Anm. 1 zu § 26. Insbesondere muß die Berufsgenossenschaft immer eine eigene Genossenschaftsversammlung behalten; das Reichsgesetz (§ 110) bestimmt ausdrücklich, daß ihr ein Organ, welches den Charakter der Genossenschaftsversammlung trägt, nicht genommen werden darf. Die Befugnisse dieser Genossenschaftsversammlung regelt theils das Gesetz, theils das Genossenschaftsstatut. Die durch ersteres gegebenen Befugnisse müssen der Genossenschaftsversammlung verbleiben; die sonstigen Befugnisse kann das Genossenschaftsstatut mehr oder weniger beschränken. Diese Beschränkung

darf sich aber nach Reichsgesetz § 26 Abs. 2 Ziffer 1 und 2 — und dies ist nach § 110 a. a. O. nicht abänderbar — nicht erstrecken auf die Berufung des Genossenschaftsvorstandes und auf Abänderungen des Statuts; diese müssen neben ihren anderweiten gesetzlichen Funktionen der Genossenschaftsversammlung immer belassen, können ihr also durch ein Gesetz nicht genommen werden. Ihr Wahlrecht rücksichtlich des Genossenschaftsvorstandes wahrt die Genossenschaftsversammlung (sei es die erste oder eine spätere; beide sind landesrechtlich in gleicher Weise gebildet) aber durch die Entschließung darüber, ob die Funktionen des Genossenschaftsvorstandes auf Organe der Selbstverwaltung übergehen soll oder nicht. Ein besonderer Vorstand neben diesen Organen braucht eventuell nicht bestellt zu werden; in jenem Beschluß liegt geradezu ein Verzicht auf einen besonderen, aus jedesmal zu wählenden Mitgliedern bestehenden Vorstand.

5. Die Provinzial- und Kreis-(Stadt-)Ausschüsse, auf welche die laufende Verwaltung der Angelegenheiten der Berufsgenossenschaften übergegangen ist, führen diese Verwaltung in den durch die Provinzial- bezw. Kreisordnungen vorgeschriebenen Formen. Im Uebrigen sind sie Genossenschaftsvorstand bezw. Sektionsvorstand mit allen denselben reichsgesetzlich, landesgesetzlich und statutgemäß obliegenden Rechten und Pflichten (§ 26 Abs. 4, Anm. 2 i. f. zu § 22 R.-G.; Art. X L.-G. bei § 110 R.-G.). Sie unterstehen also in dieser ihrer Eigenschaft insbesondere auch der Beaufsichtigung und Rechtsprechung des Reichs-Versicherungsamts, §§ 62, 67, 68, 95 fg.

§ 27*).

Die Beschlußfassung der Vorstände kann in eiligen Fällen durch schriftliche Abstimmung erfolgen. (Abs. 1)

*) Der § 27 gilt nicht für die einer Berufsgenossenschaft nicht zugewiesenen Reichs- und Staatsbetriebe (§ 103).

(Abs. 2) Mitglieder von Selbstverwaltungsbehörden, welche auf Grund des § 26 Absatz 3 die Verwaltung der Genossenschaft führen, dürfen in Angelegenheiten, an deren Bearbeitung sie in Wahrnehmung der Interessen der Genossenschaft theilgenommen haben, bei der Entscheidung im Verwaltungsstreitverfahren oder bei der Entscheidung der Aufsichtsbehörde (vgl. § 12) nicht mitwirken.

Anmerkungen.

1. Der § 27 kann durch die Landesgesetzgebung abgeändert werden (§ 110). In Preußen ist dies nicht geschehen, der § 27 findet daher nach Art. X L.-G. (siehe bei § 110 R.-G.) in Preußen sinngemäße Anwendung.

2. Vgl. Anm. 5 zu § 26.

3. Festsetzung der Entschädigungen ist immer eilig, § 63.

4. Nach Abs. 2 wird z. B. ein Landrath, welcher als Vorsitzender des die laufende Verwaltung führenden Kreisausschusses einer Krankenkasse die Fürsorge für Verletzte über die 13. Woche hinaus übertragen hat (§ 10 Abs. 4), und wegen des Ersatzes der hieraus entstehenden Kosten mit der Krankenkasse in Streit geräth (§ 12 Abs. 2), diesen Streit nicht etwa als Aufsichtsbehörde der Krankenkasse selbst entscheiden dürfen, sondern er wird diese Entscheidung seinem Stellvertreter überlassen müssen. Aehnlich liegt die Sache im umgekehrten Falle.

§ 28*).

(Abs. 1) Die Genossenschaft wird durch ihren Vorstand gerichtlich und außergerichtlich vertreten. Die Vertretung erstreckt sich auch auf diejenigen Geschäfte

*) Der § 28 gilt nicht für die einer Berufsgenossenschaft nicht zugewiesenen Reichs- und Staatsbetriebe (§ 103).

und Rechtshandlungen, für welche nach den Gesetzen eine Spezialvollmacht erforderlich ist. Durch das Statut kann die Vertretung auch einem Mitgliede oder mehreren Mitgliedern des Vorstandes übertragen werden.

Durch die Geschäfte, welche der Vorstand der Genossenschaft und die Vorstände der Sektionen, sowie die Vertrauensmänner innerhalb der Grenzen ihrer gesetzlichen und statutarischen Vollmacht im Namen der Genossenschaft abschließen, wird die letztere berechtigt und verpflichtet. (Abs. 2)

(Zur Legitimation der Vorstände bei Rechtsgeschäften genügt die Bescheinigung der höheren Verwaltungsbehörde, daß die darin bezeichneten Personen den Vorstand bilden.) (Abs. 3)

Anmerkung.

Der § 28 kann durch die Landesgesetzgebung abgeändert werden (§ 110). In Preußen ist dies nicht geschehen; § 28 findet daher nach Art. X L.-G. (vgl. bei § 110) in Preußen sinngemäße Anwendung. In Folge dieser sinngemäßen Anwendung verliert Abs. 3 seine praktische Bedeutung für den Fall, daß die laufende Verwaltung an den Provinzial- bezw. Kreisausschuß übergegangen ist.

§ 29*).

Wählbar (zu Mitgliedern der Vorstände und [a])) zu Vertrauensmännern sind nur die Mitglieder der Genossenschaft bezw. deren gesetzliche Vertreter. Nicht wählbar ist, wer durch gerichtliche Anordnung in der

*) Der § 29 gilt nicht für die einer Berufsgenossenschaft nicht zugewiesenen Reichs- und Staatsbetriebe (§ 103).

[a]) Vgl. Art. IV L.-G. (bei § 26 R.-G.) sowie Anm. 2.

Verfügung über sein Vermögen beschränkt ist oder sich nicht im Besitze der bürgerlichen Ehrenrechte befindet.

Die Ablehnung der Wahl ist nur aus denselben Gründen zulässig, aus welchen das Amt eines Vormundes abgelehnt werden kann. Eine Wiederwahl kann abgelehnt werden.

Genossenschaftsmitglieder, welche eine Wahl ohne solchen Grund ablehnen, können auf Beschluß der Genossenschaftsversammlung für die Dauer der Wahlperiode zu erhöhten Beiträgen bis zum doppelten Betrage herangezogen werden.

Das Statut kann bestimmen, daß die von den Unternehmern bevollmächtigten Leiter ihrer Betriebe (zu Mitgliedern der Vorstände und[a])) zu Vertrauensmännern gewählt werden können.

Anmerkungen.

1. Der § 29 kann durch die Landesgesetzgebung abgeändert werden (§ 110). Dies ist in Preußen nicht geschehen; der § 29 findet also nach Art. X L.-G. (siehe bei § 110) in Preußen sinngemäße Anwendung.

2. Wenn die laufende Verwaltung an Provinzial- bezw. Kreisausschüsse übertragen ist (§ 26), so beschränkt sich in Preußen die Geltung dieses § 29, weil alsdann eine „Wahl" einzelner Vorstandsmitglieder überhaupt nicht mehr stattfindet, auf die Vertrauensmänner. Außerdem gilt der Absatz 2 auch für die Beisitzer der Schiedsgerichte (§ 53 Abs. 2 R.-G., sowie Art. VIII L.-G.); bei letzteren

---

a) Vgl. Art. IV L.-G. (bei § 26 R.-G.) sowie Anm. 2.

sind jedoch die Folgen der Ablehnung (Abs. 3) anders geordnet, vgl. § 53 Abs. 3.

3. Für die Ablehnungsbefugniß vgl. § 23 der Preuß. Vormundschaftsordnung v. 5. 7. 75 (Ges.-S. S. 431):

„Die Uebernahme einer Vormundschaft können ablehnen:

1. weibliche Personen;
2. wer das sechszigste Lebensjahr überschritten hat;
3. wer bereits mehr als eine Vormundschaft oder Pflegschaft führt;
4. wer an einer die ordnungsmäßige Führung der Vormundschaft hindernden Krankheit leidet;
5. wer nicht in dem Bezirk des Vormundschaftsgerichts seinen Wohnsitz hat;
6. wer nach Maßgabe des § 58 zur Stellung einer Sicherheit angehalten wird;
7. wer fünf oder mehr minderjährige Kinder hat.

Die Führung einer Gegenvormundschaft steht im Sinne der Nr. 3 der Führung einer Vormundschaft oder Pflegschaft nicht gleich.

Das Ablehnungsrecht geht verloren, wenn es nicht bei dem Vormundschaftsgericht vor der Verpflichtung geltend gemacht wird."

§ 30*).

Die Mitglieder der Vorstände und die Vertrauensmänner verwalten ihr Amt als unentgeltliches Ehrenamt, sofern nicht durch das Statut eine Entschädigung für den durch Wahrnehmung der Genossenschaftsgeschäfte ihnen erwachsenden Zeitverlust bestimmt wird. Baare Auslagen werden ihnen von der Genossenschaft ersetzt, und zwar, soweit sie in

*) Der § 30 gilt nicht für die einer Berufsgenossenschaft nicht zugewiesenen Reichs- und Staatsbetriebe (§ 103).

Reisekosten bestehen, nach festen, von der Genossenschaftsversammlung zu bestimmenden Sätzen.

Anmerkungen.

1. Der § 30 kann durch die Landesgesetzgebung abgeändert werden (§ 110). Dies ist in Preußen nicht geschehen; nach Art. X L.-G. (siehe bei § 110) findet also § 30 in Preußen sinngemäße Anwendung.

2. Den Mitgliedern der Provinzial- und Kreisausschüsse, welche als solche bereits Reisekosten 2c. beziehen, werden außerdem von der Genossenschaft nur dann besondere Reisekosten 2c. zu gewähren sein, wenn sie ausschließlich in Angelegenheiten der Berufsgenossenschaft besondere Reisen zu unternehmen haben.

§ 31*).

(Abs. 1) Die Mitglieder der Vorstände, sowie die Vertrauensmänner haften der Genossenschaft für getreue Geschäftsverwaltung, wie Vormünder ihren Mündeln.

(Abs. 2) Mitglieder der Vorstände, sowie die Vertrauensmänner, welche absichtlich zum Nachtheil der Genossenschaft handeln, unterliegen der Strafbestimmung des § 266 des Strafgesetzbuchs.

*) Der § 31 gilt nicht für die einer Berufsgenossenschaft nicht zugewiesenen Reichs- und Staatsbetriebe (§ 103).

Anmerkungen.

1. Der § 31 kann durch die Landesgesetzgebung abgeändert werden (§ 110). Dies ist in Preußen nicht geschehen; nach Art. X L.-G. (siehe bei § 110) findet also § 31 in Preußen sinngemäße Anwendung.

2. Ueber die Haftung der Vormünder vgl. Preuß. Vormundschaftsordnung vom 5. 7. 75 (Ges.-S. S. 431):

§ 32. „Der Vormund . . . haftet für die Sorgfalt, welche

ein ordentlicher Hausvater auf seine eigenen Angelegenheiten verwendet.

Die Einrede der Theilung unter mehreren Verhafteten ist ausgeschlossen . . . .

§ 39. . . . . Versäumt oder verzögert der Vormund die Anlegung von Geldern, so muß er die anzulegende Summe mit sechs vom Hundert jährlich verzinsen.

§ 40. Der Vormund darf Vermögensgegenstände des Mündels nicht in seinem Nutzen verwenden. Er hat das trotzdem in seinem Nutzen verwendete Geld von der Verwendung an zu verzinsen. Den Zinsfuß bestimmt das Vormundschaftsgericht nach seinem Ermessen auf acht bis zwanzig vom Hundert.

Eine Hypothek oder Grundschuld, welche auf einem Grundstück des Vormundes haftet, darf derselbe für den Mündel nicht erwerben."

Die Bestimmung, daß Genossenschaftsgelder pupillarisch sicher angelegt werden müssen, findet sich im § 85 R.-G.

3. § 266 Str.-G.-B. lautet, soweit er hier in Betracht kommt:

„Wegen Untreue werden mit Gefängniß, neben welchem auf Verlust der bürgerlichen Ehrenrechte erkannt werden kann, bestraft:

1. Vormünder . . wenn sie absichtlich zum Nachtheile der ihrer Aufsicht anvertrauten Personen oder Sachen handeln; . . . .

Wird die Untreue begangen, um sich oder einem Anderen einen Vermögensvortheil zu verschaffen, so kann neben der Gefängnißstrafe auf Geldstrafe bis zu dreitausend Mark erkannt werden."

§ 32*).

Solange die Wahl der gesetzlichen Organe einer

*) Der § 32 gilt nicht für die einer Berufsgenossenschaft nicht zugewiesenen Reichs- und Staatsbetriebe (§ 103).

Genossenschaft nicht zu Stande kommt, solange ferner diese Organe die Erfüllung ihrer gesetzlichen oder statutarischen Obliegenheiten verweigern, hat das Reichs-Versicherungsamt die letzteren auf Kosten der Genossenschaft wahrzunehmen oder durch Beauftragte wahrnehmen zu lassen.

Anmerkung.

Der § 32 kann durch landesgesetzliche Bestimmungen abgeändert werden (§ 110). Dies ist in Preußen nicht geschehen; nach Art. X L.-G. (siehe bei § 110 R.-G.) findet also § 32 in Preußen sinngemäße Anwendung.

§ 33*).

Durch das Statut kann, sofern nicht durch die Landesgesetzgebung die Versicherung der Familienangehörigen des Betriebsunternehmers ausgeschlossen ist (§ 1 Abs. 3), bestimmt werden, daß die Beiträge der Berufsgenossen durch Zuschläge zu direkten Staats- oder Kommunalsteuern aufgebracht werden. Sofern das Statut eine solche Vorschrift enthält, muß dasselbe auch darüber Bestimmung treffen, wie solche Mitglieder, welche die der Erhebung zu Grunde gelegte Steuer für ihren gesammten Betrieb oder einen Theil desselben nicht zu entrichten haben, zu den Genossenschaftslasten heranzuziehen sind.

Sofern das Statut die Umlegung nach dem Maaßstabe von Steuern nicht vorschreibt, erfolgt die

*) Der § 33 gilt nicht für die einer Berufsgenossenschaft nicht zugewiesenen Reichs- und Staatsbetriebe (§ 103).

Umlegung der Beiträge nach der Höhe der mit dem Betriebe verbundenen Unfallgefahr und dem Maaß der in den Betrieben durchschnittlich erforderlichen menschlichen Arbeit.

*) Der § 33 gilt nicht für die einer Berufsgenossenschaft nicht zugewiesenen Reichs- und Staatsbetriebe (§ 103).

Anmerkungen.

1. Der § 33 kann durch die Landesgesetzgebung abgeändert werden (§ 110). Dies ist in Preußen nicht geschehen; nach Art. X L.-G. (siehe bei § 110) findet also § 33 in Preußen „sinngemäße" Anwendung. Vgl. aus der allgem. Begründung des Preuß. Ausf.-Ges. S. 9: „Ob weitere zulässige Erleichterungen und Vereinfachungen dadurch erzielt werden können, daß die Beiträge statt nach dem durchschnittlichen Arbeitsbedarf nach der Grundsteuer oder einer anderen direkten Staats- oder Kommunalsteuer aufgebracht und die Gefahrenklassen in Fortfall gebracht werden, mag dahingestellt bleiben. Die Verhältnisse sind in den einzelnen Provinzen zu verschieden, als daß es sich empfehlen könnte, durch Landesgesetz einheitliche Bestimmungen hierüber obligatorisch vorzuschreiben. Es kann vielmehr in dieser Beziehung bei den Bestimmungen des Reichsgesetzes lediglich bewenden, weil durch die Letzteren den Berufsgenossenschaften die Befugniß beigelegt ist, die Aufbringung der Beiträge nach Maßgabe der Steuern zu beschließen und die Gefahrenklassen in Fortfall zu bringen, soweit letzteres objektiv sich als zuläßig herausgestellt. Die Freiheit der Bewegung wird hierdurch den Berufsgenossenschaften in zweckmäßiger Weise gewahrt."

2. Auch in Preußen haben also die Berufsgenossenschaften freie Hand, nach welchem der zur Auswahl gelassenen Systeme sie die Beiträge (mittelst Umlage nach Höhe des jedesmaligen Jahresbedarfs) aufbringen wollen. Es darf nämlich

a) durch Statut festgesetzt werden, daß die Beiträge durch Zuschläge zu direkten Steuern, insbesondere der Grundsteuer, aufgebracht werden sollen. Sofern das Statut solche Bestimmungen enthält, muß dasselbe auch die Ausführung dieser Vorschrift regeln (§ 33 Abs. 1). Diese Zuschläge können nach Gefahrenklassen abgestuft werden (vgl. v. Woedtke, Kommentar Anm. 3).

b) Sofern das Statut eine Umlegung nach Steuern nicht vorschreibt, erfolgt die Umlegung nach dem Durchschnittsbedarf der einzelnen Betriebe an Arbeitskräften, welcher durch Abschätzung ermittelt wird, einerseits, und nach Gefahrenklassen, zu welchen die einzelnen Betriebe veranlagt werden, andrerseits (§ 33 Abs. 2).

Indessen kann mit Genehmigung des Reichs-Versicherungsamts von der Veranlagung zu Gefahrenklassen Abstand genommen werden (§ 35 Abs. 6), so daß dann die Umlegung lediglich nach dem Ergebniß der Abschätzung erfolgt.

Die Abschätzung des Arbeitsbedarfs neben der Bildung von Gefahrenklassen ist theoretisch der richtigste Umlagemodus, weil dabei die Höhe des Risikos, mit welchen jeder Betrieb nach seiner Eigenart (Umfang und Betriebsart) die Genossenschaft belastet, am geeignesten zum Ausdruck kommt. Freilich bietet dieser Modus wenigstens bei der ersten Veranlagung einige Unbequemlichkeiten und Schwierigkeiten, wogegen die Belastung nach der Höhe der Grundsteuer, d. h. die Anwendung eines einmal vorhandenen Vertheilungsmaaßstabes statt eines noch zu findenden, allerdings leichter ist. Aber die Grundsteuer ist an sich ungleichmäßig veranlagt und bringt die Verschiedenheit der Unfallgefahr nicht zum Ausdruck; die Höhe der Grundsteuer steht sogar oft im umgekehrten Verhältniß zur Unfallgefahr. (Forstwirthschaft, namentlich im Gebirge, hat hohe Unfallgefahr und geringe Grundsteuer, Wiesenwirthschaft im Tieflande hat geringe Unfallgefahr und hohe Grundsteuer; die verschieden gefährliche Wirthschafts*art*, (ob mit Maschinen, Fuhrwerk oder Handarbeit) kommt bei der Grundsteuer nicht zum Ausdruck.) Vergl. darüber v. Woedtke, Kommentar Anm. 1 zu § 15. Jedenfalls erscheint es rathsam, dort, wo die Vertheilung nach der Grundsteuer beliebt wird, neben dieser noch eine Abstufung nach Gefahrenklassen eintreten zu lassen, um insbesondere auch die Erhöhung der Unfallgefahr durch vorhandene Nebenbetriebe berücksichtigen zu können. (Interessentenchausseen!) Wenn auch die Abgrenzung von Gefahrenklassen zunächst noch unsicher sein wird, so hat das in den ersten Jahren wegen der Geringfügigkeit der Beiträge nicht viel zu sagen; bei den Revisionen des Gefahrentarifs (§ 35) liegt dann schon reichlicheres Material für eine zweckmäßige Abgrenzung der Gefahrenklassen vor. Der umgekehrte Weg — einstweilen gleichmäßig nur nach der Grundsteuer zu veranlagen, die Einführung von Gefahrenklassen aber vorzubehalten — möchte insbesondere kleinere, ohne gefahrerhöhende Momente arbeitende Besitzer benachtheiligen und dadurch die socialpolitische Wirkung des Gesetzes schmälern. Uebrigens können auch andere direkte Steuern, allein oder in Verbindung mit der Grundsteuer, als Grundlage für die Beiträge bestimmt werden.

3. Die Ausschließung der Familienangehörigen von der Versicherungspflicht wäre unvereinbar mit der Belastung nach der Grundsteuer, weil derjenige, welcher Söhne und Töchter in seiner Wirthschaft beschäftigt und um deswillen keine Knechte und Mägde zu halten braucht, von der Unfallversicherung keinen Vortheil haben, doch aber ebenso beitragen würde, als wenn er für seine Arbeiter die vollen Leistungen der Unfallversicherung in Anspruch nehmen könnte. In Preußen sind die Familienangehörigen von der Versicherungspflicht nicht ausgeschlossen.

4. Ueber das Verhältniß der §§ 15, 33, 76 fg. zu einander vgl. Anm. 1 zu § 15.

5. Die beim Mangel abweichender statutarischer Bestimmungen eintretende reichsgesetzliche Regel (Abs. 2) — Umlegung nach Arbeitsbedarf und Unfallgefahr — wird

in den §§ 34 bis 39 näher ausgeführt. Der Arbeitsbedarf wird ermittelt durch Abschätzung (§ 35), die Unfallgefahr durch Veranlagung zu einem Gefahrentarif (§ 35). Ueber die Geltung der §§ 34 bis 39 (dieselbe ist bei den einzelnen Paragraphen kurz angegeben) vgl. v. Woedtke, Kommentar. Anm. 8 zu § 33.

6. Keine Grundsteuer entrichten z. B. die Pfarr-, Stiftungsgüter rc.

Gefahrenklassen und Abschätzung.

§ 34*).

(Abs. 1) Jede Gemeindebehörde hat für ihren Bezirk nach Bildung der Berufsgenossenschaft binnen einer von dem Reichs-Versicherungsamt zu bestimmenden und öffentlich bekannt zu machenden Frist ein Verzeichniß sämmtlicher Unternehmer der unter § 1 fallenden Betriebe aufzustellen und (durch Vermittelung der unteren Verwaltungsbehörde) dem Genossenschaftsvorstand zu übersenden. (In dem Verzeichniß ist für jeden Unternehmer anzugeben, wieviel versicherte männliche und weibliche Betriebsbeamte und Arbeiter derselbe dauernd und wieviel versicherte Personen derselbe vorübergehend im Jahresdurchschnitt beschäftigt; bezüglich der letzteren ist auch die durchschnittliche Dauer der Beschäftigung anzugeben.)

(Abs. 2) Die Gemeindebehörde ist befugt, die Unternehmer zu einer Auskunft über die vorstehend bezeichneten Verhältnisse innerhalb einer zu bestimmenden Frist durch Geldstrafen im Betrage bis zu einhundert Mark anzuhalten. Wird die Auskunft nicht voll-

*) Der § 34 gilt nicht für die einer Berufsgenossenschaft nicht zugewiesenen Reichs- und Staatsbetriebe (§ 103).

ständig oder nicht rechtzeitig ertheilt, so hat die Gemeindebehörde bei Aufstellung des Verzeichnisses nach ihrer Kenntniß der Verhältnisse zu verfahren.

Im Falle des Artikel IV. finden folgende Bestimmungen Anwendung:

1. Ueber die Aufstellung der Verzeichnisse der Betriebsunternehmer (§ 34 des Reichsgesetzes) hat der Genossenschaftsvorstand nähere Bestimmung zu treffen. (Art. VI. Z. 1. Abs. 1 L.-G.)

Anmerkungen.

1. Der § 34 R.-G. kann durch die Landesgesetzgebung abgeändert werden (§ 110). Dies ist in Preußen durch Art VI L.-G. für den Fall geschehen, daß die laufende Verwaltung der Genossenschaft auf den Provinzial- bezw. Kreisausschuß übertragen ist (Art. IV L.-G., cf. bei § 26R.-G.).

2. Die Aufstellung des Verzeichnisses der Betriebsunternehmer (§ 13 Abs. 2), nicht der Eigenthümer, ist obligatorisch. Diese Verzeichnisse sollen erst die Grundlage für das Kataster und die Aufbringung der Beiträge bilden, vgl. § 38. Die selbständigen Gutsherren und Gemarkungsberechtigten sind für ihre resp. selbständigen Gutsbezirke und Gemarkungen Gemeindebehörden im Sinne dieses Gesetzes, § 131.

3. Die von der Gemeindebehörde festgesetzten Strafen fließen in die Genossenschaftskasse (§ 128 R.-G. Nr. IV 20 Ausf. Anweisung (s. Anh.) Neben diesen Exekutivstrafen der Gemeinden besteht für den Genossenschaftsvorstand noch ein Ordnungsstrafrecht, §§ 123, 124.

4. Ueber „Gemeindebehörde" und „untere Verwaltungsbehörde" in Preußen vgl. Ziffer I 2, 4 Ausf. Anweisung (s. Anh.).

§ 35*).

Durch die Genossenschaftsversammlung sind für (Abs. 1)

*) Der § 35 gilt nicht für die einer Berufsgenossenschaft nicht zugewiesenen Reichs- und Staatsbetriebe (§ 103).

die der Genossenschaft angehörenden Betriebe je nach dem Grade der mit denselben verbundenen Unfallgefahr entsprechende Gefahrenklassen zu bilden und über das Verhältniß der in denselben zu leistenden Beitragssätze Bestimmungen zu treffen (Gefahrentarif).

(Abs. 2) Durch Beschluß der Genossenschaftsversammlung kann die Aufstellung und Aenderung des Gefahrentarifs einem Ausschusse oder dem Vorstande übertragen werden.

(Abs. 3) Die Aufstellung und Abänderung des Gefahrentarifs bedarf der Genehmigung des Reichs-Versicherungsamts.

(Abs. 4) Wird ein Gefahrentarif von der Genossenschaft innerhalb einer vom Reichs-Versicherungsamt zu bestimmenden Frist nicht aufgestellt, oder dem aufgestellten die Genehmigung versagt, so hat das Reichs-Versicherungsamt nach Anhörung der mit der Aufstellung beauftragten Organe der Genossenschaft den Tarif selbst festzusetzen.

(Abs. 5) Der Gefahrentarif ist nach Ablauf von längstens zwei Rechnungsjahren und sodann mindestens von fünf zu fünf Jahren unter Berücksichtigung der in den einzelnen Betrieben vorgekommenen Unfälle einer Revision zn unterziehen. Die Ergebnisse derselben sind mit dem Verzeichnisse der in den einzelnen Betrieben vorgekommenen, auf Grund dieses Gesetzes zu entschädigenden Unfälle der Genossenschaftsversammlung zur Beschlußfassung über die Beibehaltung oder Aenderung der bisherigen Gefahrenklassen oder Gefahrentarife vorzulegen. Die Genossenschaftsversammlung kann den Unternehmern nach Maaßgabe der in ihren Betrieben vorgekommenen Unfälle für die nächste Periode Zuschläge auflegen oder Nachlässe bewilligen. Die über die Aenderung der bisherigen Gefahrenklassen oder Gefahrentarife gefaßten Beschlüsse bedürfen zu ihrer Gültigkeit der Genehmigung des Reichs-Versicherungsamts; demselben ist das Verzeichniß der vorgekommenen Unfälle vorzulegen.

In Genossenschaften, in welchen die einzelnen (Abs. 6) Betriebe eine erhebliche Verschiedenheit der Unfallgefahr nicht bieten, kann die Genossenschaftsversammlung, beziehungsweise der Vorstand oder Ausschuß (Abs. 2) beschließen, daß von der Aufstellung eines Gefahrentarifs Abstand zu nehmen ist. Der Beschluß bedarf der Genehmigung des Reichs-Versicherungsamts. Diese Genehmigung kann zurückgezogen werden, wenn aus den Verzeichnissen der in den einzelnen Betrieben vorgekommenen Unfälle (Abs. 5) sich ergiebt, daß die Unfallgefahr in den einzelnen Betrieben eine wesentlich verschiedene ist.

Anmerkungen.

1. Der § 35 kann durch die Landesgesetzgebung abgeändert werden (§ 110). Dies ist für Preußen nicht geschehen (vgl. Anm. 1 zu § 33); er findet also in Preu-

ßen sinngemäße Anwendung (Art. X L.-G. bei § 110 R.-G.)

2. Der § 35 findet keine Anwendung, wenn die Genossenschaft beschließt, die Beiträge lediglich nach direkten Steuern zu erheben (§ 33); wohl aber, wenn die Beiträge zwar nach Steuern erhoben, aber nach Gefahrenklassen abgestuft werden sollen (vgl. Anm. 4 zu § 33), und wenn (mangels einer entgegenstehenden Bestimmung des Statuts, § 33) die Beiträge nach der reichsgesetzlichen Regel (Arbeitsbedarf und Gefahrenklassen) aufzubringen sind. Aber auch in letzterem Fall kann mit Zustimmung des Reichs-Versicherungsamts von der Bildung von Gefahrenklassen Abstand genommen werden (Abs. 6), bis die Behörde auf Grund der thatsächlich vorgekommenen Unfälle eine solche Bildung fordert.

§ 36*).

Für jeden Unternehmer wird unter Berücksichtigung der Zahl der in seinem Betriebe beschäftigten Arbeiter und der Dauer ihrer Beschäftigung (§ 34) die Zahl derjenigen Arbeitstage abgeschätzt, welche zur Bewirthschaftung seines Betriebes im Jahresdurchschnitt erforderlich sind. Dabei sind dauernd beschäftigte Arbeiter mit dreihundert Arbeitstagen in Rechnung zu ziehen, die Arbeitstage weiblicher Personen nach Verhältniß des Jahresarbeitsverdienstes (§ 6 Abs. 3) auf Arbeitstage männlicher Arbeiter zurückzuführen, die Arbeitsleistung von Betriebsbeamten, Betriebsunternehmern und deren nicht versicherten Familienangehörigen (§ 1 Abs. 3) aber nicht zu berücksichtigen (vgl. § 80).

*) Der § 36 gilt nicht für die einer Berufsgenossenschaft nicht zugewiesenen Reichs- und Staatsbetriebe (§ 103).

Anmerkungen.

1. Der § 36 kann durch die Landesgesetzgebung abgeändert werden (§ 110). Dies ist für Preußen nicht geschehen, § 36 findet also in Preußen sinngemäße Anwendung (Art. X L.-G. bei § 110 R.-G.).

Er gilt aber auch nach Reichsgesetz nur insoweit, als die Beiträge nach der reichsgesetzlichen Regel (Arbeitsbedarf und Unfallgefahr) umgelegt, nicht aber, wenn die Beiträge nach einem Steuerfuß erhoben werden sollen (§ 33).

2. Vgl. Anm. 3 zu § 33.

§ 37*).

Die Veranlagung der Betriebe zu den Gefahrenklassen (§ 35), sowie die Abschätzung der Betriebe (§ 36) liegt nach näherer Bestimmung des Statuts (§ 22) den Organen der Genossenschaft ob. (Abs. 1)

Im Falle des Artikel IV finden folgende Bestimmungen Anwendung: (Art. VI. Z. 1 Abs. 2 L.-G.)

1. . . . . . .

Dem Sektionsvorstande liegt die Veranlagung der Betriebe zu den Gefahrenklassen (§ 35 des Reichsgesetzes), sowie die Abschätzung der Betriebe (§ 36 des Reichsgesetzes) nach näherer Bestimmung des Statuts (§ 22 des Reichsgesetzes) ob.

Die Mitglieder der Genossenschaft sind verpflichtet, (Abs. 2)

*) Der § 37 gilt nicht für die einer Berufsgenossenschaft nicht zugewiesenen Reichs- und Staatsbetriebe (§ 103).

den Organen derselben auf Erfordern binnen zweier Wochen über ihre Betriebs- und Arbeiterverhältnisse diejenige weitere Auskunft zu ertheilen, welche zur Durchführung der Veranlagung und Abschätzung erforderlich ist.

Anmerkungen.

1. Der § 37 kann durch die Landesgesetzgebung abgeändert werden (§ 110). Dies ist in Preußen durch Art. VI Ziffer 1 Abs. 2 L.-G. für den Fall geschehen, daß die laufende Verwaltung der Genossenschaft an die Provinzial- bezw. Kreisausschüsse übertragen ist. Dann soll obligatorisch die Veranlagung und Abschätzung dem Kreisausschuß obliegen, das Verfahren dabei aber, wie nach Reichsgesetz, durch das Genossenschaftsstatut geregelt werden (§ 22 Ziffer 6).

2. Der § 37 findet auch nach Reichsgesetz nur insoweit Anwendung, als nicht lediglich die Umlegung der Beiträge nach Maaßgabe von Steuern erfolgt (§ 33), vgl. Anm. 2 zu § 35.

§ 38*).

(Abs. 1) Den Gemeindebehörden sind seitens der Genossenschaft Verzeichnisse mitzutheilen, aus denen sich ergiebt, welche Betriebe der Gemeinde als zur Genossenschaft gehörig erachtet werden, und sofern die Umlegung nicht nach dem Maaßstabe von Steuern erfolgt, welches das Ergebniß der Veranlagung und Abschätzung der Betriebe ist, und wie viel Arbeiter als dauernd beschäftigt angenommen sind. Die Ge-

*) Der § 38 gilt nicht für die einer Berufsgenossenschaft nicht zugewiesenen Reichs- und Staatsbetriebe (§ 103).

meindebehörde hat diese Verzeichnisse während zwei Wochen zur Einsicht der Betheiligten auszulegen und den Beginn dieser Frist auf ortsübliche Weise bekannt zu machen.

Binnen einer weiteren Frist von vier Wochen können die Betriebsunternehmer wegen der Aufnahme oder Nichtaufnahme ihrer Betriebe in die Verzeichnisse, sowie gegen die Veranlagung und Abschätzung ihrer Betriebe (bei dem Genossenschaftsvorstande beziehungsweise dem Genossenschaftsorgane, durch welches die Veranlagung und Abschätzung erfolgt ist,) Einspruch erheben. (Abs. 2)

Gegen den auf den Einspruch schriftlich zu ertheilenden Bescheid steht dem Betriebsunternehmer binnen zweier Wochen nach der Zustellung die Beschwerde (an den Genossenschaftsausschuß (§ 22 Ziffer 3)) und gegen die Entscheidung des letzteren binnen gleicher Frist die Berufung an das Reichs-Versicherungsamt zu. (Abs. 3)

Im Falle des Artikel IV finden folgende Bestimmungen Anwendung: (Art. VI. Z. 2 L.-G.)

2. . . . . . .

Der „Einspruch“ gemäß § 38 Absatz 2 und § 82 Absatz 2 des Reichsgesetzes ist bei dem Sektionsvorstande, die „Beschwerde“ gemäß § 38 Absatz 3 und § 82 Absatz 2 des Reichsgesetzes bei dem Genossenschaftsvorstande anzubringen.

Die Bildung eines Genossenschaftsausschusses zur Entscheidung über Beschwerden (§ 22 Ziffer 3 des Reichsgesetzes) findet nicht statt.

(Abs. 4) Der auf den Einspruch erfolgende Bescheid ist vorläufig vollstreckbar.

(Abs. 5) (Die Mitglieder des Genossenschaftsausschusses dürfen bei der ersten Veranlagung und Abschätzung der Betriebe nicht mitwirken.)

Anmerkungen.

1. Der § 38 kann durch die Landesgesetzgebung abgeändert werden (§ 110). Dies ist in Preußen nach Art. VI Ziffer 2 L.-G. für den Fall geschehen, daß die laufende Verwaltung der Genossenschaft an die Provinzial- bezw. Kreisausschüsse übertragen ist. Dann ist der Einspruch bei dem Kreisausschuß (Sektionsvorstand), die Beschwerde nicht bei einem besonderen Beschwerdeausschuß (welcher vielmehr ganz fortfällt), sondern bei dem Provinzialausschuß (Genossenschaftsvorstande), die Berufung wie nach Reichsgesetz bei dem Reichs-Versicherungsamt anzubringen. Im Uebrigen findet § 38 R.-G. in Preußen sinngemäße Anwendung (Art. X L.-G. bei § 110 R.-G.).

2. Auf Grund der gemäß § 34 gemeindeweise aufgestellten Verzeichnisse der Betriebsunternehmer hat der Genossenschaftsvorstand festgesetzt, wer in jeder Gemeinde als Betriebsunternehmer Mitglied der Genossenschaft ist (§ 44). Sofern eine Veranlagung und Abschätzung stattzufinden hat (Anm. 5 zu § 33), wird diese von dem zuständigen Organ (§ 37, bei Verwaltung durch die Kreisausschüsse 2c. durch den Kreisausschuß, Art. VI Ziffer 1 Abs. 2 L.-G.) ausgeführt, und dann werden jeder einzelnen Gemeinde (zweckmäßig unter Benutzung der von ihr früher eingereichten Verzeichnisse, § 34) Verzeichnisse mitgetheilt, aus denen sich ergiebt, wen denn nun die Genossenschaft für ein versicherungspflichtiges Mitglied erachtet und event. wie dessen Betrieb abgeschätzt bezw. veranlagt

ist. Diese Verzeichnisse werden ausgelegt; durch Einsicht derselben kann sich jedes Gemeindemitglied von der Behandlung seines Betriebes unterrichten und sofern er mit derselben nicht einverstanden ist, den in § 38 geordneten Instanzenzug beschreiten.

3 Werden hierbei einzelne Betriebe oder Nebenbetriebe ausgelassen, obwohl sie bei richtiger Auslegung des Gesetzes zur Genossenschaft gehören würden, so wird spätestens bei Gelegenheit eines Unfalls, der sich in solchem Betriebe oder Nebenbetriebe ereignet und aus Anlaß dessen Entschädigungsansprüche erhoben werden, festgestellt, ob und bei welcher Genossenschaft sie versicherungspflichtig sind. §§ 64 Abs. 4, 67 Abs. 1 dieses Gesetzes, sowie §§ 59 Abs. 4, 62 Abs. 1 U.-V.-G.). Näheres hierüber vgl. bei v. Woedtke, Kommentar, Anm. 9 zu § 38, Anm. 2 zu § 44.

4. Wegen der selbständigen Gutsbezirke vgl. § 131; wegen der „Betriebsunternehmer" vgl. § 13 Abs. 2.

5. Wegen der „Gemeindebehörde" in Preußen vgl. Ziffer I 4 Ausf. Anweisung (s. Anhang).

§ 39*).

In denjenigen Terminen, in welchen der Gefahrentarif zu revidiren ist (§ 35 Abs. 5), ist auch die Veranlagung und die Abschätzung der Betriebe einer Revision zu unterziehen. Hierbei ist in derselben Weise wie bei der ersten Veranlagung und Abschätzung zu verfahren.

*) Der § 39 gilt nicht für die einer Berufsgenossenschaft nicht zugewiesenen Reichs- und Staatsbetriebe (§ 103).

Anmerkungen.

1. Der § 39 kann durch die Landesgesetzgebung abgeändert werden (§ 110). Dies ist in Preußen nicht ge-

schehen; er findet hier also sinngemäße Anwendung (Art. X L.-G. bei § 110 R.-G.).

2. Vgl. Anm. 2 zu § 37.

Theilung des Risikos.

§ 40*).

(Abs. 1) Durch das Statut kann vorgeschrieben werden, daß die Entschädigungsbeträge bis zu fünfzig Prozent von den Sektionen zu tragen sind, in deren Bezirken die Unfälle eingetreten sind.

(Abs. 2) Die hiernach den Sektionen zur Last fallenden Beträge sind auf die Mitglieder derselben nach Maaßgabe der für die Genossenschaft zu leistenden Beiträge umzulegen.

*) Der § 40 gilt nicht für die einer Berufsgenossenschaft nicht zugewiesenen Reichs- und Staatsbetriebe (§ 103).

Anmerkung.

Der § 40 kann durch die Landesgesetzgebung abgeändert werden (§ 110). Dies ist in Preußen nicht geschehen; er findet hier also sinngemäße Anwendung (Art. X L.-G. bei § 110).

Gemeinsame Tragung des Risikos.

§ 41*).

(Abs. 1) Vereinbarungen von Genossenschaften, die von ihnen zu leistenden Entschädigungsbeträge ganz oder zum Theil gemeinsam zu tragen, sind zulässig. Derartige Vereinbarungen bedürfen zu ihrer Gültigkeit

*) Der § 41 gilt nicht für die einer Berufsgenossenschaft nicht zugewiesenen Reichs- und Staatsbetriebe (§ 103).

der Zustimmung der betheiligten Genossenschaftsversammlungen, sowie der Genehmigung des Reichs-Versicherungsamts. Dieselben dürfen nur mit dem Beginn eines neuen Rechnungsjahres in Wirksamkeit treten.

Die Vereinbarung hat sich darauf zu erstrecken, in welcher Weise der gemeinsam zu tragende Entschädigungsbetrag auf die betheiligten Genossenschaften zu vertheilen ist.

Ueber die Vertheilung des auf eine jede Genossenschaft entfallenden Antheils an der gemeinsam zu tragenden Entschädigung unter die Mitglieder der Genossenschaft entscheidet die Genossenschaftsversammlung. Mangels einer anderweiten Bestimmung erfolgt die Umlage dieses Betrages in gleicher Weise, wie die der von der Genossenschaft zu leistenden Entschädigungsbeträge.

Anmerkung.

Der § 41 kann durch die Landesgesetzgebung abgeändert werden (§ 110). Dies ist in Preußen nicht geschehen, er findet hier also sinngemäße Anwendung (Art. X L.-G. bei § 110 R.-G.).

Abänderung des Bestandes der Berufsgenossenschaften.

§ 42*).

Nach erfolgtem Abschlusse der Organisation der Berufsgenossenschaften sind Aenderungen in dem

*) Der § 42 gilt nicht für die einer Berufsgenossenschaft nicht zugewiesenen Reichs- und Staatsbetriebe (§ 103).

Bestande der letzteren mit dem Beginn eines neuen Rechnungsjahres unter nachstehenden Voraussetzungen zulässig:

1. Die Vereinigung mehrerer Berufsgenossenschaften erfolgt auf übereinstimmenden Beschluß der Genossenschaftsversammlungen mit Genehmigung des Bundesraths.
2. Das Ausscheiden einzelner örtlich abgegrenzter Theile aus einer Genossenschaft und die Zutheilung derselben zu einer anderen Genossenschaft erfolgt auf Beschluß der betheiligten Genossenschaftsversammlungen mit Genehmigung des Bundesraths. Die Genehmigung kann versagt werden, wenn durch das Ausscheiden die Leistungsfähigkeit einer der betheiligten Genossenschaften in Bezug auf die ihr obliegenden Pflichten gefährdet wird.
3. Wird die Vereinigung mehrerer Genossenschaften oder das Ausscheiden einzelner örtlich abgegrenzter Theile aus einer Genossenschaft und die Zutheilung derselben zu einer anderen Genossenschaft auf Grund eines Genossenschaftsbeschlusses beantragt, dagegen von der anderen betheiligten Genossenschaft abgelehnt, so entscheidet auf Anrufen der Bundesrath.
4. Anträge auf Ausscheidung einzelner örtlich abgegrenzter Theile aus einer Genossenschaft und Bildung einer besonderen Genossenschaft

für dieselben sind zunächst der Beschlußfassung der Genossenschaftsversammlung zu unterbreiten und sodann dem Bundesrath zur Entscheidung vorzulegen.

Wird die Genehmigung ertheilt, so erfolgt die Beschlußfassung über das Statut für die neue Genossenschaft nach Maaßgabe der Bestimmungen in den §§ 19 bis 25.

Anmerkung.

In Preußen, wo von der Bestimmung des § 110 Gebrauch gemacht ist, tritt an Stelle des Bundesraths in der Regel die Landes-Zentralbehörde, vgl. § 112.

§ 43.

Werden mehrere Genossenschaften zu einer Genossenschaft vereinigt, so gehen mit dem Zeitpunkte, zu welchem die Veränderung in Wirksamkeit tritt, alle Rechte und Pflichten der vereinigten Genossenschaften auf die neugebildete Genossenschaft über. (Abs. 1)

Wenn einzelne örtlich abgegrenzte Theile aus einer Genossenschaft ausscheiden und einer anderen Genossenschaft angeschlossen werden, so sind von dem Eintritt dieser Veränderung ab die Entschädigungsansprüche, welche gegen die erstere Genossenschaft aus den in Betrieben der ausscheidenden Genossenschaftstheile eingetretenen Unfällen erwachsen sind, von der Genossenschaft zu befriedigen, welcher die Genossenschaftstheile nunmehr angeschlossen sind. (Abs. 2)

(Abs. 3) Scheiden einzelne örtlich abgegrenzte Theile aus einer Genossenschaft unter Bildung einer neuen Genossenschaft aus, so sind von dem Zeitpunkte der Ausscheidung ab die Entschädigungsansprüche, welche gegen die erstere Genossenschaft aus den in Betrieben der ausscheidenden Genossenschaftstheile eingetretenen Unfällen erwachsen sind, von der neugebildeten Genossenschaft zu befriedigen.

(Abs. 4) Insoweit zufolge des Ausscheidens von örtlich abgegrenzten Theilen Entschädigungsansprüche auf andere Genossenschaften übergehen, haben die letzteren Anspruch auf einen entsprechenden Theil des Reservefonds und des sonstigen Vermögens derjenigen Genossenschaft, aus welcher die Ausscheidung stattfindet.

(Abs. 5) Die vorstehenden Bestimmungen können durch übereinstimmenden Beschluß der betheiligten Genossenschaftsversammlungen abgeändert oder ergänzt werden.

(Abs. 6) Streitigkeiten, welche in Betreff der Vermögensauseinandersetzung zwischen den betheiligten Genossenschaften entstehen, werden mangels Verständigung derselben über eine schiedsgerichtliche Entscheidung von dem Reichs-Versicherungsamt entschieden.

III. Mitgliedschaft. Betriebsveränderungen.

Mitgliedschaft.

§ 44*).

Mitglied der Genossenschaft ist jeder Unternehmer eines unter § 1 fallenden Betriebes, dessen Sitz in dem Bezirke der Genossenschaft belegen ist. (Abs. 1)

Eine Gesammtheit von Grundstücken eines Unternehmers, für deren landwirthschaftlichen Gesammtbetrieb gemeinsame Wirthschaftsgebäude bestimmt sind, gilt im Sinne dieses Gesetzes als ein einziger Betrieb. Als Sitz eines landwirthschaftlichen Betriebes, welcher sich über die Bezirke mehrerer Gemeinden erstreckt, gilt diejenige Gemeinde, in deren Bezirk die gemeinsamen Wirthschaftsgebäude belegen sind. Dabei entscheiden diejenigen Wirthschaftsgebäude, welche für die wirthschaftlichen Hauptzwecke des Betriebes bestimmt sind. Die betheiligten Gemeinden und Unternehmer können sich über einen anderen Betriebssitz einigen. (Abs. 2)

Mehrere forstwirthschaftliche Grundstücke eines Unternehmers, welche derselben unmittelbaren Betriebsleitung (Revierverwaltung) unterstellt sind, gelten als ein einziger Betrieb. Forstwirthschaftliche Grundstücke verschiedener Unternehmer gelten als Einzel- (Abs. 3)

*) Der § 44 gilt nicht für die einer Berufsgenossenschaft nicht zugewiesenen Reichs- und Staatsbetriebe (§ 103).

betriebe, auch wenn sie zusammen derselben Betriebsleitung unterstellt sind. Als Sitz eines forstwirthschaftlichen Betriebes, welcher sich über mehrere Gemeindebezirke erstreckt, gilt diejenige Gemeinde, in deren Bezirk der größte Theil der Forstgrundstücke belegen ist, sofern nicht die betheiligten Gemeinden und der Unternehmer sich über einen anderen Betriebssitz einigen.

(Abs. 4) Ueber die Zugehörigkeit gemischter, theils land-, theils forstwirthschaftlicher Betriebe zur Genossenschaft entscheidet der Hauptbetrieb.

(Abs. 5) Wahlberechtigt und wahlfähig sind die Mitglieder der Genossenschaft nur dann, wenn sie sich im Besitze der bürgerlichen Ehrenrechte befinden.

Anmerkungen.

1. Ueber den Begriff des Unternehmers vgl. § 13. Die Zugehörigkeit tritt kraft Gesetzes ein (§ 45); über die Feststellung der Zugehörigkeit vgl. Anm. 2, 3 zu § 38.

Maaßgebend für die Zugehörigkeit zu einer bestimmten Genossenschaft oder Sektion ist der Sitz des Betriebes, nicht der Wohnort des Betriebsunternehmers oder Eigenthümers, oder die örtliche Lage der Betriebsgrenzen. Ein landwirthschaftlicher Gutskomplex ist ein einziger Betrieb, wenn für die Gesammtheit gemeinsame Wirthschaftsgebäude bestimmt sind; ein Forstgut ist ein einziger Betrieb, wenn sämmtliche Parzellen derselben unmittelbaren Betriebsleitung (Revierverwaltung) nnterstellt sind; bei Wirthschaften, die theils Landwirthschafts- theils Forstbetrieb haben, entscheidet der Hauptbetrieb.

Erstreckt sich nun ein solcher „Betrieb" über den Bezirk mehrerer Gemeinden, so entscheidet, wenn es sich um den Sitz dieses Betriebes handelt, bei der Landwirthschaft die örtliche Lage der für den wirthschaftlichen Hauptzweck des Guts (Ackerwirthschaft oder Schafzucht oder Molkerei 2c.) bestimmten gemeinsamen Wirthschaftsgebäude (Pferdeställe, Speicher und Scheunen bezw. Schäferei bezw. Viehställe), — bei der Forstwirthschaft dagegen die örtliche Lage der Hauptparzelle. Jedoch können die in Frage stehenden einzelnen Gemeinden und die Betriebsunternehmer sich darüber vereinbaren, daß der Betriebssitz nach anderen Gesichtspunkten bestimmt werden soll.

2. Die Fragen nach dem Betriebssitz sind von geringer Bedeutung für die eigentliche Unfallversicherung, wichtig aber für die Krankenversicherung (§ 134) und für die Fürsorge während der ersten 13 Wochen nach dem Unfall eines nicht gegen Krankheit versicherten Arbeiters (§ 10), weil der Sitz des Betriebes „im Zweifel" als „Beschäftigungsort" gilt, welcher letzterer für die Krankenversicherung bezw. die ärztliche Fürsorge während der ersten 13 Wochen aufkommen muß.

3. Vgl. im Uebrigen die Anm. im Kommentar d. Verf.

§ 45*).

Die Mitgliedschaft beginnt für die Unternehmer der unter § 1 fallenden Betriebe, welche zur Zeit der Bildung der Genossenschaft bestehen, mit diesem Zeitpunkte, für die Unternehmer später eröffneter Betriebe mit dem Zeitpunkte der Eröffnung des Betriebes.

*) Der § 45 gilt nicht für die einer Berufsgenossenschaft nicht zugewiesenen Reichs- und Staatsbetriebe (§ 103).

§ 46*).

Von der Eröffnung eines neuen Betriebes hat

*) Der § 46 (mit Abänderungen) gilt nicht für die den Berufsgenossenschaften nicht zugewiesenen Reichs- und Staatsbetriebe (§ 103).

die Gemeindebehörde (durch Vermittelung der unteren Verwaltungsbehörde) dem (Genossenschafts)vorstande Kenntniß zu geben. Derselbe hat die Zugehörigkeit zur Genossenschaft zu prüfen. Wird die Zugehörigkeit anerkannt, so ist nach §§ 37 und 38 zu verfahren. (Wird die Zugehörigkeit abgelehnt, so hat der Genossenschaftsvorstand der unteren Verwaltungsbehörde hiervon Mittheilung zu machen. Diese hat sodann die Entscheidung des Reichs-Versicherungsamts einzuholen.)

Art. VI. Z. 3 L.-G. Im Falle des Artikel IV[a]) finden folgende Bestimmungen Anwendung:

3. . . . . . .

Von der Eröffnung eines neuen Betriebes (§ 46 des Reichsgesetzes) hat die Gemeindebehörde dem Sektionsvorstande Kenntniß zu geben. Derselbe hat die Zugehörigkeit zur Genossenschaft zu prüfen.

Wird die Zugehörigkeit anerkannt, so ist nach § 37 und § 38 des Reichsgesetzes und nach Ziffer 2 dieses Artikels[b]) zu verfahren.

Wird die Zugehörigkeit beanstandet, so hat der Sektionsvorstand die Entscheidung des Genossenschaftsvorstandes einzuholen.

---

a) Vgl. bei § 26 R.-G.
b) Vgl. bei § 38 R.-G.

Wird auch von diesem die Zugehörigkeit abgelehnt, so ist die Angelegenheit an das Reichs-Versicherungsamt zur Entscheidung abzugeben.

Anmerkungen.

1. Der § 46 R.-G. kann durch die Landesgesetzgebung abgeändert werden (§ 110). Dies ist in Preußen durch Art. VI Ziffer 3 L.-G. für den Fall geschehen, daß die laufende Verwaltung der Berufsgenossenschaft auf die Provinzial- bezw. Kreisausschüsse übertragen ist. Im Uebrigen findet § 46 R.-G. in Preußen sinngemäße Anwendung (Art. X L.-G. bei § 110 R.-G.).

2. Die Preußischen landesgesetzlichen Bestimmungen sollen die Innehaltung des bei Inanspruchnahme der Organe der Selbstverwaltung gebotenen Instanzenzugs gewährleisten (Gemeindebehörde, Kreisausschuß, Provinzialausschuß, Reichs-Versicherungsamt) und den Schwerpunkt in die Kreisinstanz legen.

3. Wegen der selbständigen Gutsbezirke und Gemarkungen vgl § 131, wegen der „Gemeindebehörden" Ziffer I 4 Ausf. Anweisung (s. Anh.)

§ 47*).

Jeder Wechsel in der Person desjenigen, für dessen Rechnung der Betrieb erfolgt, ist von dem Unternehmer binnen einer durch das Statut festzusetzenden Frist (dem Genossenschaftsvorstande) anzuzeigen. Ist die Anzeige von dem Wechsel nicht erfolgt, so werden die auf die Genossenschaftsmitglieder umzulegenden

*) Der § 47 (nebst Abänderungen) gilt nicht für die einer Berufsgenossenschaft nicht zugewiesenen Reichs- und Staatsbetriebe (§ 103).

Beiträge von dem bisherigen Unternehmer bis für dasjenige Rechnungsjahr einschließlich forterhoben, in welchem die Anzeige geschieht, ohne daß dadurch der neue Unternehmer von der auch ihm gesetzlich obliegenden Verhaftung für die Beiträge entbunden ist.

(Art. VI. Z. 4 L.-G.) Im Falle des Artikel IV[a]) finden folgende Bestimmungen Anwendung:

4. . . . . . .

Die „Anzeige" auf Grund des § 47 des Reichsgesetzes, sowie die „Anmeldung" auf Grund des § 48 des Reichsgesetzes ist bei dem Sektionsvorstande anzubringen. Gegen Bescheide des Sektionsvorstandes steht dem Betriebsunternehmer binnen einer Frist von 2 Wochen die Beschwerde an den Genossenschaftsvorstand und gegen dessen Bescheid binnen gleicher Frist die Beschwerde an das Reichs-Versicherungsamt zu.

Anmerkungen.

1. Der § 47 R.-G. kann durch die Landesgesetzgebung abgeändert werden (§ 110). Dies ist in Preußen durch Art. VI Ziffer 4 L.-G. für den Fall geschehen, daß die laufende Verwaltung der Berufsgenossenschaft auf die Provinzial- bezw. Kreisausschüsse übertragen ist. Im Uebrigen findet § 47 R.-G. in Preußen sinngemäße Anwendung (Art. X L.-G. bei § 110 R.-G.). Vgl. Anm. 2 zu § 46.

---

a) Vgl. bei § 26 R.-G.

2. Der § 47 findet insbesondere dann Anwendung, wenn ein landwirthschaftlicher Betrieb verkauft, verpachtet oder sonst an einen anderen „Unternehmer" (§ 13) übertragen wird.

3. Die eventuelle Mitverhaftung des ausscheidenden Unternehmers für die Beiträge ist dem Preußischen Gebäudesteuergesetz entlehnt.

§ 48*).

In Betreff der Anmeldung von Aenderungen in dem Betriebe, welche für die Zugehörigkeit desselben zur Genossenschaft oder für die Umlegung der Beiträge (§§ 16, 33, 35, 36) von Bedeutung sind, sowie in Betreff des weiteren Verfahrens (hat das Genossenschaftsstatut (§ 22) Bestimmung zu treffen.) (Abs. 1)

Gegen die auf die Anmeldung der Aenderung oder von Amtswegen ergehenden Bescheide (der zuständigen Genossenschaftsorgane) steht dem Betriebsunternehmer binnen einer Frist von zwei Wochen die Beschwerde (an das Reichs-Versicherungsamt) zu. (Abs. 2)

Im Falle des Artikel IV[a]) finden folgende Bestimmungen Anwendung:

4. . . . . . .[b])

Die „Anmeldung" auf Grund des § 48 des Reichsgesetzes ist bei dem Sektions- (Art. VI. Z. 4 L.-G.)

*) Der § 48 (nebst Abänderungen) gilt nicht für die einer Berufsgenossenschaft nicht zugewiesenen Reichs- und Staatsbetriebe (§ 103).

a) Vgl. bei § 26 R.-G.

b) Vgl. den Anfang dieser Ziffer bei § 47 R.-G.

vorstande anzubringen. Gegen Bescheide des Sektionsvorstandes steht dem Betriebsunternehmer binnen einer Frist von 2 Wochen die Beschwerde an den Genossenschaftsvorstand und gegen dessen Bescheid binnen gleicher Frist die Beschwerde an das Reichs-Versicherungsamt zu.

Anmerkungen.

1. Der § 48 kann durch die Landesgesetzgebung abgeändert werden (§ 110). Dies ist in Preußen durch Art. VI Ziffer 4 L.-G. für den Fall geschehen, daß die laufende Verwaltung der Berufsgenossenschaft an die Provinzial- bezw. Kreisausschüsse übertragen ist. Im Uebrigen findet § 48 in Preußen sinngemäße Anwendung (Art. X L.-G. bei § 110 R.G.).

2. Sofern die Beiträge nicht lediglich nach einem Steuerfuß umgelegt werden (§ 33), ist für die Umlegung der Beiträge, insbesondere die Einstellung oder Eröffnung von Nebenbetrieben, von Bedeutung.

IV. Vertretung der Arbeiter.

Vertretung der Arbeiter.

§ 49.

(Abs. 1) Zum Zweck der Theilnahme an den Entscheidungen der Schiedsgerichte, an den Unfalluntersuchungen und an den Verhandlungen des Reichs-Versicherungsamts werden Vertreter der Arbeiter berufen. Die Berufung erfolgt nach Maaßgabe der §§ 51, 59, 95.

Zur Vertretung der Arbeiter sind nur zu berufen männliche, großjährige, auf Grund dieses Gesetzes versicherte Personen, welche in Betrieben der Genossenschaftsmitglieder beschäftigt sind, sich im Besitze der bürgerlichen Ehrenrechte befinden und nicht durch richterliche Anordnung in der Verfügung über ihr Vermögen beschränkt sind. (Abs. 2)

Anmerkungen.

1. Wie für die Industrie, so sind auch für die Land- und Forstwirthschaft Vertreter der Arbeiter zu bestellen, welche in gewisser Weise an der Verwaltung der Unfallversicherung betheiligt werden. „Die Theilnahme an gewissen, das Interesse der Arbeiter vorzugsweise berührenden Verwaltungsgeschäften, welche Vertretern der industriellen Arbeiter durch das Unfallversicherungsgesetz gewährt worden ist, kann auch den land- und forstwirthschaftlichen Arbeitern nicht versagt werden" (Mot. S. 62).

Das Gesetz weist den Vertretern dieser Arbeiter zu:

a) die Theilnahme an den Verhandlungen der Schiedsgerichte (§§ 51 fg.);
b) die Betheiligung im Reichs-(Landes-)Versicherungsamt (§§ 95, 100);
c) die Theilnahme an den Unfalluntersuchungs-Verhandlungen (§ 59).

Bei der letzterwähnten Funktion (c) heißen die Vertreter der Arbeiter speziell auch „Bevollmächtigte" (der Krankenkassen); an ihre Stelle treten, sofern wahlberechtigte Krankenkassen nicht vorhanden sind, Beauftragte der Gemeindebehörden.

Eine vierte Funktion, welche die Arbeitervertreter in der Industrie haben, nämlich ihre Betheiligung an der

Berathung und Begutachtung von Unfallverhütungsvorschriften (§§ 87 fg.), kennt das vorliegende Gesetz nicht; der Reichstag hat dieselbe beseitigt, weil derartige Unfallverhütungsvorschriften in der Land- und Forstwirthschaft eine weniger große Bedeutung hätten wie in der Industrie, und weil die Arbeiter geneigt sein würden, aus Bequemlichkeitsrücksichten *gegen* den Erlaß derartiger Bestimmungen einzutreten, letztere also eher vereiteln als fördern würden (Vgl. Komm.-Ber. d. Reichstags S. 35).

Die Bestellung der Arbeitervertreter weicht von dem in der Industrie vorgesehenen Verfahren mehrfach ab. Es werden nämlich die Vertreter der Arbeiter

a) für die Funktion ad a (Theilnahme an den Schiedsgerichten) in der Land- und Forstwirthschaft durch *direkte* Wahl von Kassenvorstandsmitgliedern gewählt event. behördlich berufen (§ 51 Abs. 4 fg.), in der Industrie dagegen mittels indirekter Wahl durch gewählte Arbeitervertreter gewählt (event. behördlich berufen);

b) für die Funktion ad b (Betheiligung am Reichs-Versicherungsamt und den Landes-Versicherungsämtern) in der Land- und Forstwirthschaft behördlich berufen (§ 95 Abs. 2, § 100 Abs. 1 Ziffer 2), in der Industrie dagegen mittels indirekter Wahl durch gewählte Arbeitervertreter gewählt;

c) für die Funktion ad c (Theilnahme an den Unfalluntersuchungsverhandlungen) sowohl in der Land- und Forstwirthschaft wie in der Industrie durch direkte Wahl von Kassenvorstandsmitgliedern gewählt event. in ersterer behördlich von Fall zu Fall bestellt (§ 59).

Ueber die Bedeutung der Arbeitervertretung vgl. aus den Motiven z. U.-V.-G. S. 63: „In diesen Vertretern finden die Versicherten eine berufsmäßige Vertretung, welche ihre in den Rahmen des vorliegenden Gesetzes fallenden Interessen zu wahren geeignet ist. Bei der .... Untersuchung der Unfälle, bei der Festsetzung der Entschädigungen und sogar bei der Handhabung der Aufsicht in letzter Instanz greifen diese Vertreter .... mitthätig ein. Auf diese Weise ist auch den Arbeitern eine zur positiven Mitarbeit an gemeinnützigen Aufgaben erziehende Selbstverwaltungsthätigkeit eröffnet worden".

2. Die Berufung als Arbeitervertreter erlischt, wenn die Voraussetzungen ihrer Zulässigkeit in der Person des Berufenen fortfallen (vgl. v. Woedtke, Kommentar. Anm. 7 zu § 49).

V. Schiedsgerichte.

Schiedsgerichte.

§ 50*).

Für jeden Bezirk einer (Berufsgenossenschaft oder, sofern dieselbe in Sektionen getheilt ist, einer[a]) **Sektion**, wird ein Schiedsgericht errichtet. (Abs. 1)

Der Bundesrath kann anordnen, daß statt eines Schiedsgerichts deren mehrere nach Bezirken gebildet werden. (Abs. 2)

Der Sitz des Schiedsgerichts wird von der Zentralbehörde des Bundesstaates, zu welchem der Bezirk desselben gehört, oder, sofern der Bezirk über die (Abs. 3)

*) Für die einer Berufsgenossenschaft nicht angeschlossenen Reichs- und Staatsbetriebe (§ 102) ist ein Schiedsgericht mindestens für den Bezirk jeder Ausführungsbehörde zu errichten (§ 105).

---

[a]) Die durch den Druck kenntlich gemachten, für Preussen geltenden Abänderungen ergeben sich aus Art. II L.-G. (bei § 23 R.-G.)

Grenzen eines Bundesstaates hinausgeht, im Einvernehmen mit den betheiligten Zentralbehörden von dem Reichs-Versicherungsamt bestimmt.

Anmerkungen.

1. Die Bildung von Schiedsgerichten als Beschwerdeinstanz gegen Feststellung der Unfallentschädigungen ist der Unfallversicherungsgesetzgebung eigenthümlich. In allen Gesetzen über Unfallversicherung unterliegen die Ansprüche verletzter Versicherter und ihrer Hinterbliebenen auf Unfallentschädigung

in erster Instanz der Feststellung durch die Organe der Berufsgenossenschaft,

in zweiter Instanz der Entscheidung des Schiedsgerichts,

in dritter Instanz, sofern eine solche überhaupt nachgelassen ist (vgl. Anm. 3 zu § 68), der Entscheidung des Reichs- (Landes-) Versicherungsamts.

Dasselbe gilt auch in den einer Berufsgenossenschaft nicht zugewiesenen Reichs- und Staatsbetrieben (§ 105). Vgl. Anm. 1 zu § 67.

Das Schiedsgericht hat den Charakter eines dauernd fungirenden Spezialgerichtshofs, nicht die Bedeutung eines auf Grund eines Schiedsvertrages für einen einzelnen Fall gebildeten Schiedsgerichts im Sinne der §§ 851 fg. der Civilprozeßordnung.

2. Die Funktionen der Schiedsgerichte ergeben sich aus § 67: sie bilden die erste und mit Rücksicht auf die Untersuchung der thatsächlichen Verhältnisse besonders wichtige Berufungsinstanz bei Feststellung der Entschädigungen aus Anlaß eines Unfalls, sowohl was deren Höhe, als was den Entschädigungsanspruch im Prinzip (letzteres mit der Ausnahme des § 68 Abs. 2) anbetrifft. Die Schiedsgerichte haben also ganz besondere Bedeutung „für die verunglückten Arbeiter oder deren Hinterbliebene, um zu ihrem Recht zu gelangen, wenn sie mit den Feststellungen

der Genossenschaftsorgane nicht zufrieden sind" (Mot. z. U.-V.-G. S. 66).

3. Die Bezirke der Schiedsgerichte decken sich mit den Sektionen (bezw. dem Geschäftsbereich der Ausführungsbehörden, § 105), jedoch mit der Maßgabe, daß der Bundesrath die Vermehrung der Schiedsgerichte soweit anordnen kann, als das Bedürfniß (leichter Erreichbarkeit) erfordert. Denn leicht erreichbar müssen die Schiedsgerichte sein: „namentlich bei den von den Genossenschaftsorganen gar nicht oder nur theilweise anerkannten Invaliditätsfällen werden die Arbeiter das größte Gewicht darauf legen, vor dem Schiedsgerichte ihre Sache persönlich zu vertreten und sich den Schiedsrichtern vorzustellen" (Motive z. U.-V.G. S. 66).

4. Die Zusammensetzung der Schiedsgerichte ist derart, daß gleich viel Arbeitgeber und Arbeitnehmer (mindestens je einer, höchstens je zwei) unter dem Vorsitz eines unbetheiligten öffentlichen Beamten den Gerichtshof bilden. Die beisitzenden Arbeitgeber dürfen den Genossenschaftsorganen nicht angehören (§ 51).

5. Der Sitz der genossenschaftlichen Schiedsgerichte ist in Sektionen, welche nur Preußische Gebietstheile umfassen, die Kreisstadt, Ziffer III 12 Ausf. Anw. (s. Anh.).

§ 51*).

Jedes Schiedsgericht besteht aus einem ständigen Vorsitzenden und aus vier Beisitzern. (Abs. 1)

Der Vorsitzende wird aus der Zahl der öffentlichen Beamten, mit Ausschluß der Beamten der- (Abs. 2)

*) Bei den einer Berufsgenossenschaft nicht zugewiesenen Reichs- und Staatsbetrieben (§ 103) erfolgt die Bezeichnung der Beisitzer aus dem Stande der Arbeitgeber (Abs. 3) und der Erlass des Regulativs (Abs. 4, 5) nach näherer Bestimmung des § 105.

jenigen Betriebe, welche unter dieses Gesetz fallen, von der Zentralbehörde des Landes, in welchem der Sitz des Schiedsgerichts belegen ist, ernannt. Für den Vorsitzenden ist in gleicher Weise ein Stellvertreter zu ernennen, welcher ihn in Behinderungsfällen vertritt.

(Abs. 3) Zwei Beisitzer werden (von der Genossenschaft oder, sofern die Genossenschaft in Sektionen getheilt ist[a]) von der betheiligten Sektion gewählt. Wählbar sind die Genossenschaftsmitglieder und die von denselben bevollmächtigten Leiter ihrer Betriebe, sofern sie sich im Besitze der bürgerlichen Ehrenrechte befinden, weder dem Vorstande der Genossenschaft, noch dem Vorstande der Sektion, noch den Vertrauensmännern angehören und nicht durch richterliche Anordnung in der Verfügung über ihr Vermögen beschränkt sind.

(Abs. 4) Die beiden anderen Beisitzer werden, wenn in dem Bezirke (einer Genossenschaft oder) einer Sektion die Krankenversicherungspflicht für land- und forstwirthschaftliche Arbeiter eingeführt ist, aus der Zahl der den Bestimmungen des § 49 Absatz 2 genügenden, dem Arbeiterstande angehörenden Personen seitens der Vorstände derjenigen Orts- und Betriebskrankenkassen, welche in dem Bezirke der (Genossenschaft beziehungsweise) Sektion ihren Sitz haben und welchen

---

[a]) Die durch den Druck kenntlich gemachten, für Preussen geltenden Aenderungen ergeben sich aus Art. II L.-G. (bei § 23 R.-G.).

mindestens zehn in Betrieben der Genossenschaftsmitglieder beschäftigte, nach § 1 versicherte Personen angehören, unter Ausschluß der Arbeitgeber, gewählt. Das Wahlverfahren wird durch ein Regulativ geregelt, welches das Reichs-Versicherungsamt oder, sofern der Bezirk der (Genossenschaft oder) Sektion nur solche Betriebe umfaßt, deren Sitz innerhalb desselben Bundesstaates belegen ist, die Landes-Zentralbehörde oder die von dieser zu bestimmende andere Behörde erläßt. Das Wahlverfahren leitet ein Beauftragter derjenigen Behörde, von welcher das Regulativ erlassen ist.

Befinden sich in dem Bezirke der (Genossenschaft beziehungsweise) Sektion keine Orts- oder Betriebskrankenkassen, bei denen die Voraussetzungen des Absatzes 4 zutreffen, so werden die daselbst bezeichneten beiden Beisitzer von Seiten der Vertretungen der betheiligten Gemeinden oder weiteren Kommunalverbände nach näherer Bestimmung der Landes-Zentralbehörde berufen. Das hierbei zu beobachtende Verfahren wird durch ein in Gemäßheit der Bestimmungen des Absatzes 4 zu erlassendes Regulativ geregelt. (Abs. 5)

Für jeden Beisitzer ist ein erster und ein zweiter Stellvertreter zu bestellen, welche ihn in Behinderungsfällen zu vertreten haben. (Abs. 6)

Die Amtsdauer der Beisitzer und Stellvertreter währt vier Jahre. Alle zwei Jahre scheidet die (Abs. 7)

Hälfte der Beisitzer und ihrer Stellvertreter aus. Die erstmalig Ausscheidenden werden durch das Loos bestimmt, demnächst entscheidet das Dienstalter. Scheidet ein Beisitzer während seiner Amtsdauer aus, so treten für den Rest derselben die Stellvertreter nach ihrer Reihenfolge für ihn ein. Ausscheidende Beisitzer und Stellvertreter können wieder bestellt werden.

Anmerkungen.

1. In der Land- und Forstwirthschaft kann die Krankenversicherungspflicht zur Zeit nur durch statutarische Bestimmung einer Gemeinde oder eines weiteren Kommunalverbandes für seinen Bezirk oder für Theile desselben eingeführt werden, § 2 K.-V.-G., § 135 des vorliegenden Gesetzes. Um die Beisitzer aus dem Arbeiterstand durch Krankenkassen wählen zu lassen, genügt es, daß eine einzige zum Bezirk der Sektion gehörige Gemeinde die Krankenversicherungspflicht für ihren Bezirk statutarisch eingeführt hat. Die für diese Gemeinde errichtete Krankenkasse land- und forstwirthschaftlicher Arbeiter wählt dann allein die Beisitzer des für den ganzen Sektionsbezirk errichteten Schiedsgerichts, falls sie mindestens 10 nach Maaßgabe dieses Gesetzes versicherte Mitglieder hat.

2. Eingeschriebene Hülfskassen und Gemeindekrankenversicherungen sind nicht wahlberechtigt. Ueber die Gründe vgl. v. Woedtke, Kommentar Anm. 13 zu § 51.

3. Vgl. für die genossenschaftlichen Schiedsgerichte in Preußen das Wahlregulativ als Anlage B der Ausf. Anw. (s. Anhang).

§ 52.

Der Name und Wohnort des Vorsitzenden, sowie der Mitglieder des Schiedsgerichts und der Stellvertreter derselben ist von der Landes-Zentralbehörde (§ 51 Abs. 2) in dem zu deren amtlichen Veröffentlichungen bestimmten Blatte öffentlich bekannt zu machen.

§ 53.

Der Vorsitzende und dessen Stellvertreter, sowie die Beisitzer und deren Stellvertreter sind mit Beziehung auf ihr Amt zu beeidigen. (Abs. 1)

Auf das Amt der Beisitzer des Schiedsgerichts finden die Bestimmungen der §§ 29 Absatz 2 und 30 Anwendung. Die aus der Zahl der Versicherten berufenen Beisitzer erhalten nach den durch das Genossenschaftsstatut zu bestimmenden Sätzen Ersatz für den ihnen in Folge ihrer Theilnahme an den Verhandlungen entgangenen Arbeitsverdienst. Die Festsetzung des Ersatzes, sowie der baaren Auslagen erfolgt durch den Vorsitzenden. (Abs. 2)

Für die Befugniß zur Ablehnung des Amtes eines Beisitzers des Schiedsgerichtes (§ 53 Absatz 2 des Reichsgesetzes) ist § 29 Absatz 2 des Reichsgesetzes) maßgebend. (Art. VIII. L.-G.)

Ueber die den Beisitzern der Schiedsgerichte zu gewährenden Vergütungen (§ 53 Absatz 2 des Reichsgesetzes) . . . . . . trifft das Genossenschaftsstatut Bestimmung. (Art. VII. ad 1 L.-G.)

Die Behörde, welche das im § 51 Absatz 4 und 5 vorgesehene Regulativ erlassen hat, ist berechtigt, die Uebernahme und die Wahrnehmung der Obliegen- (Abs. 3)

9*

heiten des Amts eines Beisitzers oder Stellvertreters durch Geldstrafen bis zu fünfhundert Mark gegen die ohne gesetzlichen Grund sich Weigernden zu erzwingen. Die Geldstrafen fließen zur Genossenschaftskasse.

(Abs. 4) Verweigern die Gewählten gleichwohl ihre Dienstleistung, oder kommt eine Wahl nicht zu Stande, so hat, solange und soweit dies der Fall ist, die untere Verwaltungsbehörde, in deren Bezirk der Sitz des Schiedsgerichts belegen ist, die Beisitzer aus der Zahl der Arbeitgeber und Arbeitnehmer zu ernennen.

Anmerkungen.

1. Nach § 111 Ziffer 1 R.-G. war das Landesgesetz, nachdem auf Grund des § 110 ein solches überhaupt erlassen war, genöthigt, „über die Befugniß zur Ablehnung des Amts eines Beisitzers des Schiedsgerichts und über die diesen Beisitzern zu gewährenden Vergütungen (§ 53 Abs. 2)" Bestimmung zu treffen. Dies ist geschehen durch Art. VIII bezw. VII ad 1 L.-G. Durch dieselben wird an den betr. Bestimmungen des Reichsgesetzes nichts geändert.

2. Dem Vorsitzenden und seinem Stellvertreter darf von der Genossenschaft eine Vergütung nicht gewährt werden, § 54 Abs. 6.

3. Vgl. Anm. 4 zu § 50, Anm. 3 zu § 51; wegen der „unteren Verwaltungsbehörde" vgl. Nr. I. 2 Ausf. Anw. (s. Anhang).

Verfahren vor dem Schiedsgericht.

§ 54.

(Abs. 1) Der Vorsitzende beruft das Schiedsgericht und leitet die Verhandlungen desselben. Das Schiedsgericht ist befugt, denjenigen Theil des Betriebes, in welchem der Unfall vorgekommen ist, in Augenschein zu nehmen, sowie Zeugen und Sachverständige — auch eidlich — zu vernehmen.

Das Schiedsgericht ist nur beschlußfähig, wenn außer dem Vorsitzenden eine gleiche Anzahl von Arbeitgebern und Arbeitnehmern, und zwar mindestens je einer als Beisitzer mitwirken. (Abs. 2)

Die Entscheidungen des Schiedsgerichts erfolgen nach Stimmenmehrheit. (Abs. 3)

Im Uebrigen wird das Verfahren vor dem Schiedsgericht durch Kaiserliche Verordnung mit Zustimmung des Bundesraths geregelt. (Abs. 4)

Die Kosten des Schiedsgerichts, sowie die Kosten des Verfahrens vor demselben trägt die Genossenschaft. (Abs. 5)

Dem Vorsitzenden des Schiedsgerichts und dessen Stellvertreter darf eine Vergütung von der Genossenschaft nicht gewährt werden. (Abs. 6)

VI. Feststellung und Auszahlung der Entschädigungen.

Anzeige und Untersuchung der Unfälle.

§ 55.

Von jedem in einem versicherten Betriebe vorkommenden Unfall, durch welchen eine in demselben (Abs. 1) beschäftigte Person getödtet wird oder eine Körperverletzung erleidet, welche eine Arbeitsunfähigkeit von mehr als drei Tagen oder den Tod zur Folge hat, ist von dem Betriebsunternehmer bei der Ortspolizeibehörde schriftlich oder mündlich Anzeige zu erstatten.

(Abs. 2) Dieselbe muß binnen zwei Tagen nach dem Tage erfolgen, an welchem der Betriebsunternehmer von dem Unfall Kenntniß erlangt hat.

(Abs. 3) Für den Betriebsunternehmer kann derjenige, welcher zur Zeit des Unfalls den Betrieb oder den Betriebstheil, in welchem sich der Unfall ereignete, zu leiten hatte, die Anzeige erstatten; im Falle der Abwesenheit oder Behinderung des Betriebsunternehmers ist er dazu verpflichtet.

(Abs. 4) Das Formular für die Anzeige wird vom Reichs-Versicherungsamt festgestellt.

(Abs. 5) Die Vorstände der unter Reichs- oder Staatsverwaltung stehenden Betriebe haben die im Absatz 1 vorgeschriebene Anzeige der vorgesetzten Dienstbehörde nach näherer Anweisung derselben zu erstatten.

Anmerkungen.

1. Die §§ 55, 56 regeln das Unfallmeldewesen, die §§ 57 bis 61 die polizeiliche Untersuchung der Unfälle.

„Für die einfache und sichere Feststellung der den Betheiligten aus der Unfallversicherung erwachsenden Entschädigungsansprüche ist es wichtig, daß die einzelnen Unfälle, welche einen Entschädigungsanspruch zur Folge haben, nicht erst durch die Erhebung des letzteren, sondern sobald als thunlich zur Kenntniß der Organe der Genossenschaft gelangen. Das Unfallmeldewesen hat außerdem nicht nur das statistische Material zu schaffen, welches für die fortschreitende Vervollkommnung der Eintheilung der Betriebe in Gefahrenklassen von Werth ist, sondern auch den Genossenschaftsvorständen und den Behörden die Kenntniß der Unfallursachen zu vermitteln, deren sie für ihre auf Verminderung der Unfälle gerichtete Thätigkeit bedürfen" (Mot. z. U.-V.-G. S. 67). Aus diesen Gründen sind alle Unfälle zu melden, „ohne Rücksicht darauf, ob die Entschädigung voraussichtlich von den Krankenkassen (der Gemeinde-Krankenversicherung) zu leisten oder nach diesem Gesetz zu behandeln sein wird" (Mot. z. U.-V.-G. S. 67); ausgenommen sind nur die ganz geringfügigen Unfälle, — und als solche betrachtet das Gesetz diejenigen, welche gar keine Arbeitsunfähigkeit oder nur eine solche bis zu drei Tagen zur Folge haben, — weil diese im Verhältniß zu ihrer geringen Bedeutung zu viel Schreibwesen verursachen würden. Ob ein Unfall nur so geringfügige Folgen haben wird, daß er nicht gemeldet zu werden braucht, wird in der Praxis kaum zu Zweifeln Anlaß geben; sollten solche Zweifel bestehen, so ist die Anmeldung zu rathen, schon wegen der Strafbestimmung in § 124 Abs. 2.

3. Wegen der „Ortspolizeibehörde" in Preußen vgl. Nr. I 3 Ausf. Anw. (s. Anhang).

§ 56.

Die Ortspolizeibehörden, im Falle des § 56 Absatz 5 die Betriebsvorstände, haben über die zur Anzeige gelangenden Unfälle ein Unfallverzeichniß zu führen.

Anmerkungen.

1. Vgl. Anm. 3 zu § 55.

2. Die Vorschriften über die Führung des Unfallverzeichnisses (vgl. Nr. IV 19 Ausf. Anw.) sind im Anhang abgedruckt.

§ 57.

Jeder zur Anzeige gelangende Unfall, durch welchen eine versicherte Person getödtet ist oder eine Körperverletzung erlitten hat, die voraussichtlich den Tod oder eine Erwerbsunfähigkeit von mehr als dreizehn Wochen zur Folge haben wird, ist von der Ortspolizeibehörde sobald wie möglich einer Untersuchung zu unterziehen, durch welche festzustellen sind:

1. die Veranlassung und Art des Unfalls,
2. die getödteten oder verletzten Personen,
3. die Art der vorgekommenen Verletzungen,
4. der Verbleib der verletzten Personen,
5. die Hinterbliebenen der durch den Unfall getödteten Personen, welche nach § 7 einen Entschädigungsanspruch erheben können.

Anmerkungen.

1. Unfälle, welche voraussichtlich den Tod oder eine (gänzlich oder theilweise, A.-N. II S. 82) Erwerbsunfähigkeit von mehr als 13 Wochen zur Folge haben werden, müssen polizeilich untersucht werden. Bei Unfällen mit weniger schweren Folgen ist die Unfallversicherung als solche nicht betheiligt (§§ 6, 13), und demgemäß durch dieses Gesetz eine Unfalluntersuchung nicht vorgeschrieben. Zu melden sind also fast alle Unfälle, polizeilich zu untersuchen nur diejenigen, welche das Eintreten der Berufsgenossenschaften herbeiführen werden. Um aber ein Urtheil darüber zu gewinnen, ob der Unfall voraussichtlich den Tod oder eine Erwerbsunfähigkeit von mehr als 13 Wochen zur Folge haben wird, ist der Verlauf aller gemeldeten Fälle, auf welchen die Anzeige des Unternehmers sich nicht zu erstrecken hat,

von der Ortspolizeibehörde von Amtswegen und selbständig zu verfolgen.

2. Die Behörde ist nicht an die Anzeige gebunden, sondern kann kraft ihrer amtlichen Stellung auch bei den auf andere Weise zu ihrer Kenntniß gelangten Unfällen ex officio einschreiten.

Ebenso ist umgekehrt die Berufsgenossenschaft bei Feststellung der Entschädigungen nicht an die Unfalluntersuchung bezw. an deren Beendigung gebunden. Denn wenn auch die Unfalluntersuchung neben statistischen Zwecken und der Beschaffung des Materials für die auf Unfallverhütung gerichtete Thätigkeit hauptsächlich „diejenigen Verhältnisse thunlichst klarlegen soll, welche für die demnächstige Feststellung der Entschädigungsansprüche in Betracht kommen" (Mot. z. U.-V.-G. S. 68), so ist sie doch keine wesentliche Voraussetzung für den Erlaß des Feststellungsbescheides (§ 63), ebensowenig eine nothwendige Erkenntnißquelle für die Beurtheilung der Entschädigungspflicht. Die Genossenschaft, welche die Entschädigung „sobald wie möglich" feststellen soll, braucht vielmehr insbesondere dann die Durchführung der Untersuchung nicht abzuwarten, wenn alle für die Rentenfestsetzung erheblichen Thatsachen ohnedies feststehen (A.-N. II S. 205). Das Nothwendige hierüber erfährt die Genossenschaft durch ihre Vertreter bei der Unfalluntersuchung (§ 58). Vgl. Anm. 3 zu § 62.

3. Die Kosten der Unfalluntersuchung trägt die Polizeibehörde, mit alleiniger Ausnahme der nach § 58 Abs. 2 durch einen entsprechenden Antrag der Genossenschaft verursachten Kosten. Die etwa erforderlichen Pfarr-, Standesamts- 2c. Atteste sind nach § 122 stempelfrei, A.-N. II S. 12.

4. Wegen der „Ortspolizeibehörde" — für Reichs- und Staatsbetriebe vgl. § 61 — in Preußen vgl. Nr. I 3 Ausf. Anw. (s. Anhang).

§ 58.

An den Untersuchungsverhandlungen können theil- (Abs. 1)

nehmen: Vertreter der Genossenschaft, der Bevollmächtigte der Krankenkasse oder der von der Gemeindebehörde bezeichnete Arbeiter (§ 59), sowie der Betriebsunternehmer, letzterer entweder in Person oder durch einen Vertreter. Zu diesem Zweck ist (dem Genossenschaftsvorstande,[a]) dem Bevollmächtigten der Krankenkasse oder dem von der Gemeindebehörde bezeichneten Arbeiter (§ 59) und dem Betriebsunternehmer von der Einleitung der Untersuchung rechtzeitig Kenntniß zu geben. (Ist die Genossenschaft in Sektionen getheilt, oder[a]) sind von der Genossenschaft Vertrauensmänner bestellt, so ist die Mittheilung von der Einleitung der Untersuchung an den Sektionsvorstand beziehungsweise an den Vertrauensmann zu richten.

(Art. VII. ad 2 L.-G.) .... **Ueber die Vertretung der Berufsgenossenschaften bei den Untersuchungsverhandlungen (§ 58 des Reichsgesetzes) ..... trifft das Genossenschaftsstatut Bestimmung.**

(Abs. 2) Außerdem sind, soweit thunlich, die sonstigen Betheiligten und auf Antrag und Kosten der Genossenschaft Sachverständige zuzuziehen.

Anmerkungen.

1. Nach § 111 Ziffer 2 R.-G. war das Landesgesetz, nachdem auf Grund des § 110 ein solches überhaupt erlassen war, genöthigt, „über die Vertretung der Berufsgenossenschaften bei den Untersuchungsverhandlungen"

---

a) Die durch den Druck hervorgehobene Abweichung für Preussen ergiebt sich aus Art II L.-G. (bei § 23 R.-G.).

(§ 58) Bestimmung zu treffen. Dies ist geschehen durch Art. VII ad 2 L.-G. Die erforderlichen Bestimmungen soll das Statut treffen.

2. Regelmäßig sollen auch der Verletzte oder seine Hinterbliebenen, bezw. deren Vertreter, zugezogen werden (Komm.-Ber. z. U.-V.-G. S. 43). Ob dieselben der hiernach an sie zu erlassenden Ladung Folge leisten oder Folge leisten können, ist ohne Belang.

3. Wegen der Reichs- und Staatsbetriebe vgl. § 61.

§ 59.

Die Vorstände der Krankenkassen, welchen mindestens zehn in den Betrieben der Genossenschaftsmitglieder beschäftigte versicherte Personen angehören, wählen alle zwei Jahre aus der Zahl der Kassenmitglieder zum Zweck der Theilnahme an den Unfalluntersuchungen (§ 58) für den Bezirk einer oder mehrerer Ortspolizeibehörden je einen Bevollmächtigten und zwei Ersatzmänner, deren Name und Wohnort den betheiligten Ortspolizeibehörden mitzutheilen ist. (Abs. 1)

Die dem Vorstande der Kasse angehörenden Vertreter der Arbeitgeber nehmen an der Wahl nicht theil. (Abs. 2)

Wenn ein in Gemäßheit dieser Bestimmungen gewählter Bevollmächtigter oder Ersatzmann nicht vorhanden ist, so bezeichnet die Gemeindebehörde des Ortes, an welchem der Unfall sich ereignete, auf Ersuchen der für die Untersuchung zuständigen Behörde einen Arbeiter, welcher an den Untersuchungsverhandlungen theilnehmen kann. (Abs. 3)

(Abs. 4) Hierbei sind die Bestimmungen des § 49 zu beachten.

Anmerkungen.

1. Auch zur Theilnahme an den Unfalluntersuchungen (§ 58) sind Vertreter der Arbeiter berechtigt, cf. Anm. 1 zu § 49. Es sind dies aber nicht dieselben Vertreter, welche als Beisitzer der Schiedsgerichte fungiren und nach § 51 von Krankenkassen gewählt oder in deren Ermangelung von den betheiligten Gemeindevertretungen durch Mehrheitsbeschlüsse berufen werden; zur Theilnahme an den Unfalluntersuchungen werden vielmehr besondere Vertreter der Arbeiter bestellt, deren Auswahl in mehrfacher Beziehung (wie auch im U.-V.-G.) abweicht. Die Abweichungen haben insbesondere in dem Bestreben ihren Grund, an den Unfalluntersuchungsverhandlungen, an welchen der Verletzte sowie seine Hinterbliebenen, außerdem aber auch die für die ersten dreizehn Wochen zur Fürsorge berufene Krankenkasse ein besonderes Interesse haben, solche Vertreter der Arbeiter zu betheiligen, welche die Verhältnisse, unter denen der Unfall sich ereignet hat, sowie die Lage der von dem Unfall betroffenen Personen aus eigener Erfahrung kennen und dabei womöglich mit dem verunglückten Genossen in einer und derselben Krankenkasse waren.

Die wichtigsten Abweichungen sind die, daß zu der Theilnahme an den Unfalluntersuchungen (§ 59) die Vorstände aller Kategorien von Krankenkassen wahlberechtigt sind, sofern sie den Voraussetzungen des § 59 entsprechen — einschl. der Hülfskassen ohne Beitrittszwang, falls diese in den Rahmen der durch das Krankenversicherungsgesetz geschaffenen organischen Gliederung der Arbeiter, welche die Grundlage für die Vertreter der Arbeiter bildet, fallen, d. h. sofern sie den Bedingungen des § 75 K.-V.-G. genügen (A. N. I S. 289) —, dort (§ 51) nur die Vorstände von Orts- und Betriebs-Krankenkassen; ferner, daß die Wahlberechtigung hier (§ 59) nicht daran gebunden ist, daß die Krankenversicherungspflicht für den betreffenden Bezirk eingeführt ist. Vgl. im Uebrigen v. Woedtke, Kommentar, Anm. 1, 9 zu § 59.

2. Wegen der „Gemeindebehörde" und „Ortspolizeibehörde" in Preußen vgl. Nr. I 3, 4. Ausf. Anweisung (s. Anh.).

§ 60*).

Dem Bevollmächtigten der Krankenkasse oder dem von der Gemeindebehörde bezeichneten Arbeiter (§ 59), welcher an der Untersuchung des Unfalls theilgenommen hat, wird nach den durch das Genossenschaftsstatut zu bestimmenden Sätzen für den entgangenen Arbeitsverdienst Ersatz geleistet. Die Festsetzung erfolgt durch die Ortspolizeibehörde. (Abs. 1)

. . . . Ueber den dem Bevollmächtigten der Krankenkasse, oder dem von der Gemeindebehörde bezeichneten Arbeiter zu gewährenden Ersatz für entzogenen Arbeitsverdienst (§ 60 des Reichsgesetzes) . . . . . . (Art. VII. ad 3 L.-G.)
trifft das Genossenschaftsstatut Bestimmung. (Abs. 2)

Von dem über die Untersuchung aufgenommenen Protokoll, sowie von den sonstigen Untersuchungsverhandlungen ist den Betheiligten auf ihren Antrag Einsicht und gegen Erstattung der Schreibgebühren Abschrift zu ertheilen.

*) Wegen der einer Berufsgenossenschaft nicht zugewiesenen Reichs- und Staatsbetriebe vgl. § 105.

Anmerkungen.

1. Nach § 111 Ziffer 3 R.-G. war das Landesgesetz, nachdem auf Grund des § 110 ein solches überhaupt er-

lassen war, genöthigt, „über den dem Bevollmächtigten der Krankenkasse oder dem von der Gemeindebehörde bezeichneten Arbeiter zu gewährenden Ersatz für entgangenen Arbeitsverdienst (§ 60)" Bestimmung zu treffen. Dies ist durch Art. VII ad 3 L.-G. geschehen. An den Bestimmungen des § 60 R.-G. ist hierdurch nichts geändert.

2. Bei den Unfalluntersuchungen erhält der sich betheiligende Arbeitervertreter aus der Genossenschaftskasse nur die durch das Statut (bezw. das Regulativ, § 105) festgesetzte Vergütung für den entgangenen Arbeitsverdienst (sofern ihm überhaupt ein solcher Verlust erwachsen ist, A. N. II S. 17), nicht aber auch Ersatz der baaren Auslagen (Reisegelder, Zehrgelder). Der Grund für diese einschränkende Bestimmung liegt darin, daß die Krankenkassen genöthigt werden sollen, solche Personen zu Bevollmächtigten zu bestellen, die am Ort des Unfalls oder in möglichster Nähe desselben ihren Wohnsitz haben und denen demgemäß die persönlichen Verhältnisse des Verletzten und seiner Hinterbliebenen, sowie die technischen Einrichtungen desjenigen Betriebes, in welchem der Unfall sich ereignet hat, bekannt sind. Außerdem aber soll auch ein gewerbsmäßiges Umherreisen vermieden werden, cf. Komm.-Ber. z. U.-V.-G. S. 44.

3. Wegen der „Ortspolizeibehörde" und der „Gemeindebehörde" in Preußen vgl. Ziffer I 3, 4 Ausf. Anweisung (s. Anh.); wegen der Reichs- und Staatsbetriebe vgl. § 61, bezw. § 105.

§ 61.

Bei den im § 55 Absatz 5 bezeichneten Betrieben bestimmt die vorgesetzte Dienstbehörde diejenige Behörde, welche die Untersuchung nach den Bestimmungen der §§ 57 und 58 vorzunehmen und die Vergütung für den Bevollmächtigten der Krankenkasse oder den von der Gemeindebehörde bezeichneten Arbeiter (§ 59) festzusetzen hat.

Entscheidung der Vorstände.

§ 62*).

Die Feststellung der Entschädigungen für die durch Unfall verletzten Versicherten und für die Hinterbliebenen der durch Unfall getödteten Versicherten erfolgt: (Abs. 1)

(1. sofern die Genossenschaft in Sektionen eingetheilt ist, durch den Vorstand der Sektion, wenn es sich handelt
 a) um den Ersatz der Kosten des Heilverfahrens,
 b) um die für die Dauer einer voraussichtlich vorübergehenden Erwerbsunfähigkeit zu gewährende Rente,
 c) um den Ersatz der Beerdigungskosten;
2. in allen übrigen Fällen durch den Vorstand der Genossenschaft.

Das Genossenschaftsstatut kann bestimmen, daß die Feststellung der Entschädigungen in den Fällen der Ziffer 1 und 2 durch einen Ausschuß des Sektionsvorstandes oder durch eine besondere Kommission oder durch örtliche Beauftragte (Vertrauensmänner) und in den Fällen der Ziffer 2 auch durch den Sektionsvorstand oder durch einen Ausschuß des Genossenschaftsvorstandes zu bewirken ist.) (Abs. 2)

. . . . Ueber das Organ, bei welchem der Entschädigungsanspruch anzubringen ist (§ 64 des Reichsgesetzes) und welches die Entschädigung festzustellen und hierüber Bescheid (Art. VII. ad 4 L.-G.)

*) Der § 62 ist für die einer Berufsgenossenschaft nicht zugewiesenen Reichs- und Staatsbetriebe (§ 103) durch die besondere Bestimmung des § 106 ersetzt.

zu ertheilen hat (§ 62 und § 66 des Reichsgesetzes) . . . . . .
trifft das Genossenschaftsstatut Bestimmung.

(Abs. 3) Vor der Feststellung der Entschädigung ist dem Entschädigungsberechtigten durch Mittheilung der Unterlagen, auf Grund deren dieselbe zu bemessen ist, Gelegenheit zu geben, sich binnen einer Frist von einer Woche zu äußern.

Anmerkungen.

1. Nach § 111 Ziffer 4 R.-G. war das Landesgesetz, nachdem auf Grund des § 110 ein solches überhaupt erlassen war, genöthigt, „über das Organ, bei welchem der Entschädigungsanspruch anzumelden ist (§ 64) und welches die Entschädigung festzustellen und hierüber den Bescheid zu ertheilen hat (§§ 62, 66)", Bestimmung zu treffen. Dies ist durch Art. VII ad 4 L.-G. geschehen. Hierdurch ist die Bestimmung des zuständigen Organs vollständig in das Ermessen des Genossenschaftsstatuts gestellt, was im Wesentlichen allerdings auch schon nach Reichsgesetz (Abs. 1 und 2 des § 62 R.-G.) der Fall war.

Der Absatz 1 dieses § 62 R.-G. hat aber auch für Preußen um deswillen dauernde Bedeutung behalten, weil nach dem nicht abänderbaren § 68 Abs. 1 R.-G. die in Ziffer 1 bezeichneten Fälle nicht appellabel sind, vgl. Anm. 3 zu § 68.

2. Nur, wenn die Folgen der Verletzung derart sind, daß die Berufsgenossenschaften einzutreten haben, also nur wenn der Tod oder eine Erwerbsunfähigkeit von mehr als 13 Wochen die Folgen des Unfalls sind oder voraussichtlich sein werden, haben die Genossenschaftsorgane Entschädigungen festzusetzen.

Andernfalls ist der Verletzte auf seine Krankenkasse bezw. die Gemeinde angewiesen, §§ 6, 7, 10.

3. „Die Feststellung der Entschädigungen soll ohne

weiteren Antrag der Berechtigten durch die dazu berufenen Organe der Genossenschaften von Amtswegen eingeleitet werden, und zwar unverzüglich, sobald die Thatsachen, welche die Art und den Umfang des Entschädigungsanspruches bedingen, feststehen (§ 63). In den meisten Fällen wird für diese Feststellung bereits durch die nach §§ 57, 58 vorgenommene Untersuchung die erforderliche Grundlage gewonnen sein; soweit dieselbe der Ergänzung bedarf, können die Organe anderer Genossenschaften oder die Polizeibehörden wegen Vornahme der erforderlichen Ermittelungen in Anspruch genommen werden" (§ 21). Vgl. Anm. 2 zu § 57.

4. Die Feststellung und Anweisung der Entschädigungen darf nur dann von vorn herein auf eine bestimmte Zeit beschränkt werden, wenn der Endtermin des Bezugsrechts zweifellos oder sonst kalendermäßig feststeht, z. B. Vollendung des funfzehnten Jahres eines rentenberechtigten Kindes, § 7 Ziffer 2 a (A. N. II S. 55, III S. 10).

5. Die Existenz eines Entschädigungsanspruchs ist lediglich davon abhängig, daß der Unfall „bei dem Betriebe" eines unter den § 1 fallenden Unternehmens vorgekommen ist, daß der Verletzte zu den „in" dem Betriebe beschäftigten versicherten (§§ 1, 2) Personen gehört, und daß eine Beschädigung vorliegt, für welche nach §§ 6, 7 Ersatz zu leisten ist; der Anspruch fällt bei dem Vorhandensein dieser Erfordernisse nur dann fort, wenn der Verletzte den Unfall vorsätzlich herbeigeführt hat § 5.

6. Die nach dem Genossenschaftsstatut zuständigen Organe vertreten die Genossenschaft kraft eigenen Rechts und selbständig; ihre innerhalb der statutarischen Befugnisse verbleibenden Entscheidungen unterliegen also nicht der Nachprüfung höherer Genossenschaftsorgane (A. N. I S. 370).

§ 63.

Sind versicherte Personen in Folge des Unfalls getödtet, so haben die im § 62 bezeichneten Genossen- (Abs. 1) schaftsorgane sofort nach Abschluß der Untersuchung (§§ 57 bis 61) oder, falls der Tod erst später eintritt, sobald sie von demselben Kenntniß erlangt haben, die Feststellung der Entschädigung vorzunehmen.

(Abs. 2) Sind versicherte Personen in Folge des Unfalls körperlich verletzt, so ist sobald als möglich die ihnen zu gewährende Entschädigung festzustellen.

(Abs. 3) Für diejenigen verletzten Personen, für welche noch nach Ablauf von dreizehn Wochen eine weitere ärztliche Behandlung behufs Heilung der erlittenen Verletzungen nothwendig ist, hat sich die Feststellung zunächst mindestens auf die bis zur Beendigung des Heilverfahrens zu leistenden Entschädigungen zu erstrecken. Die weitere Entschädigung ist, sofern deren Feststellung früher nicht möglich ist, nach Beendigung des Heilverfahrens unverzüglich zu bewirken.

(Abs. 4) In den Fällen der Absätze 2 und 3 ist bis zur definitiven Feststellung der Entschädigung noch vor Beendigung des Heilverfahrens vorläufig eine Entschädigung zuzubilligen.

Anmerkungen.

Eine vorläufige Entschädigung (Abs. 4) ist in allen Fällen zu gewähren, in denen die erhobenen Ansprüche an sich anerkannt werden, die Entschädigungen aber dem Betrage nach nicht sofort festgestellt werden können (A. N. III S. 20).

§ 64.

(Abs. 1) Entschädigungsberechtigte, für welche die Entschädigung nicht von Amtswegen festgestellt ist, haben ihren Entschädigungsanspruch bei Vermeidung des Ausschlusses vor Ablauf von zwei Jahren nach Eintritt des Unfalls (bei dem zuständigen Vorstande) anzumelden.

. . . . Ueber das Organ, bei welchem der Entschädigungsanspruch anzumelden ist (§ 64 des Reichsgesetzes) . . . . . . trifft das Genossenschaftsstatut Bestimmung.[a]) (Art. VII. ad 4 L.G.)

Nach Ablauf dieser Frist ist der Anmeldung nur dann Folge zu geben, wenn zugleich glaubhaft bescheinigt wird, daß die Folgen des Unfalls erst später bemerkbar geworden sind oder daß der Entschädigungsberechtigte von der Verfolgung seines Anspruchs durch außerhalb seines Willens liegende Verhältnisse abgehalten worden ist. (Abs. 2)

Wird der angemeldete Entschädigungsanspruch anerkannt, so ist die Höhe der Entschädigung sofort festzustellen; anderenfalls ist der Entschädigungsanspruch durch schriftlichen Bescheid abzulehnen. (Abs. 3)

Ereignete sich der Unfall, in Folge dessen der Entschädigungsanspruch erhoben wird, in einem Betriebe, dessen Zugehörigkeit zu einer Genossenschaft nicht feststeht, so hat die Anmeldung des Entschädigungsanspruchs bei der unteren Verwaltungsbehörde zu erfolgen, in deren Bezirk der Betrieb belegen ist. Dieselbe hat den Entschädigungsanspruch mittelst (Abs. 4)

---

a) Vgl. bei § 62 R.-G.

Bescheides zurückzuweisen, wenn sie den Betrieb, in welchem der Unfall sich ereignet hat, für nicht unter § 1 fallend erachtet; anderenfalls hat sie die Genossenschaft, welcher der Betrieb angehört, nach Maßgabe der §§ 44 und 45 festzustellen, und, nachdem diese Feststellung erfolgt ist, den angemeldeten Entschädigungsanspruch dem zuständigen Vorstande zur weiteren Veranlassung zu überweisen, auch dem Entschädigungsberechtigten hiervon schriftlich Nachricht zu geben. Der Genossenschaftsvorstand ist befugt, gegen die von der unteren Verwaltungsbehörde getroffene Feststellung binnen einer Woche nach der Ueberweisung Widerspruch zu erheben. Sofern dies geschieht, hat die untere Verwaltungsbehörde die Entscheidung des Reichs-Versicherungsamts einzuholen.

Anmerkungen.

1. Vgl. Anm. 1 zu § 62.

2. Sofern die laufende Verwaltung an die Provinzial- bezw. Kreisausschüsse übertragen ist, wird der (meist mit der Festsetzung der Entschädigungen zu betrauende) Sektionsvorstand bezw. Kreisausschuß mit der unteren Verwaltungsbehörde (Abs. 4) in der Regel zusammenfallen. Dadurch wird sich das in diesen Fall einzuschlagende Verfahren häufig vereinfachen.

3. In der Regel müssen die Entschädigungen von Amtswegen festgestellt werden (Anm. 3 zu § 62). Die Fälle, in welchen ein Entschädigungsverfahren nicht von Amtswegen eingeleitet wird, bilden fortan nur seltene Ausnahmen (vgl. v. Woedtke, Kommentar Anm. 1 zu § 64). Auch in diesen Ausnahmefällen muß die Sache in ab-

sehbarer Zeit endgültig erledigt, die Berufsgenossenschaft gegen frivole Ansprüche, die ja kostenlos erhoben werden können, geschützt werden. Es sollen daher aus Anlaß eines Unfalls Entschädigungsansprüche, die nicht von Amtswegen erledigt sind, im Allgemeinen nur noch binnen zwei Jahren nach dem Eintritt des Unfalls oder nach dem späteren Eintritt des Todes (§ 70) zulässig sein. Um nun aber denjenigen Personen, welche ohne ihre Schuld diese Frist haben verstreichen lassen, die Möglichkeit des Ersatzes nicht schlechthin abzuschneiden, ist die Erhebung von Schadensansprüchen auch nach Ablauf jener zwei Jahre, jedoch nur dann für zulässig erklärt, wenn sich von vornherein erkennen läßt, daß der Anspruch nicht ohne Begründung ist, oder daß die Verspätung dem Antragsteller nicht zur Last fällt. Es soll daher nach Ablauf von zwei Jahren ein Anspruch nur dann noch Berücksichtigung finden, wenn gleich bei Erhebung desselben glaubhafte Bescheinigungen beigebracht werden, und zwar

a) entweder darüber, daß der Entschädigungsberechtigte an der Geltendmachung seiner Ansprüche durch außerhalb seines Willens liegende Verhältnisse verhindert worden ist,
b) oder darüber, daß die Verletzung mit einem Betriebsunfall ursächlichen Zusammenhang hat und erst nach Ablauf der zwei Jahre bemerkbar geworden ist.

In letzterem Fall muß also gleich bei Anmeldung des Anspruchs dasjenige wahrscheinlich gemacht werden, was sonst erst in dem Verfahren zu erörtern ist.

4. Auch für die Fälle des Abs. 4 besteht die „für alle nicht von Amtswegen geprüften (bez. festgestellten) Ansprüche geltende Präklusivfrist" von 2 Jahren, Mot. z. U.-V.-G. S. 70.

5. Wegen der „unteren Verwaltungsbehörde" in Preußen vgl. Nr. I 2. Ausf. Anweisung (s. Anh.)

§ 65.

Die Mitglieder der Genossenschaften sind verpflichtet, auf Erfordern der Behörden und Vorstände

(Ausschüsse derselben, besondere Kommissionen, Vertrauensmänner) (§ 62) binnen einer Woche diejenigen Lohn- und Gehaltsnachweisungen zu liefern, welche zur Feststellung der Entschädigung erforderlich sind.

Anmerkungen.

1. Die Bedeutung dieses Paragraphen beschränkt sich in der Land- und Forstwirthschaft auf verletzte Betriebsbeamte, für welche die Rente nach Maßgabe des individuellen Verdienstes berechnet wird, während bei Arbeitern Durchschnittssätze zu Grunde gelegt werden, § 6 Abs. 2, 3. Bei Berechnung des Jahresverdienstes sind feste Naturalbezüge mit in Rechnung zu bringen, § 3.

2. Ungehorsam ist strafbar nach § 124; unrichtige Angaben unterliegen der Strafbestimmung des § 123. Die Angaben können durch Beauftragte der Genossenschaften kontrolirt werden, § 90.

§ 66.

Ueber die Feststellung der Entschädigung hat der Vorstand (Ausschuß, Vertrauensmann), welcher dieselbe vorgenommen hat, dem Entschädigungsberechtigten einen schriftlichen Bescheid zu ertheilen, aus welchem die Höhe der Entschädigung und die Art ihrer Berechnung zu ersehen ist. Bei Entschädigungen für erwerbsunfähig gewordene Verletzte ist namentlich anzugeben, in welchem Maaße die Erwerbsunfähigkeit angenommen worden ist.

(Art. VII. ad 4 L.-G.) . . . . Ueber das Organ . . . .[1]), welches

[1]) Vgl. die betr. Bestimmung vollständig bei § 62 R.-G.

die Entschädigung festzustellen und hierüber Bescheid zu ertheilen hat (§§ 62 und 66 des Reichsgesetzes ......
trifft das Genossenschaftsstatut Bestimmung.

Anmerkungen.

1. Vgl. Anm. 1 zu § 62. Auch nach Landesgesetz muß, wie nach Reichsgesetz, dasselbe Organ, welches die Entschädigung festgestellt hat (§ 62), den Feststellungsbescheid (§ 66) ertheilen.

2. „Als Abschluß der Verhandlungen ist dem Entschädigungsberechtigten ein schriftlicher Bescheid (§ 66) zu ertheilen, welcher alle für die Berechnung der Höhe der Entschädigung maßgebend gewesenen Faktoren angiebt.

Auf Grund dieses Bescheides ist der Entschädigungsberechtigte in der Lage, zu prüfen, ob er bei der Festsetzung der Höhe der Entschädigung sich beruhigen, oder die schiedsgerichtliche Entscheidung anrufen will.

Außer diesem Bescheide empfängt der Entschädigungsberechtigte seitens der Genossenschaft eine Bescheinigung über die ihm zustehenden Bezüge unter Angabe der mit der Auszahlung beauftragten Postanstalt und der Zahlungstermine (§ 69). Auf Grund dieses Berechtigungsausweises kann er unbeschadet einer etwaigen Berufung an das Schiedsgericht die festgestellten Beträge erheben" (Mot. z. U.-V.-G. S. 71), da die Berufung keine aufschiebende Wirkung hat, § 67 Abs. 4.

3. Durch diesen Feststellungsbescheid wird für die Entschädigungsberechtigten ein selbständiges Recht begründet, welches der einseitigen Einwirkung des Genossenschafts- oder Sektionsvorstandes bezw. Vertrauensmanns auch dann, wenn der Bescheid offenbar falsch ist, entzogen ist. Wird dieser Feststellungsbescheid nicht im schiedsgerichtlichen Verfahren angefochten, so bleibt er zu Gunsten des Entschädigungsberechtigten so lange in Kraft, als nicht auf Grund des § 70 eine anderweite Feststellung wegen „Ver-

änderung der Verhältnisse" erfolgt. Schreibfehler, Rechenfehler und ähnliche offenbar formelle Unrichtigkeiten des Feststellungsbescheids können jedoch eventuell unter entsprechender Benachrichtigung der Betheiligten berichtigt werden (§ 290 C.-Pr.-O.). A.-N. II. S. 74.

Berufung gegen die Entscheidung der Behörden und Genossenschaften.

§ 67.

(Abs. 1) Gegen den Bescheid der unteren Verwaltungsbehörde, durch welchen der Entschädigungsanspruch aus dem Grunde abgelehnt wird, weil der Betrieb, in welchem der Unfall sich ereignet hat, für nicht unter § 1 fallend erachtet wird (§ 64 Abs. 4), steht dem Verletzten und seinen Hinterbliebenen die Beschwerde an das Reichs-Versicherungsamt zu. Dieselbe ist binnen vier Wochen nach der Zustellung des ablehnenden Bescheides bei der unteren Verwaltungsbehörde einzulegen.

(Abs. 2) Gegen den Bescheid, durch welchen der Entschädigungsanspruch aus einem anderen als dem vorbezeichneten Grunde abgelehnt wird (§ 64 Abs. 3), sowie gegen den Bescheid, durch welchen die Entschädigung festgestellt wird (§ 66), findet die Berufung auf schiedsrichterliche Entscheidung statt.

(Abs. 3) Die Berufung ist bei Vermeidung des Aus-

*) Der § 67 gilt nicht für die einer Berufsgenossenschaft nicht zugewiesenen Reichs- und Staatsbetriebe (§ 103), und ist für dieselben durch die analoge Bestimmung des § 107 ersetzt.

schlusses binnen vier Wochen nach der Zustellung des Bescheides bei dem Vorsitzenden desjenigen Schiedsgerichts (§ 51) zu erheben, in dessen Bezirk der Betrieb, in welchem der Unfall sich ereignet hat, belegen ist.

Der Bescheid muß die Bezeichnung der für die Berufung zuständigen Stelle beziehungsweise des Vorsitzenden des Schiedsgerichts, sowie die Belehrung über die einzuhaltenden Fristen enthalten. (Abs. 4)

Die Berufung hat keine aufschiebende Wirkung. (Abs. 5)

Anmerkung.

1. Der Rechtsweg über Unfallentschädigungen ist ausgeschlossen (vgl. Anm. 1 zu § 50, Anm. 2 zu § 68); nur eine einzige Vorfrage darf (aber auch erst vom Schiedsgericht oder dem Reichs-Versicherungsamt) zur richterlichen Entscheidung verwiesen werden, § 68 Abs. 2, 3. Es handelt sich bei diesen Entschädigungsfragen vornehmlich um thatsächliche Fragen, für welche sachverständige Verwaltungsbehörden geeigneter sind, als die ordentlichen Gerichte (vgl. Komm.-Ber. d. U.-V.-G. S. 45).

2. Das Verfahren ist kostenfrei (vgl. § 54 Abs. 5); höchstens können außergerichtliche Kosten der Partei dem Unterliegenden zur Last fallen. Näheres darüber siehe bei v. Woedtke Kommentar zum U.-V.-G. III. Aufl. Anm. 7 zu § 50.

Entscheidung des Schiedsgerichts. Rekurs an das Reichs-Versicherungsamt.

§ 68.

Die Entscheidung des Schiedsgerichts ist dem Berufenden und demjenigen Genossenschaftsorgane, welches den angefochtenen Bescheid erlassen hat, zu- (Abs. 1) zustellen. Gegen die Entscheidung steht in den Fällen des § 62 Ziffer 2 dem Verletzten oder dessen Hinterbliebenen, sowie dem Genossenschaftsvorstande binnen einer Frist von vier Wochen nach der Zustellung der Entscheidung der Rekurs an das Reichs-Versicherungsamt zu. Derselbe hat keine aufschiebende Wirkung.

(Abs. 2) Bildet in dem Falle des § 7 Ziffer 2 die Anerkennung oder Nichtanerkennung des Rechtsverhältnisses zwischen dem Getödteten und dem die Entschädigung Beanspruchenden die Voraussetzung des Entschädigungsanspruchs, so kann das Schiedsgericht den Betheiligten aufgeben, zuvörderst die Feststellung des betreffenden Rechtsverhältnisses im ordentlichen Rechtswege herbeizuführen. In diesem Falle ist die Klage bei Vermeidung des Ausschlusses des Entschädigungsanspruchs binnen einer vom Schiedsgericht zu bestimmenden, mindestens auf vier Wochen zu bemessenden Frist nach der Zustellung des hierüber ertheilten Bescheides des Schiedsgerichts zu erheben.

(Abs. 3) Nach erfolgter rechtskräftiger Entscheidung des Gerichts hat das Schiedsgericht auf erneuten Antrag über den Entschädigungsanspruch zu entscheiden.

Anmerkungen.

1. Vgl. Anm. 1 zu § 67.

2. Das Reichs-Versicherungsamt wird bei Entscheidungen dieser Art um zwei richterliche Beamte verstärkt, § 98 Abs. 3.

3. Bei den in § 62 Ziffer 1 verzeichneten geringeren Ansprüchen, nämlich den Ansprüchen auf

a) Beerdigungskosten,
b) Kosten des Heilverfahrens nach Ablauf der ersten 13 Wochen,
c) Renten für voraussichtlich vorübergehende Erwerbsunfähigkeit,

entscheidet das Schiedsgericht endgültig; nur bei größeren Belastungsfällen, nämlich bei Ansprüchen auf

α) Renten im Fall einer nicht vorübergehenden, völligen oder theilweisen Erwerbsunfähigkeit für die Zeit nach Ablauf der ersten 13 Wochen,
β) Renten von Hinterbliebenen,

ist ein weiteres Rechtsmittel an das Reichs-Versicherungsamt gegeben.

Darüber, ob ein Fall appellabel ist oder nicht, entscheidet das über seine Kompetenz selbst entscheidende Reichs-Versicherungsamt.

Berechtigungsausweis.

§ 69.

Nach erfolgter Feststellung der Entschädigung (§ 62) ist dem Berechtigten von Seiten des Genossenschaftsvorstandes eine Bescheinigung über die ihm zustehenden Bezüge unter Angabe der mit der Zahlung beauftragten Postanstalt (§ 74) und der Zahlungstermine auszufertigen.

Wird in Folge des schiedsgerichtlichen Verfahrens der Betrag der Entschädigung geändert, so ist dem Entschädigungsberechtigten ein anderweiter Berechtigungsausweis zu ertheilen.

Anmerkungen.

1. Vgl. Anm. 2 zu § 66.
2. Den Berechtigungsausweis, sowie die Zahlungs-

anweisung an die Post (§ 74) stellt auf Grund der Bescheide der zuständigen Genossenschaftsorgane (§ 66) bez. des Schiedsgerichts oder des Reichs-Versicherungsamts immer der Genossenschaftsvorstand selbst aus.

Veränderung der Verhältnisse.

§ 70.

(Abs. 1) Tritt in den Verhältnissen, welche für die Feststellung der Entschädigung maßgebend gewesen sind, eine wesentliche Veränderung ein, so kann eine anderweitige Feststellung derselben auf Antrag oder von Amtswegen erfolgen.

(Abs. 2) Ist der Verletzte, für welchen eine Entschädigung auf Grund des § 6 festgestellt war, in Folge der Verletzung gestorben, so muß der Antrag auf Gewährung einer Entschädigung für die Hinterbliebenen, falls deren Feststellung nicht von Amtswegen erfolgt ist, bei Vermeidung des Ausschlusses, vor Ablauf von zwei Jahren nach dem Tode des Verletzten bei dem zuständigen (Vorstande) Organe der Genossenschaft[a]) angemeldet werden. Nach Ablauf dieser Frist ist der Anmeldung nur dann Folge zu geben, wenn zugleich glaubhaft bescheinigt wird, daß der Entschädigungsberechtigte von der Verfolgung seines Anspruchs durch außerhalb seines Willens liegende Verhältnisse abgehalten worden ist. Im Uebrigen

[a]) Die durch den Druck kenntlich gemachte Abänderung für Preussen ergiebt sich aus Art. VII ad 4 L.-G. (bei § 62).

finden auf das Verfahren die Vorschriften der §§ 62 bis 69 entsprechende Anwendung.

Eine Erhöhung der im § 6 bestimmten Rente kann nur für die Zeit nach Anmeldung des höheren Anspruchs gefordert werden. (Abs. 3)

Eine Minderung oder Aufhebung der Rente tritt von dem Tage ab in Wirksamkeit, an welchem der dieselbe aussprechende Bescheid (§ 66) den Entschädigungsberechtigten zugestellt ist. (Abs. 4)

Anmerkungen.

1. Die Feststellung, ob eine Veränderung „wesentlich" sei, ist Sache der Beurtheilung des Einzelfalls; es lassen sich für diese Beurtheilung nur allgemeine, keineswegs erschöpfende Anhaltepunkte geben. Die Motive (z. U.-V.-G.) erwähnen (theilweise oder völlige) „Wiedergewinnung der Erwerbsfähigkeit, Eintritt völliger Erwerbsunfähigkeit bei einem nach scheinbarer Heilung der Verletzung für nur theilweis erwerbsunfähig Erachteten, nachträglicher Eintritt des Todes eines Verletzten u. s. w." Im Allgemeinen wird jede Veränderung als wesentlich anzusehen sein, welche auf das Maaß der Erwerbsfähigkeit und dadurch auf die Höhe der Rente von Einfluß ist. Die Aenderung muß den Zustand des Verletzten, seine Erwerbsfähigkeit, betreffen; Aenderungen des Arbeitgebers und der Arbeitsgelegenheit im Allgemeinen, bezw. des bisherigen Arbeitsverhältnisses sind für sich allein nicht zu berücksichtigen (A.-N. II S. 251).

„Die Fälle des Heranwachsens der Kinder über das fünfzehnte Lebensjahr hinaus oder des vorzeitigen Todes derselben, desgleichen die Fälle der Wiederverheirathung der Wittwe werden ohne eigentliche Wiederaufnahme des Entschädigungsverfahrens im Wege der Berechnung auf Grund der früher festgestellten Unterlagen und nach Maaßgabe des § 7 durch die Organe der Genossenschaft erledigt. Ein Streit wird in solchen Fällen kaum entstehen. Eventuell steht aber auch hier den Entschädigungsberechtigten die Berufung an das Schiedsgericht offen" (Mot. z. U.-V.-G. S. 73.).

2. Bei derartigen wesentlichen Veränderungen tritt eine Wiederaufnahme des Entschädigungsverfahrens ein, welche sowohl der Genossenschaft, wie dem Empfangsberechtigten zusteht. Es bedarf also in solchen Fällen eines formellen, der Berufung auf schiedsrichterliche Entscheidung unterliegenden Bescheids des zuständigen Genossenschaftsorgans (A.-N. II S. 292).

3. Die Berufsgenossenschaften werden darüber, ob Anlaß zu solcher Wiederaufnahme des Verfahrens vorliegt, unter Mitwirkung der Vertrauensmänner und der öffentlichen Behörden (vgl. § 121) eine fortlaufende Kontrole einrichten.

Fälligkeitstermine.

§ 71.

(Abs. 1) Die Kosten des Heilverfahrens (§ 6 Ziffer 1) und die Kosten der Beerdigung (§ 7 Ziffer 1) sind binnen acht Tagen nach ihrer Feststellung (§ 62) zu zahlen.

(Abs. 2) Die Entschädigungsrenten der Verletzten und der Hinterbliebenen der Getödteten sind in monatlichen Raten im voraus zu zahlen. Dieselben werden auf volle fünf Pfennig für den Monat nach oben abgerundet.

Ausländische Entschädigungsberechtigte.

§ 72.

Die Genossenschaft kann Ausländer, welche dauernd das Reichsgebiet verlassen, durch eine Kapitalzahlung für ihren Entschädigungsanspruch abfinden.

Unpfändbarkeit der Entschädigungen.

§ 73.

Die den Entschädigungsberechtigten auf Grund dieses Gesetzes zustehenden Forderungen können mit rechtlicher Wirkung weder verpfändet, noch auf Dritte übertragen, noch für andere als die im § 749 Absatz 4 der Civilprozeßordnung bezeichneten Forderungen der Ehefrau und ehelichen Kinder und die des ersatzberechtigten Armenverbandes gepfändet werden.

Anmerkungen.

1. Nach § 749 Abs. 4 der Civilprozeßordnung „ist die Pfändung ohne Rücksicht auf den Betrag zulässig, wenn sie zur Befriedigung der Ehefrau und der ehelichen Kinder des Schuldners wegen solcher Alimente beantragt wird, welche für die Zeit nach Erhebung der Klage und für das diesem Zeitpunkt vorausgehende letzte Vierteljahr zu entrichten sind".

2. Wegen des ersatzberechtigten Armenverbandes vgl. § 8 sowie v. Woedtke, Kommentar, Anm. 4 zu § 73.

Auszahlungen durch die Post.

§ 74.

Die Auszahlung der auf Grund dieses Gesetzes (Abs. 1) zu leistenden Entschädigungen wird auf Anweisung des Genossenschaftsvorstandes vorschußweise durch die Postverwaltungen, und zwar in der Regel durch diejenige Postanstalt, in deren Bezirk der Entschädigungsberechtigte zur Zeit des Unfalls seinen Wohnsitz hatte, bewirkt.

(Abs. 2) Verlegt der Entschädigungsberechtigte seinen Wohnsitz, so hat er die Ueberweisung der Auszahlung der ihm zustehenden Entschädigung an die Postanstalt seines neuen Wohnortes bei dem Vorstande, von welchem die Zahlungsanweisung erlassen worden ist, zu beantragen.

Anmerkungen.

1. Die Auszahlung der Entschädigungen erfolgt vorschußweise durch Vermittelung der Post, weil die Einrichtung von Zahlstellen der einzelnen Genossenschaften den Apparat derselben und dadurch die Verwaltungskosten unverhältnißmäßig vergrößern und für die Rentenempfänger wegen der räumlichen Entfernungen manche Unzuträglichkeiten im Gefolge haben würden, während die Postverwaltungen das Zahlungsgeschäft in der für alle Betheiligten bequemsten Weise zu erledigen im Stande sind (vgl. Mot. z. U.-V.-G. S. 74).

2. Zinsen für ihre Vorschüsse darf die Post nicht berechnen. Entschädigung für die Belastung mit dem Auszahlungsgeschäft erhält sie nicht. Soweit die Postverwaltungen für die ihnen übertragene Auszahlung der Entschädigungen eine Verstärkung ihrer Betriebsfonds bedürfen sollten, wird dieselbe aus Reichsmitteln gewährt werden (vgl. Komm.-Ber. z. U.-V.-G. S. 48).

3. Vgl. Anm. zu § 69.

Liquidationen der Post.

§ 75.

Binnen acht Wochen nach Ablauf jedes Rechnungsjahres haben die Zentral-Postbehörden den einzelnen Genossenschaftsvorständen Nachweisungen der auf Anweisung der Vorstände geleisteten Zahlungen zuzustellen und gleichzeitig die Postkassen zu bezeichnen, an welche die zu erstattenden Beträge einzuzahlen sind.

Umlage- und Erhebungsverfahren.

§ 76*).

Die von den Zentral-Postverwaltungen zur Erstattung liquidirten Beträge sind von dem Genossenschaftsvorstande gleichzeitig mit den Verwaltungskosten und den etwaigen Rücklagen zum Reservefonds unter Berücksichtigung der auf Grund der §§ 40 und 41 etwa vorliegenden Verpflichtungen oder Berechtigungen nach dem festgestellten Vertheilungsmaaßstab auf die Genossenschaftsmitglieder umzulegen und von denselben einzuziehen.

*) Der § 76 gilt nicht für die einer Berufsgenossenschaft nicht zugewiesenen Reichs- und Staatsbetriebe (§ 103).

Anmerkungen.

1. Der § 76 kann durch die Landesgesetzgebung abgeändert werden (§ 110). Dies ist für Preußen nicht geschehen, derselbe findet also daselbst nach Art. X L.-G. (bei § 110 R.-G.) sinngemäße Anwendung.

2. Vgl. über den Maaßstab der Umlage die Anm. zu § 33. Das Verfahren regeln die §§ 77 fg. Ueber die Erleichterungen ꝛc. im Verhältniß zur Industrie vgl. v. Woedtke, Kommentar Anm. 1 und 2 zu § 76.

3. Die Umlegung erfolgt auf die Unternehmer, nicht die Eigenthümer (vgl. § 13), denn nur die ersten sind Genossenschaftsmitglieder. Demgemäß erfolgt auch die Einziehung der umgelegten Beiträge (§§ 81 fg.) nur von den Unternehmern. Die Eigenthümer der einzelnen Wirth-

schaften stehen zur Genossenschaft in gar keinen Verhältniß, soweit sie nicht ihre Wirthschaften selbst betreiben, also Betriebsunternehmer sind.

§ 77*).

Erfolgt die Umlegung nach dem Maaßstabe von Steuern (§§ 33 Abs. 1), so ist der Berechnung die betreffende Steuer für denjenigen Zeitabschnitt zu Grunde zu legen, für welchen die Umlegung erfolgt.

*) Der § 77 gilt nicht für die einer Berufsgenossenschaft nicht zugewiesenen Reichs- und Staatsbetriebe (§ 103).

Anmerkungen.

1. Der § 77 kann durch die Landesgesetzgebung abgeändert werden (§ 110). Dies ist in Preußen nicht geschehen, er findet also nach Art. X L.-G. (bei § 110 R.-G.) in Preußen sinngemäße Anwendung.

2. Der § 77 gilt nur für die Umlegung nach einem Steuerfuß; die §§ 78 bis 80 gelten für die Umlegung nach Abschätzung des Arbeiterbedarfs (vgl. Anm. 2 zu § 78), die §§ 81 fg. für beide Umlegungsmethoden.

§ 78*).

Werden die Beiträge nach dem Maaßstabe der mit den Betrieben verbundenen Unfallgefahr und der in den Betrieben verwendeten Arbeit umgelegt (§ 33 Abs. 2), so ist die Veranlagung in die Gefahrenklasse (§ 35), im Uebrigen für Arbeiter und versicherte Familienangehörige die Abschätzung der Betriebe (§ 36), für Betriebsbeamte eine besondere

*) Der § 78 gilt nicht für die einer Berufsgenossenschaft nicht zugewiesenen Reichs- und Staatsbetriebe (§ 103).

jährlich aufzustellende Nachweisung der von denselben thatsächlich bezogenen Löhne und Gehälter (§ 79), für versicherte Betriebsunternehmer deren Jahresarbeitsverdienst (§ 6 Abs. 4) zu Grunde zu legen.

Anmerkungen.

1. Der § 78 kann durch die Landesgesetzgebung abgeändert werden (§ 110). Dies ist in Preußen nicht geschehen, § 78 findet also nach Art. X L.-G. (bei § 110 R.-G.) in Preußen sinngemäße Anwendung.

2. Vgl. Anm. 2 zu § 77. Die Veranlagung in Gefahrenklassen ist für die Umlegung natürlich auch dann maßgebend, wenn letztere zwar nach einem Steuerfuß, aber unter gleichzeitiger Abstufung nach Gefahrenklassen zu erfolgen hat.

§ 79*).

Zu diesem Zweck hat jedes Mitglied der Genossenschaft, welches im Laufe des verflossenen Rechnungsjahres versicherte Betriebsbeamte beschäftigt hat, binnen sechs Wochen nach Ablauf des Rechnungsjahres dem Genossenschaftsvorstande eine Nachweisung desjenigen Betrages einzureichen, welchen jeder Betriebsbeamte im abgelaufenen Rechnungsjahre an Gehalt oder Lohn (§ 3) thatsächlich bezogen hat. (Abs. 1)

Für Genossenschaftsmitglieder, welche mit der rechtzeitigen Einsendung der Nachweisung im Rückstande sind, erfolgt die Feststellung der letzteren durch (Abs. 2)

*) Der § 79 gilt nicht für die einer Berufsgenossenschaft nicht zugewiesenen Reichs- und Staatsbetriebe (§ 103).

den Genossenschafts- beziehungsweise Sektionsvorstand auf Vorschlag des etwa bestellten Vertrauensmannes.

Anmerkungen.

1. Der § 79 kann durch die Landesgesetzgebung abgeändert werden (§ 110). Dies ist in Preußen nicht geschehen, er findet hier also nach Art. X L.-G. (bei § 110 R.-G.) sinngemäße Anwendung.

2. Vgl. Anm 2 zu § 77.

3. Strafvorschriften in §§ 123, 124. Die Kontrolle dieser Nachweisungen über die Bezüge der Betriebsbeamten erfolgt nach § 90.

§ 80*).

Bei der Berechnung der Beiträge wird in der Art verfahren, daß für jeden Arbeitstag eines Arbeiters oder einer anderen, nach § 2 versicherten Person, welche nicht Betriebsbeamter ist, der dreihundertste Theil des nach § 6 für den Sitz des Betriebes ermittelten durchschnittlichen Jahresarbeitsverdienstes für erwachsene männliche Arbeiter, für jeden versicherten Betriebsunternehmer derselbe Jahresarbeitsverdienst, sofern nicht durch das Statut hiervon abweichende Bestimmungen getroffen sind, sowie für jeden Betriebsbeamten der in dem Betriebe von ihm thatsächlich bezogene Verdienst in Ansatz gebracht wird. Dabei ist der die Höhe von täglich vier Mark, das Jahr zu dreihundert Arbeitstagen gerechnet, übersteigende Betrag des Jahresarbeits-

*) Der § 80 gilt nicht für die einer Berufsgenossenschaft nicht zugewiesenen Reichs- und Staatsbetriebe (§ 103).

verdienstes nur mit einem Drittheil zur Anrechnung zu bringen.

Anmerkungen.

1. Der § 80 kann durch die Landesgesetzgebung abgeändert werden (§ 110). Dies ist in Preußen nicht geschehen; dieselbe findet daher nach Art. X L.-G. (bei § 110 R.-G.) hier sinngemäße Anwendung.

2. Vgl. Anm. 2 zu § 77.

3. Grundsätzlich entspricht die Vertheilung nach Arbeitstagen dem Risiko, welches jeder Betrieb nach Maßgabe der Zahl der von ihm beschäftigten Männer, Frauen ꝛc. bezw. der Höhe der von diesen event. zu beziehenden Renten (§ 6) der Genossenschaft auferlegt. Die Einheit ist der Mannesarbeitstag, auf welchen Frauenarbeitstage reduzirt sind (§ 36). Für Arbeitstage jugendlicher Arbeiter wird wegen der Bestimmung in § 6 Abs. 3 der Belastungswerth von Arbeitstagen Erwachsener eingestellt.

§ 81*).

Auf dieser Grundlage wird von dem Genossenschaftsvorstande der Betrag berechnet, welcher auf jeden Unternehmer zur Deckung des Gesammtbedarfs entfällt, und die Heberolle aufgestellt. (Abs. 1)

. . . . Ueber die Mitwirkung des Sektionsvorstandes bei Aufstellung der Heberolle (§ 81 Absatz 1 des Reichsgesetzes) . . . . . . trifft das Genossenschaftsstatut Bestimmung. (Art. VI Z. 5 L.-G.)

Den Gemeindebehörden sind bezüglich der dem Gemeindebezirk angehörenden Genossenschaftsmitglieder (Abs. 2)

*) Der § 81 gilt nicht für die einer Berufsgenossenschaft nicht zugewiesenen Reichs- und Staatsbetriebe (§ 103).

Auszüge aus der Heberolle mit der Aufforderung zuzustellen, die Beiträge einzuziehen und in ganzer Summe binnen vier Wochen an den Genossenschaftsvorstand einzusenden. Die Gemeindebehörden haben hierfür von der Berufsgenossenschaft eine Vergütung zu beanspruchen, deren Höhe von den Landes-Zentralbehörden festzusetzen ist.

(Abs. 3) Die Gemeinde haftet für diejenigen Beiträge, bei denen sie den wirklichen Ausfall oder die fruchtlos erfolgte Zwangsvollstreckung nicht nachweisen kann, und muß sie vorschußweise mit einsenden.

Anmerkungen.

1. Der § 81 kann durch die Landesgesetzgebung abgeändert werden (§ 110). Soweit dies durch Art. VI ad 5 L.G., welcher in den Text aufgenommen ist, nicht geschehen ist, findet § 81 auch in Preußen sinngemäße Anwendung (Art. X L.-G. bei § 110 R.-G.).

2. Vgl. Anm. 2 zu § 77. Die Grundlage für die Beitragsberechung und die Aufstellung der Heberolle ergiebt sich entweder aus § 77 oder aus §§ 78 bis 80.

3. Die Beiträge sind von der Gemeinde bei eigener Verantwortung (§ 81 Abs. 3) und unbeschadet des Rechts jedes Unternehmers, gegen die Beitragsberechnung Widerspruch zu erheben (§ 82), wie Gemeindeabgaben einzuziehen (§ 83) und an den Genossenschaftsvorstand abzuführen, welcher letztere hieraus die Vorschüsse der ihm bezeichneten einzelnen Postanstalten deckt (§§ 75, 84).

4. Wegen der „Gemeindebehörde" in Preußen vgl. Nr. I 4 Ausf. Anw. (s. Anhang). Die derselben für die Inkassogeschäfte zu gewährende Vergütung ist in Preußen auf 4% festgestellt (Nr. IV 20 a. a. O.).

§ 82*).

Der Auszug aus der Heberolle (§ 81) muß diejenigen Angaben enthalten, welche die Zahlungspflichtigen in den Stand setzen, die Richtigkeit der angestellten Beitragsberechnung zu prüfen. Die Gemeindebehörde hat den Auszug während zwei Wochen zur Einsicht der Betheiligten auszulegen und den Beginn dieser Frist auf ortsübliche Weise bekannt zu machen. (Abs. 1)

Binnen einer weiteren Frist von zwei Wochen kann der Betriebsunternehmer, unbeschadet der Verpflichtung zur vorläufigen Zahlung, gegen die Beitragsberechnung (bei dem Genossenschaftsvorstande) Einspruch erheben. Durch diesen Einspruch kann die nach §§ 35 und 36 erfolgte Veranlagung und Abschätzung nicht angefochten werden. Auf das weitere Verfahren finden die Vorschriften des § 38 Absatz 3 und 4[a]) entsprechende Anwendung. (Abs. 2)

Im Falle des Artikel IV[b]) finden folgende Bestimmungen Anwendung: (Art. V Z. 2 L.-G.)

.... Der Einspruch gemäß .... § 82 Absatz 2 des Reichsgesetzes ist bei dem Sektionsvorstande, die „Beschwerde“ ge-

*) Der § 82 gilt nicht für die einer Berufsgenossenschaft nicht zugewiesenen Reichs- und Staatsbetriebe (§ 103).

---

a) einschl. der zu § 38 Abs. 3 und 4 erlassenen landesgesetzlichen Abänderungen, vgl. Anm. 2.

b) vgl. bei § 26 R.-G.

mäß § 38 Abs. 3 und § 82 Absatz 2 des Reichsgesetzes bei dem Genossenschaftsvorstande anzubringen[a]).

(Abs. 3) Tritt in Folge des erhobenen Widerspruchs oder der erhobenen Beschwerde eine Herabminderung des Beitrages ein, so ist der Ausfall bei dem Umlageverfahren des nächsten Rechnungsjahres zu decken.

Anmerkungen.

1. Der § 82 kann durch die Landesgesetzgebung abgeändert werden (§ 110). Soweit dies durch Art. V Ziffer 2 L.-G. nicht geschehen ist, findet derselbe nach Art. X L.-G. (bei § 110 R.-G.) in Preußen sinngemäße Anwendung.

2. Jeder Betriebsunternehmer kann nach Einsicht der von der Gemeindebehörde ausgelegten Auszüge aus der Heberolle gegen die Berechnung seines Beitrages Einspruch erheben. In denjenigen Genossenschaften, in welchen die laufende Verwaltung an die Provinzial- bezw. Kreisausschüsse übertragen ist (Art. IV L.-G. bei § 26 R.-G.), ist der Einspruch bei dem Kreisausschusse (als Sektionsvorstand, Art. IV, V ad 2 L.-G.) zu erheben; gegen dessen schriftlich zu ertheilenden Bescheid (§ 38 Abs. 3) hat der Betriebsunternehmer binnen zwei Wochen nach der Zustellung (§ 132) das Recht der Beschwerde (§ 38 Abs. 3) an den Provinzialausschuß (als Genossenschaftsvorstand, Art. IV, V ad 2 L.-G.), und gegen die Entscheidung des letzteren binnen gleicher Frist das Recht der Berufung an das Reichs-Versicherungsamt (§ 38 Abs. 3 R.-G.) Die Zwischeninstanz des Beschwerdeausschusses wird in sochen Genossenschaften nicht errichtet, Art. V Ziffer 2 Abs. 2 L.-G.

Durch diese Rechtsmittel wird die Verpflichtung zur

---

[a]) vgl. den vollen Wortlaut des Art. V Ziffer 2 L.-G. bei § 38 R.-G.

vorläufigen Zahlung der ausgeschriebenen Beiträge nicht berührt (§ 82 Abs. 2 R.-G., vgl. v. Woedtke, Kommentar. Anm. 5 zu § 82); etwaige Ueberzahlungen werden demnächst erstattet, bezw. auf die nächstjährigen Beiträge angerechnet.

3. Wegen der „Gemeindebehörden" in Preußen vgl. Nr. I 4 Ausf. Anweisung (s. Anh.).

§ 83*).

Rückständige Beiträge, sowie die im Falle einer Betriebseinstellung etwa zu leistenden Kautionsbeträge (§ 22 Ziffer 8) werden in derselben Weise beigetrieben, wie Gemeindeabgaben. Dasselbe gilt von den Strafzuschlägen in dem Fälle der Ablehnung von Wahlen (§ 29 Abs. 3). (Abs. 1)

Uneinziehbare Beiträge fallen der Gesammtheit der Berufsgenossen zur Last. Sie sind der Gemeinde, welche sie vorgeschossen hat (§ 81 Abs. 3), zu erstatten, vorschußweise aus dem Betriebsfonds oder erforderlichenfalls aus dem Reservefonds der Berufsgenossenschaft zu decken und bei dem Umlageverfahren des nächsten Rechnungsjahres zu berücksichtigen. (Abs. 2)

*) Der § 83 gilt nicht für die einer Berufsgenossenschaft nicht zugewiesenen Reichs- und Staatsbetriebe (§ 103).

Anmerkungen.

1. Der § 83 R.-G. kann durch die Landesgesetzgebung insoweit abgeändert werden, als er sich auf das Verfahren bei der Beitragserhebung (Abs. 1) bezieht (§ 110), also nicht rücksichtlich der materiellen Bestimmung des Abs. 2. Dies ist in Preußen nicht geschehen; § 83 Abs. 1 R.-G. findet also in Preußen sinngemäße Anwendung (Art. X L.-G. bei § 110 R.-G.).

2. Die Gesammtheit hat die uneinziehbaren Beiträge nach dem für die übrigen Genossenschaftslasten geltenden Vertheilungsmaßstabe aufzubringen.

Abführung der Beträge an die Postkassen.

§ 84*).

(Abs. 1) Die Genossenschaftsvorstände haben die von den Zentral-Postbehörden liquidirten Beträge innerhalb drei Monaten nach Empfang der Liquidationen an die ihnen bezeichneten Postkassen abzuführen.

(Abs. 2) Gegen Genossenschaften, welche mit der Erstattung der Beträge im Rückstande bleiben, ist auf Antrag der Zentral-Postbehörde von dem Reichs-Versicherungsamt, vorbehaltlich der Bestimmungen der §§ 14, 113, 114, das Zwangsbeitreibungsverfahren einzuleiten.

(Abs. 3) Das Reichs-Versicherungsamt ist befugt, zur Deckung der Ansprüche der Postverwaltungen zunächst über bereite Bestände der Genossenschaftskassen zu verfügen. Soweit diese nicht ausreichen, hat dasselbe das Beitreibungsverfahren gegen die Mitglieder der Genossenschaft einzuleiten und bis zur Deckung der Rückstände durchzuführen.

*) Die Abs. 2 und 3 des § 84 gelten nicht für die einer Berufsgenossenschaft nicht zugewiesenen Reichs- und Staatsbetriebe (§ 103).

Anmerkung.

Der Vorbehalt in Abs. 2 betrifft diejenigen Fälle, in welchen eine Berufsgenossenschaft leistungsunfähig wird und deshalb aufgelöst werden muß (§ 14). In diesem Fall ist ein Zwangsbeitreibungsverfahren (auch gegen die einzelnen Genossen) nicht einzuleiten; die Schulden der Berufsgenossenschaft übernimmt vielmehr in Preußen (weil hier die Organisation der Berufsgenossenschaften landesgesetzlich geregelt ist, § 110) der Staat, sofern nicht etwa Theile der aufgelösten Genossenschaft der Genossenschaft eines anderen Bundesstaates zuzuweisen sind (§ 113), bei solchen Berufsgenossenschaften aber, an welche sich andere Bundesstaaten angeschlossen haben, die sämmtlich betheiligten Staaten gemeinsam (§ 114). In denjenigen Fällen, in welchen Preußen hiernach (allein oder mit anderen Staaten) nicht aufzukommen hat, tritt das Reich ein (§ 14).

Rechnungsführung.

§ 85*).

Die Einnahmen und Ausgaben der Genossenschaften sind von allen den Zwecken der letzteren fremden Vereinnahmungen und Verausgaben gesondert festzustellen und zu verrechnen; ebenso sind die Bestände gesondert zu verwahren. Verfügbare Gelder dürfen nur in öffentlichen Sparkassen oder wie Gelder bevormundeter Personen angelegt werden. (Abs. 1)

Sofern besondere gesetzliche Vorschriften über die Anlegung der Gelder Bevormundeter nicht bestehen, kann die Anlegung der verfügbaren Gelder in Schuldverschreibungen, welche von dem Deutschen Reich, von einem deutschen Bundesstaate oder dem Reichslande Elsaß-Lothringen mit gesetzlicher Ermächtigung ausgestellt sind, oder in Schuldverschreibungen, deren (Abs. 2)

*) Der § 85 gilt nicht für die einer Berufsgenossenschaft nicht zugewiesenen Reichs- und Staatsbetriebe (§ 103).

Verzinsung von dem Deutschen Reich, von einem deutschen Bundesstaate oder dem Reichslande Elsaß-Lothringen gesetzlich garantirt ist, oder in Schuldverschreibungen, welche von deutschen kommunalen Korporationen (Provinzen, Kreisen, Gemeinden ꝛc.) oder von deren Kreditanstalten ausgestellt und entweder seitens der Inhaber kündbar sind oder einer regelmäßigen Amortisation unterliegen, erfolgen. Auch können die Gelder bei der Reichsbank verzinslich angelegt werden.

(Art. VI. ad 5 Abs. 2 L.-G.) Im Falle des Artikel IV[a]) finden folgende Bestimmungen Anwendung:

.... Bestimmungen über die Rechnungsführung, soweit sie nicht durch das Genossenschaftsstatut getroffen sind, werden unbeschadet der Vorschriften des § 85 des Reichsgesetzes durch den Genossenschaftsvorstand erlassen. Dieselben bedürfen der Genehmigung des Reichs-Versicherungsamtes.

Anmerkungen.

1. Nach § 111 Ziffer 5 R.-G. war das Landesgesetz, nachdem auf Grund des § 110 ein solches überhaupt erlassen worden war, genöthigt, „über die Rechnungsführung der Berufsgenossenschaften (§ 85)" Bestimmungen zu treffen. Dies ist geschehen durch Art. VI ad 5 Abs. 2 L.-G. Danach bleibt es zunächst bei der Vorschrift des § 22 Ziffer 10, wonach das Genossenschaftsstatut über die

a) vgl. bei § 26 R.-G.

Aufstellung, Prüfung und Abnahme der Jahresrechnung — welche durch die Provinziallandtage erfolgen soll, soweit die laufende Verwaltung an Organe der Selbstverwaltung übertragen ist (Art. VI ad 5 Abs. 1 L.-G., vgl. bei § 22 R.-G.) — Bestimmung treffen kann; weitere Bestimmungen aber kann auch der Genossenschaftsvorstand (Provinzialausschuß) mit Genehmigung des Reichs-Versicherungsamts treffen. Hierdurch dürfen aber die Vorschriften des § 85 R.-G. nicht geändert werden.

2. Der Absatz 2 kommt in Preußen nicht in Betracht; denn hier trifft die Voraussetzung des Abs. 1 zu, indem für Preußen besondere gesetzliche Vorschriften über die Anlegung von Vormundschaftsgeldern bezw. über die pupillarische Sicherheit bestehen, vgl. § 39 der Vormundschaftsordnung v. 5. 7. 75 (Ges.-S. S. 431). Nach diesen Vorschriften sind außer den in Abs. 2 des § 85 aufgeführten Papieren ꝛc. auch Hypotheken und Grundschuldbriefe in bestimmten (pupillarischen) Sicherheitsgrenzen, sowie Pfand- und Rentenbriefe, zulässig.

Darüber, daß die Vorstände für ordnungsmäßige Anlegung der Gelder wie Vormünder haften, vgl. § 31.

§ 86.

Ueber die gesammten Rechnungsergebnisse eines Rechnungsjahres ist nach Abschluß desselben alljährlich dem Reichstag eine vom Reichs-Versicherungsamt aufzustellende Nachweisung vorzulegen. (Abs. 1)

Beginn und Ende des Rechnungsjahres wird für alle Genossenschaften übereinstimmend durch Beschluß des Bundesraths festgestellt. (Abs. 2)

Anmerkung.

Wie für die Industrie (Centr.-Bl. f. d. Deutsche Reich 1885 S. 51), so wird voraussichtlich auch für die Land- und Forstwirthschaft das Kalenderjahr als Rechnungsjahr bestimmt werden.

VII. Unfallverhütung. Ueberwachung der Betriebe durch die Genossenschaften.

Unfallverhütungsvorschriften.

§ 87*).

(Abſ. 1) Die Genossenschaften sind befugt, für den Umfang des Genossenschaftsbezirks oder für bestimmt abzugrenzende Theile desselben oder für bestimmte Industriezweige oder Betriebsarten über die von den Mitgliedern zur Verhütung von Unfällen in ihren Betrieben zu treffenden Einrichtungen Vorschriften zu erlassen und darin die Zuwiderhandlungen mit Zuschlägen bis zum doppelten Betrage ihrer Beiträge oder, sofern eine Einschätzung in Gefahrenklassen stattgefunden hat und der Betrieb des Zuwiderhandelnden nicht in der höchsten Gefahrenklasse sich befindet, mit Einschätzung des Betriebes in eine höhere Gefahrenklasse zu bedrohen.

(Abſ. 2) Für die Herstellung der vorgeschriebenen Einrichtungen ist den Mitgliedern eine angemessene Frist zu bewilligen.

(Abſ. 3) Diese Vorschriften bedürfen der Genehmigung des Reichs-Versicherungsamts.

(Abſ. 4) Die genehmigten Vorschriften sind den höheren

*) Der § 87 gilt nicht für die einer Berufsgenossenschaft nicht zugewiesenen Reichs- und Staatsbetriebe (§ 103).

Verwaltungsbehörden, auf deren Bezirke sie sich erstrecken, durch den Genossenschaftsvorstand mitzutheilen.

Dem Antrage auf Ertheilung der Genehmigung ist die gutachtliche Aeußerung der Vorstände derjenigen Sektionen, für welche die Vorschriften Gültigkeit haben sollen, oder, sofern die Genossenschaft in Sektionen nicht eingetheilt ist, des Genossenschaftsvorstandes beizufügen. (Abs. 5)

Anmerkungen.

1. „Bei der auf Gegenseitigkeit beruhenden Regelung der Unfallversicherung hat nicht nur jede Genossenschaft, sondern auch jedes einzelne Mitglied derselben ein Interesse daran, daß in den Betrieben der Genossenschaftsmitglieder möglichst wenig Unfälle vorkommen. Dieses Interesse ist gesetzlich zu schützen. Dasselbe bietet zugleich die geeignetste Grundlage für die der genossenschaftlichen Organisation anzupassende systematische Regelung der zur Verhütung von Unfällen zu ergreifenden Maaßregeln" (Mot. z. U.-V.-G. S. 76).

2. Die Befugniß der Genossenschaften bezieht sich nicht auf individuelle Vorschriften für einzelne Betriebe, sondern nur auf generelle Verfügungen für einen Komplex gleichartiger Betriebe (Komm.-Ber. z. U.-V.-G. S. 50). Ungenügende Einrichtungen in einzelnen Betrieben können nur zu einer Einschätzung in höhere Gefahrenklassen bezw. zur Anzeige bei den Polizeibehörden behufs Abstellung führen (cf. auch § 35 Abs. 5), ihre Beseitigung kann aber von der Genossenschaft nicht beansprucht werden, sofern nicht entsprechende Unfallverhütungsvorschriften erlassen sind (A. N. II S. 81).

3. Die für die Industrie geltende Bestimmung, daß die Genossenschaften auch Vorschriften über das von den

Versicherten in den Betrieben zu beobachtende Verhalten treffen dürfen (§ 78 Abs. 1 Ziffer 2 U.-V.-G.), ist in das vorliegende Gesetz nicht übernommen worden. Dafür wirken aber die Arbeitervertreter bei dem Erlaß von Unfallverhütungsvorschriften hier auch nicht mit. Vgl. v. Woedtke, Kommentar, Anm. 1 zu § 87, sowie in dieser Ausgabe Anm. 1 zu § 49. Dagegen kann die Genossenschaft durch eine von ihr erlassene Unfallverhütungsvorschrift die Betriebsunternehmer nöthigen, durch entsprechende Bestimmungen des Arbeitsvertrages die Benutzung der angeordneten Vorkehrungen und die Befolgung der vorgeschriebenen Anordnungen Seitens der Versicherten zu sichern. Eine solche Maaßregel würde im Interesse der Genossenschaft liegen, weil nach Lage der Sache nur dadurch der Zweck der Unfallverhütungsvorschriften, die Unfälle zu vermindern, in befriedigendem Maaße wird erreicht werden können.

4. Die Kontrole über die Befolgung der Vorschriften üben die Genossenschaften nach Maaßgabe des § 90.

5. Wegen der „höheren Verwaltungsbehörde" in Preußen vgl. Nr. I 1 Ausf. Anweisung (s. Anhang).

§ 88*).

Die Festsetzung von Zuschlägen sowie die höhere Einschätzung (§ 87) erfolgt durch den Vorstand der Genossenschaft. Hiergegen findet binnen zwei Wochen nach der Zustellung die Beschwerde an das Reichs-Versicherungsamt statt.

*) Der § 88 gilt nicht für die einer Berufsgenossenschaft nicht zugewiesenen Reichs- und Staatsbetriebe (§ 103).

§ 89*).

Die von den Landesbehörden für bestimmte Be-

*) Der § 89 gilt nicht für die einer Berufsgenossenschaft nicht zugewiesenen Reichs- und Staatsbetriebe (§ 103).

triebsarten zur Verhütung von Unfällen zu erlassenden Anordnungen sollen, sofern nicht Gefahr im Verzuge ist, den betheiligten Genossenschaftsvorständen oder Sektionsvorständen zur Begutachtung nach Maßgabe des § 87 vorher mitgetheilt werden.

Ueberwachung der Betriebe.

§ 90*).

Die Genossenschaften sind befugt, durch Beauftragte die Befolgung der zur Verhütung von Unfällen erlassenen Vorschriften zu überwachen, von den Einrichtungen der Betriebe, soweit sie für die Zugehörigkeit zur Genossenschaft oder für die Einschätzung in den Gefahrentarif von Bedeutung sind, Kenntniß zu nehmen und behufs Prüfung der von den Betriebsunternehmern auf Grund gesetzlicher oder statutarischer Bestimmungen eingereichten Arbeiter- und Lohnnachweisungen diejenigen Geschäftsbücher und Listen einzusehen, aus welchen die Zahl der beschäftigten Arbeiter und Beamten und die Beträge der verdienten Löhne und Gehälter ersichtlich werden. (Abs. 1)

Die Betriebsunternehmer sind verpflichtet, den als solchen legitimirten Beauftragten der betheiligten Genossenschaft auf Erfordern den Zutritt zu ihren Betriebsstätten während der Betriebszeit zu gestatten und die bezeichneten Bücher und Listen an Ort und (Abs. 2)

*) Der § 90 gilt nicht für die einer Berufsgenossenschaft nicht zugewiesenen Reichs- und Staatsbetriebe (§ 103).

Stelle zur Einsicht vorzulegen. Sie können hierzu, vorbehaltlich der Bestimmungen des § 91, auf Antrag der Beauftragten von der unteren Verwaltungsbehörde durch Geldstrafen im Betrage bis zu dreihundert Mark angehalten werden.

Anmerkungen.

1. Die Funktionen des Beauftragten (§ 90) können mit den Funktionen des Vertrauensmanns (§ 23) in einer Hand vereinigt sein; vorgeschrieben aber ist solche Vereinigung nicht. Auch ist die Wählbarkeit der Beauftragten nicht abhängig von den Voraussetzungen für die Wählbarkeit der Vertrauensmänner. Die Beauftragten brauchen daher insbesondere nicht Mitglieder der Genossenschaft zu sein (A. N. I S. 352) und können Bezahlung beanspruchen (A. N. II S. 73).

2. Die Geldstrafen fließen in Preußen in die Genossenschaftskasse (§ 129 R.-G., Nr. IV 21 Ausf. Anweisung (s. Anhang)). Wegen der „unteren Verwaltungsbehörde" in Preußen vgl. Nr. I Ausf. Anweisung (s. Anhang).

§ 91*).

Befürchtet der Betriebsunternehmer die Verletzung eines Betriebsgeheimnisses oder die Schädigung seiner Geschäftsinteressen in Folge der Besichtigung des Betriebes durch den Beauftragten der Genossenschaft, so kann derselbe die Besichtigung durch andere Sachverständige beanspruchen. In diesem Falle hat er dem Genossenschaftsvorstande, sobald er den Namen des Beauftragten erfährt, eine entsprechende Mit-

*) Der § 91 gilt nicht für die einer Berufsgenossenschaft nicht zugewiesenen Reichs- und Staatsbetriebe (§ 103).

theilung zu machen und einige geeignete Personen zu bezeichnen, welche auf seine Kosten die erforderliche Einsicht in den Betrieb zu nehmen und dem Vorstande die für die Zwecke der Genossenschaft nothwendige Auskunft über die Betriebseinrichtungen zu geben bereit sind. In Ermangelung einer Verständigung zwischen dem Betriebsunternehmer und dem Vorstande entscheidet auf Anrufen des letzteren das Reichs-Versicherungsamt.

§ 92*).

Die Mitglieder der Vorstände der Genossenschaften, sowie deren Beauftragte (§§ 90 und 91) und die nach § 91 ernannten Sachverständigen haben über die Thatsachen, welche durch die Ueberwachung und Kontrole der Betriebe zu ihrer Kenntniß kommen, Verschwiegenheit zu beobachten und sich der Nachahmung der von den Betriebsunternehmern geheim gehaltenen, zu ihrer Kenntniß gelangten Betriebseinrichtungen und Betriebsweisen, solange als diese Betriebsgeheimnisse sind, zu enthalten. Die Beauftragten der Genossenschaften und Sachverständigen sind hierauf von der unteren Verwaltungsbehörde ihres Wohnortes zu beeidigen.

*) Der § 92 gilt nicht für die einer Berufsgenossenschaft nicht zugewiesenen Reichs- und Staatsbetriebe (§ 103).

Anmerkungen.

1. Strafvorschriften vgl. in §§ 127, 128.

2. Wegen der „unteren Verwaltungsbehörde" in Preußen vgl. Nr. I Ausf. Anweisung (s. Anhang).

§ 93*).

(Abs. 1) Namen und Wohnsitz der Beauftragten sind von dem Genossenschaftsvorstande den höheren Verwaltungsbehörden, auf deren Bezirke sich ihre Thätigkeit erstreckt, anzuzeigen.

(Abs. 2) Die Beauftragten sind verpflichtet, den nach Maßgabe des § 139b der Gewerbeordnung bestellten staatlichen Aufsichtsbeamten auf ihr Erfordern über ihre Ueberwachungsthätigkeit und deren Ergebnisse Mittheilung zu machen, und können dazu von dem Reichs-Versicherungsamt durch Geldstrafen bis zu einhundert Mark angehalten werden.

*) Der § 93 gilt nicht für die einer Berufsgenossenschaft nicht zugewiesenen Reichs- und Staatsbetriebe (§ 103).

Anmerkungen.

1. Die nach § 139 b der Gewerbeordnung bestellten Aufsichtsbeamten sind die Gewerberäthe bezw. Fabrikeninspektoren.

2. Wegen der „höheren Verwaltungsbehörde" in Preußen vgl. Nr. I 1. Ausf. Anweisung (s. Anhang).

3. Die Strafen fließen in Preußen in die Genossenschaftskasse (§ 129 R.-G., Nr. IV 20. Ausf. Anweisung (s. Anh.)

§ 94*).

Die durch die Ueberwachung und Kontrole der Betriebe entstehenden Kosten gehören zu den Ver-

*) Der § 94 gilt nicht für die einer Berufsgenossenschaft nicht zugewiesenen Reichs- und Staatsbetriebe (§ 103).

waltungskosten der Genossenschaft. Soweit dieselben in baaren Auslagen bestehen, können sie durch den Vorstand der Genossenschaft dem Betriebsunternehmer auferlegt werden, wenn derselbe durch Nichterfüllung der ihm obliegenden Verpflichtungen zu ihrer Aufwendung Anlaß gegeben hat. Gegen die Auferlegung der Kosten findet binnen zwei Wochen nach Zustellung des Beschlusses die Beschwerde an das Reichs-Versicherungsamt statt. Die Beitreibung derselben erfolgt in derselben Weise, wie die der Gemeindeabgaben.

VIII. Aufsichtsführung.

Reichs-Versicherungsamt.

§ 95*).

Die Genossenschaften unterliegen in Bezug auf die Befolgung dieses Gesetzes der Beaufsichtigung des Reichs-Versicherungsamts (§ 87 des Unfallversicherungsgesetzes). (Abs. 1)

Dem Reichs-Versicherungsamt treten vier nichtständige Mitglieder hinzu, von welchen zwei von den Genossenschaftsvorständen aus ihrer Mitte gewählt (Abs. 2)

*) Der Abs. 1 gilt nicht für die einer Berufsgenossenschaft nicht zugewiesenen Reichs- und Staatsbetriebe (§ 103).

und zwei als Vertreter der Arbeiter durch den Bundesrath aus den im § 47 Absatz 2 bezeichneten Personen berufen werden.

(Abs. 3) Diese nichtständigen Mitglieder sind zu denjenigen Verhandlungen des Reichs-Versicherungsamts, bei denen es sich um Angelegenheiten der dem gegenwärtigen Gesetze unterliegenden Genossenschaften handelt, statt der nach § 87 des Unfallversicherungsgesetzes von den Genossenschaftsvorständen und den Vertretern der Arbeiter gewählten nichtständigen Mitglieder, und wenn es sich um allgemeine Angelegenheiten handelt, neben diesen Mitgliedern zuzuziehen.

(Abs. 4) Die Wahl durch die Genossenschaftsvorstände erfolgt mittelst schriftlicher Abstimmung unter Leitung des Reichs-Versicherungsamts nach relativer Stimmenmehrheit; bei Stimmengleichheit entscheidet das Loos. Das Stimmenverhältniß der einzelnen Wahlkörper bestimmt der Bundesrath unter Berücksichtigung der Zahl der versicherten Personen.

(Abs. 5) Die Amtsdauer der nichtständigen Mitglieder währt vier Jahre. Für jedes nichtständige Mitglied sind ein erster und ein zweiter Stellvertreter zu bestellen, welche dasselbe in Behinderungsfällen zu vertreten haben. Scheidet ein solches Mitglied während seiner Amtsdauer aus, so haben für den Rest derselben die Stellvertreter nach ihrer Reihenfolge als Mitglieder einzutreten.

Anmerkungen.

1. Auch in der Land- und Forstwirthschaft steht die Unfallversicherung ebenso, wie in der Industrie, unter der Leitung des Reichs-Versicherungsamts (§ 95), sofern nicht in einzelnen Bundesstaaten Landes-Versicherungsämter errichtet sind (§ 101), auf welche dann die Mehrzahl der Befugnisse des Reichs-Versicherungsamts übergeht. Das Reichs-(Landes-)Versicherungsamt ist die höchste Instanz in Streitigkeiten, welche sich auf die Unfallversicherung beziehen — nur im Fall des § 24 entscheidet in höherer Instanz der Bundesrath. Das Reichs-(Landes-)Versicherungsamt führt außerdem die Aufsicht über die Berufsgenossenschaften, auch wenn Organe der Selbstverwaltung deren Geschäfte führen (§ 26 Abs. 2). Nur die Ausführungsbehörden, welche in den einer Berufsgenossenschaft nicht zugewiesenen Reichs- und Staatsbetrieben die Geschäfte der Unfallversicherung führen, unterstehen nicht der Aufsicht (wohl aber der Rechtsprechung) des Reichs-(Landes-)Versicherungsamts, sondern allein der Aufsicht ihrer vorgesetzten Dienstbehörden. Nach den von berufenster Seite wiederholt abgegebenen Erklärungen wird in Preußen ein Landes-Versicherungsamt nicht errichtet werden.

2. „Das Reichs-Versicherungsamt ist eine mit selbständigen Entscheidungs- und Zwangsbefugnissen ausgerüstete Reichsbehörde, welche unbeschadet gewisser dem Bundesrath übertragener Funktionen die Durchführung des Gesetzes in organisatorischer, administrativer, verwaltungsgerichtlicher und disciplinarischer Beziehung in letzter Instanz in der Hand hat. Eine oberste Reichsbehörde, wie das Reichsamt des Innern, das Reichs-Justizamt und das Reichs-Schatzamt, ist das Reichs-Versicherungsamt nicht. Aehnlich wie die „Reichskommission" und das „Bundesamt für das Heimathwesen" gehört das Reichs-Versicherungsamt zum Ressort des Reichsamts des Innern, dessen geschäftlicher Aufsicht es untersteht.

Das Gesetz gewährt Niemandem, und namentlich auch der erwähnten Aufsichtsbehörde nicht die Befugniß, in die Instanzentscheidungen des Reichs-Versicherungsamts einzugreifen oder statt seiner selbst zu entscheiden" (Komm.-Ber. z. U.-V.-G. S. 52).

3. „Bei der Zusammensetzung des Reichs-Versicherungsamts ist lediglich die Rücksicht maßgebend gewesen, die Behörde unabhängig und vertrauenswürdig zu gestalten. Dasselbe soll in der Weise gebildet werden, daß es ein verwaltungsgerichtliches Gepräge hat. Deshalb soll neben den Mitgliedern, welche die unmittelbar betheiligten Körperschaften zu wählen haben, auch aus der Mitte des Bundesraths eine Anzahl von Mitgliedern des Reichs-Versicherungsamts gewählt werden. Der Bundesrath erhält dadurch unmittelbare Fühlung mit den Verhältnissen, auf deren Gestaltung und Regelung ihm ein maßgebender Einfluß zusteht (Mot. z. U.-V.-G. S. 80).

Bei der Entscheidung über die besonders wichtigen vermögensrechtlichen Streitigkeiten in den Fällen der §§ 43 und 68 treten dem Reichs-Versicherungsamt zwei richterliche Mitglieder hinzu.

Im Einzelnen besteht hiernach das Reichs-Versicherungsamt aus

a) ständigen Mitgliedern, nämlich:
   1) einem vom Kaiser auf Vorschlag des Bundesraths auf Lebenszeit ernannten Präsidenten (§ 87 Abs. 2 U.-V.-G.), z. Z. H. Präsident Bödiker;
   2) mehreren (z. Z. sechs) ebenso ernannten höheren Berufsbeamten (§ 87 Abs. 2 U.-V.-G.);

b) nichtständigen Mitgliedern, nämlich:
   3) vier Bevollmächtigten zum Bundesrath (§ 87 Abs. 3 U.-V.-G.), (z. Z. aus Bevollmächtigten für Bayern, Königreich Sachsen, Baden und Großherzogthum Sachsen);
   4) zwei für die Dauer der zur Zeit der Ernennung von ihnen bekleideten Reichs- oder Staatsämter

vom Kaiser auf Wahl des Bundesraths ernannten richterlichen Beamten (§ 90 Abs. 3 U.-V.-G.) nebst Stellvertretern; zur Zeit bekleiden dies Amt Preußische Kammergerichtsräthe;

5) zwei von den industriellen Berufsgenossenschaften aus den Vorstandsmitgliedern derselben gewählten Personen nebst Stellvertretern (§ 87 Abs. 3 U.-V.-G.);

6) zwei von den industriellen Arbeitervertretern aus ihrer Mitte gewählten Personen nebst Stellvertretern (§ 87 Abs. 3 U.-V.-G.).

Dazu treten auf Grund des vorliegenden Gesetzes für die Angelegenheiten der land- und forstwirthschaftlichen Betriebe

7) zwei von den Vorständen der land- und forstwirthschaftlichen Berufsgenossenschaften aus ihrer Mitte zu wählende Mitglieder nebst Stellvertretern (§ 95 Abs. 2 l. U. u. K.-V.-G.);

8) zwei von dem Bundesrath aus versicherten land- und forstwirthschaftlichen Arbeitern oder Betriebsbeamten zu berufende Personen nebst Stellvertretern (§ 95 Abs. 2 l. U. u. K.-V.-G.).

Diese letzteren beiden Kategorien (Vertreter der Land- und Forstwirthschaft) sollen „für diejenigen Fälle, in denen Angelegenheiten land- und forstwirthschaftlicher Betriebe verhandelt werden, statt der von den industriellen Unternehmern und Arbeitern gewählten Mitglieder" (oben unter Ziffer 5 und 6) „zu der Berathung und Beschlußfassung zugezogen werden, und bei Berathungen und Beschlußfassungen allgemeiner Art neben den übrigen Mitgliedern des Reichs-Versicherungsamts zur Mitwirkung berufen sein" (Mot.S. 64).

4. Der Sitz des Reichs-Versicherungsamts ist Berlin; die Geschäftsräume befinden sich Wilhelmsplatz Nr. 2.

5. Ueber den Geschäftskreis des Reichs-Versicherungsamts vgl. v. Woedtke, Kommentar Anm. 1 zu § 95.

Zuständigkeit.

§ 96*).

(Abs. 1) Die Aufsicht des Reichs-Versicherungsamts über den Geschäftsbetrieb der Genossenschaften hat sich auf die Beobachtung der gesetzlichen und statutarischen Vorschriften zu erstrecken. Alle Entscheidungen desselben sind endgültig, soweit in diesem Gesetze nicht ein Anderes bestimmt ist.

(Abs. 2) Das Reichs-Versicherungsamt ist befugt, jederzeit eine Prüfung der Geschäftsführung der Genossenschaften vorzunehmen.

(Abs. 3) Die Vorstandsmitglieder, Vertrauensmänner uud Beamten der Genossenschaften sind auf Erfordern des Reichs-Versicherungsamts zur Vorlegung ihrer Bücher, Beläge und ihrer auf den Inhalt der Bücher bezüglichen Korrespondenzen, sowie der auf die Festsetzungen der Entschädigungen und Jahresbeiträge bezüglichen Schriftstücke an die Beauftragten des Reichs-Versicherungsamts oder an das letztere selbst verpflichtet. Dieselben können hierzu durch Geldstrafen bis zu eintausend Mark angehalten werden.

*) Der § 96 gilt nicht für die einer Berufsgenossenschaft nicht zugewiesenen Reichs- und Staatsbetriebe (§ 103).

Anmerkungen.

1. Vgl Anm. 1, 5 zu § 95. Die Ausführungsbehörden der einer Berufsgenossenschaft nicht zugewiesenen Reichs- und Staatsbetriebe (§ 103) unterliegen also zwar nicht der Aufsicht, wohl aber der Rechtsprechung des Reichs-Versicherungsamts als Spruchbehörde.

2. Beschwerde an den Bundesrath ist zugelassen wegen Nichtbestätigung des Genossenschaftsstatuts oder der Abänderung desselben (§ 24).

§ 97*).

Das Reichs-Versicherungsamt entscheidet, unbeschadet der Rechte Dritter, über Streitigkeiten, welche sich auf die Rechte und Pflichten der Inhaber der Genossenschaftsämter, auf die Auslegung der Statuten und die Gültigkeit der vollzogenen Wahlen beziehen. Dasselbe kann die Inhaber der Genossenschaftsämter zur Befolgung der gesetzlichen und statutarischen Vorschriften durch Geldstrafen bis zu eintausend Mark anhalten.

*) Der § 97 gilt nicht für die einer Berufsgenossenschaft nicht zugewiesenen Reichs- und Staatsbetriebe (§ 103).

Geschäftsgang.

§ 98*).

Die Beschlußfassung des Reichs-Versicherungsamts (Abs. 1) ist durch die Anwesenheit von mindestens fünf Mitgliedern (einschließlich des Vorsitzenden), unter denen sich je ein Vertreter der Genossenschaftsvorstände und der Arbeiter befinden müssen, bedingt, wenn es sich handelt

a) um die Vorbereitung der Beschlußfassung des Bundesraths bei der Genehmigung von Ver-

*) Der § 98 Abs. 1 litt. a, d, e gilt nicht für die einer Berufsgenossenschaft nicht zugewiesenen Reichs- und Staatsbetriebe (§ 103).

änderungen des Bestandes der Genossenschaften (§ 42), bei der Auflösung einer leistungsunfähigen Genossenschaft (§ 13), bei der Bildung von Schiedsgerichten (§ 50);

b) um die Entscheidung vermögensrechtlicher Streitigkeiten bei Veränderungen des Bestandes der Genossenschaften (§ 43);

c) um die Entscheidung auf Rekurse gegen die Entscheidungen der Schiedsgerichte (§ 68);

d) um die Genehmigung von Vorschriften zur Verhütung von Unfällen (§ 87);

e) um die Entscheidung auf Beschwerden gegen Strafverfügungen der Genossenschaftsvorstände (§ 126).

(Abs. 2) Solange die Vertreter der Genossenschaftsvorstände nicht gewählt und Vertreter der Arbeiter nicht berufen sind, genügt die Anwesenheit von fünf anderen Mitgliedern (einschließlich des Vorsitzenden).

(Abs. 3) In den Fällen zu b und c erfolgt die Beschlußfassung unter Zuziehung von zwei richterlichen Beamten.

(Abs. 4) Im Uebrigen werden die Formen des Verfahrens und der Geschäftsgang des Reichs-Versicherungsamts durch Kaiserliche Verordnung unter Zustimmung des Bundesraths geregelt.

Kosten.

§ 99.

(Abs. 1) Die Kosten des Reichs-Versicherungsamts und seiner Verwaltung trägt das Reich.

Die nichtständigen Mitglieder erhalten für die Theilnahme an den Arbeiten und Sitzungen des Reichs-Versicherungsamts eine nach dem Jahresbetrage festzusetzende Vergütung, und diejenigen, welche außerhalb Berlin wohnen, außerdem Ersatz der Kosten der Hin- und Rückreise nach den für die vortragenden Räthe der obersten Reichsbehörden geltenden Sätzen (Verordnung vom 21. Juni 1875, Reichs-Gesetzbl. S. 249). Die Bestimmungen im § 16 des Gesetzes, betreffend die Rechtsverhältnisse der Reichsbeamten, vom 31. März 1873 (Reichs-Gesetzbl. S. 61) finden auf sie keine Anwendung. (Abs. 2)

Landes-Versicherungsämter.

§ 100.

Werden in den einzelnen Bundesstaaten für das Gebiet und auf Kosten derselben von den Landesregierungen Landes-Versicherungsämter errichtet (§§ 92, 93 des Unfallversicherungsgesetzes), so finden hinsichtlich der Zusammensetzung derselben die Bestimmungen des § 95 mit folgenden Maßgaben Anwendung: (Abs. 1)

1. An der Wahl der aus der Mitte der Genossenschaftsvorstände zu wählenden nichtständigen Mitglieder nehmen nur die Vorstände derjenigen Genossenschaften theil, welche Betriebe, deren Sitz im Gebiete eines anderen Bundesstaates belegen ist, nicht umfassen.

Die Wahl erfolgt unter Leitung des Landes-Versicherungsamts. Das Stimmenverhältniß der einzelnen Wahlkörper wird unter Berücksichtigung der Zahl der in den betreffenden Genossenschaften versicherten Personen von der Landesregierung bestimmt. Solange eine Wahl nicht zu Stande gekommen ist, werden Vertreter der Betriebsunternehmer von der Landes-Zentralbehörde ernannt.

2. Die Berufung der Vertreter der Arbeiter erfolgt durch die Landes-Zentralbehörde.

(Abs. 2) Die den nichtständigen Mitgliedern zu gewährende Vergütung wird durch die Landesregierung geregelt.

Anmerkungen.

1. Die Bestimmungen der §§ 100, 101 sind für Preußen ohne erhebliche Bedeutung, weil ein Landes-Versicherungsamt für Preußen nicht errichtet werden wird, vgl. Anm. 1 zu § 95.

2. Landes-Versicherungsämter bestehen zur Zeit nur in Bayern und Kgr. Sachsen; jedoch sind auch für beide Mecklenburg derartige Behörden in Aussicht genommen.

§ 101.

(Abs. 1) Der Beaufsichtigung des Landes-Versicherungsamts unterstehen diejenigen Berufsgenossenschaften, welche nur solche Betriebe umfassen, deren Sitz im Gebiete des betreffenden Bundesstaates belegen ist. In den Angelegenheiten dieser Berufsgenossenschaften gehen die in den §§ 14, 24, 32, 34, 35, 38, 39, 41, 43, 46, 48, 64, 67, 68, 82, 84, 87, 88, 91,

93, 94, 96, 97, 107, 126 dem Reichs-Versicherungsamt übertragenen Zuständigkeiten auf das Landes-Versicherungsamt über.

(Abs. 2) Soweit jedoch in den Fällen der §§ 38, 41, 43, 46, 48, 64, 67, 68 eine der Aufsicht eines anderen Landes-Versicherungsamts oder des Reichs-Versicherungsamts unterstellte Berufsgenossenschaft mitbetheiligt ist, entscheidet das Reichs-Versicherungsamt.

(Abs. 3) Unter den gleichen Voraussetzungen ist das Reichs-Versicherungsamt zuständig für Entscheidungen auf Grund der §§ 30, 32, 37, 38, 62, 63 des Unfallversicherungsgesetzes.

(Abs. 4) Das Landes-Versicherungsamt hat in derartigen Fällen (Absatz 2 und 3) die Akten an das Reichs-Versicherungsamt zur Entscheidung abzugeben.

(Abs. 5) Treten für eine der im Absatz 1 genannten, der Aufsicht eines Landes-Versicherungsamts unterstellten Berufsgenossenschaften die Voraussetzungen des § 14 ein, so gehen die Rechtsansprüche und Verpflichtungen auf den betreffenden Bundesstaat über.

(Abs. 6) Die Beschlußfassung des Landes-Versicherungsamts in den im § 98 unter b bis e bezeichneten Angelegenheiten ist durch die Anwesenheit von drei ständigen und zwei nichtständigen Mitgliedern bedingt, zu welchen in den Fällen zu b und c außerdem zwei richterliche Beamte zuzuziehen sind.

Anmerkung.

Vgl. Anm. 1 zu § 100.

IX. Reichs- und Staatsbetriebe.

Reichs- und Staatsbetriebe.

§ 102.

Für Betriebe, welche für Rechnung des Reichs oder eines Bundesstaates verwaltet werden, tritt bei Anwendung dieses Gesetzes an die Stelle der Berufsgenossenschaft der Staat. Die Befugnisse und Obliegenheiten der Genossenschaftsversammlung und des Genossenschaftsvorstandes werden durch Ausführungsbehörden wahrgenommen, welche von dem Reichskanzler beziehungsweise der Landes-Zentralbehörde zu bezeichnen sind. Dem Reichs-Versicherungsamt ist mitzutheilen, welche Behörden als Ausführungsbehörden bezeichnet worden sind.

Anmerkungen.

1. Es handelt sich hier im Wesentlichen um die großen Staatsforstbetriebe, außerdem um Gestüt-, Remontebetriebe u. a. Für diese Betriebe ist, ebenso wie für die von dem „Ausdehnungsgesetz" (R.-G. v. 28. 5. 1885, R.-G.-Bl. S. 159) betroffenen fiskalischen Eisenbahn-, Post-, Telegraphen-, Marine-, Heeresbetriebe, die Zuweisung zu Berufsgenossenschaften bezw. die Bildung solcher insbesondere deshalb nicht überall zweckmäßig, weil Reich bezw. Staat für sich allein leistungsfähig genug sind, und weil der Verwaltungsapparat dieser großen fiskalischen Verwaltungen für die Uebernahme der Unfallversicherung durchaus geeignet ist. Vgl. v. Woedtke, Kommentar, Anm. 1 zu § 102.

Von der in § 102 enthaltenen Regel, daß Staats- und Reichsbetriebe außerhalb der Berufsgenossenschaften bleiben sollen, gestattet aber § 109 Ausnahmen, indem die betr. Zentralbehörden die Erklärung abgeben dürfen, daß derartige Betriebe doch den Berufsgenossenschaften angehören sollen.

Es bleibt übrigens zu beachten, daß bei Reichs- und Preußischen Staatsbetrieben die Unfallversicherung nur noch auf die Arbeiter sich bezieht, nachdem im Reich und in Preußen für die Beamten dieser Betriebe analoge dienstpragmatische Bestimmungen getroffen sind, vgl. § 104.

2. Die in den §§ 103 bis 108 vorgesehenen Abweichungen für die außerhalb der Berufsgenossenschaften bleibenden Staatsbetriebe sind nur formaler Art. Dagegen lehnt sich auch bei ihnen die Unfallversicherung „materiell durchweg an die grundlegenden Bestimmungen über die Unfallversicherung (überhaupt) an. Dies gilt insbesondere von dem Umfang, der Feststellung und der Auszahlung der Entschädigungen und von der hierbei erforderlichen Mitwirkung eines Schiedsgerichts, des Reichs- oder eines Landes-Versicherungsamts und der Post. Ferner kommen zur Anwendung die Bestimmungen über die Zusammensetzung des Schiedsgerichts, über die Berufung und die Befugnisse der Vertreter der Arbeiter, über die Beseitigung der Entschädigungsansprüche, welche in Veranlassung eines Unfalls gegen die Arbeitgeber nach bisherigem Rechte erhoben werden konnten, über das Verhältniß zu anderweiten Unterstützungsverpflichteten (Krankenkassen, Armenverbänden, dritten Personen) und zu älteren Versicherungsverträgen, über das Verbot vertragsmäßiger Beschränkungen der gesetzlichen Bestimmungen, über die Rechtshülfe und über die Gebühren- und Stempelfreiheit. . . . ."

„Aber auch diejenigen Bestimmungen des vorliegenden Gesetzentwurfs, welche hiernach grundsätzlich in Geltung bleiben sollen, erfordern immerhin gewisse Modifikationen insoweit, als sie die Bildung von Berufsgenossenschaften zur Voraussetzung haben. Die durch den Wegfall dieser Voraussetzung bei den Staats(forst)betrieben bedingten

Aenderungen ergeben sich aus den §§ 100 bis 106 des Entwurfs (jetzt §§ 103 bis 109 des Gesetzes), während alle übrigen Vorschriften desselben ohne Weiteres entsprechende Anwendung finden sollen, soweit deren Anwendbarkeit nicht durch besondere Bestimmung oder durch die Natur der Sache ausgeschlossen ist" (Mot. S. 65).

Diese „entsprechende" Anwendung bezieht sich also insbesondere darauf, daß an die Stelle des Genossenschaftsstatuts die Ausführungsvorschriften (§ 108), an die Stelle des Genossenschaftsvorstandes die Ausführungsbehörden (§ 102) treten 2c.

Vgl. auch Anm. 1 zu § 95, Anm. 1 zu § 96.

3. Soweit die qu. Betriebe nicht „für Rechnung". des Staats 2c. verwaltet werden, soweit also der Staat 2c. nicht Betriebsunternehmer im Sinne des § 13 ist, finden die §§ 102 fg. keine Anwendung. Hiernach fallen insbesondere verpachtete Domainen unter die Berufsgenossenschaften. Auf das Eigenthum kommt es auch hier nicht an.

§ 103.

Soweit das Reich beziehungsweise der Staat in Gemäßheit des § 102 an die Stelle der Berufsgenossenschaft tritt, finden die §§ 13 bis 42, 44 bis 48, 64 Absatz 4, 65, 67 Absatz 1, 76 bis 83, 84 Absatz 2 und 3, 85, 87, 88 bis 94, 95 Absatz 1, 96, 97, 98 Absatz 1 lit. a, d, e, 123 bis 128 keine Anwendung.

Anmerkung.

Darüber, welche einzelnen Bestimmungen der vorhergehenden Paragraphen hiernach entsprechend anzuwenden sind, vgl. v. Woedtke, Kommentar, Anm. 4 zu § 103. Im Uebrigen vgl. die Anm. zu § 102.

§ 104.

(Die Erstreckung der Versicherungspflicht auf Betriebsbeamte mit einem zweitausend Mark übersteigenden Jahresarbeitsverdienste (§ 2 Abs. 2) kann durch die Ausführungsvorschriften erfolgen, soweit diese Beamten nicht nach § 4 von der Anwendung dieses Gesetzes ausgeschlossen sind.) (Abs. 1)

Den Ausführungsvorschriften bleibt auch die Bestimmung überlassen, ob und inwieweit die Renten nach Maaßgabe des § 9 in Naturalleistungen gewährt werden sollen. (Abs. 2)

Anmerkung.

Der Abs. 1 hat für Preußen seine Bedeutung verloren, nachdem durch das im Landtage angenommene Gesetz betr. die Fürsorge für die (Preußischen) Staatsbeamten in Folge von Betriebsunfällen, (ähnlich wie durch das Reichsgesetz vom 15. März 1886 für das Reich), alle in unfallversicherungspflichtigen Betrieben beschäftigten Preußischen Staatsbeamten aus der Unfallversicherung herausgehoben und durch Gewährung entsprechender Pensionen bezw. Wittwen- und Waisenrenten der ihrem Umfang nach gleichartigen dienstpragmatischen Unfallfürsorge des Staats unterstellt worden sind.

§ 105.

Für den Bezirk jeder Ausführungsbehörde ist mindestens ein Schiedsgericht (§ 50) zu errichten. Die im § 51 Absatz 3 bezeichneten Beisitzer werden von der Ausführungsbehörde ernannt. (Abs. 1)

Das Regulativ (§ 51 Abs. 4 und 5) wird durch die für den Erlaß der Ausführungsvorschriften zuständige Behörde erlassen. In demselben sind die (Abs. 2)

Sätze für die den Vertretern der Arbeiter zu gewährende Vergütung (§§ 53 Abs. 2 und 60) festzustellen.

§ 106.

Die Feststellung der Entschädigungen (§ 62) erfolgt durch die in den Ausführungsvorschriften zu bezeichnende Behörde.

§ 107.

Gegen den Bescheid der zuständigen Behörde, durch welchen ein Entschädigungsanspruch aus dem Grunde abgelehnt wird, weil der Betrieb, in welchem der Unfall sich ereignet hat, für nicht unter § 1 fallend erachtet wird, steht dem Verletzten und seinen Hinterbliebenen die Beschwerde an das Reichs-Versicherungsamt zu. Die Beschwerde ist bei demselben binnen vier Wochen nach der Zustellung des ablehnenden Bescheides einzulegen.

Anmerkung.

Die Bestimmung entspricht dem § 67 Abs. 1. Wenn die nach den Ausführungsvorschriften (§ 106) zur Festsetzung der Entschädigungen berufene Behörde die Entschädigung um deswillen ablehnt, weil derjenige Theil des Staatsforstbetriebes, in welchem der Unfall sich ereignet hatte, nicht unter das Gesetz falle, so soll hiergegen (ebenso wie bei Privatbetrieben in den Fällen des § 67) die Beschwerde an das Reichs-Versicherungsamt zustehen. In anderen Fällen der Ablehnung ist das schiedsgerichtliche Verfahren einzuschlagen.

§ 108.

Die zur Durchführung der Bestimmungen der

§§ 102 bis 107 erforderlichen Ausführungsvorschriften werden für die Heeresverwaltungen von der obersten Militärverwaltungsbehörde des Kontingents, im Uebrigen für die Reichsverwaltungen vom Reichskanzler, für die Landesverwaltungen von der Landes-Zentralbehörde erlassen.

§ 109.

Die Bestimmungen der §§ 102 bis 108 finden auf Betriebe der im § 102 bezeichneten Art keine Anwendung, insoweit die Reichs- beziehungsweise Landesregierung vor der Bildung der Berufsgenossenschaften für den betreffenden Bezirk erklärt, daß solche Betriebe den Berufsgenossenschaften angehören sollen.

Anmerkung.

Von dieser Bestimmung ist, soweit Preußen in Betracht kommt, Gebrauch gemacht, d. h. es sind den Berufsgenossenschaften angeschlossen:

a) Reichsbetriebe: die für Rechnung des Reichs verwalteten land- und forstwirthschaftlichen Betriebe im Bereich der Marineverwaltung, der militairfiskalischen Gestütverwaltung und der Reichs-Eisenbahn-Verwaltung;

b) Staatsbetriebe: die vorübergehend für Rechnung des Staats verwalteten Domainen

X. Landesgesetzliche Regelung.

Landesgesetzliche Regelung.

§ 110.

Die Landesgesetzgebung ist befugt, die Abgrenzung der Berufsgenossenschaften, deren Organisation und Verwaltung, das Verfahren bei Betriebsveränderungen, den Maaßstab für die Umlegung der Beiträge und das Verfahren bei deren Umlegung und Erhebung, abweichend von den Bestimmungen der §§ 18, 20 bis 25, 26 Absatz 1, 2 Ziffer 3, Absatz 3 und 4, 27 bis 41, 46, 47, 48 Absatz 1, 76 bis 83 zu regeln, sowie abweichend von den Bestimmungen dieses Gesetzes die Organe zu bezeichnen, durch welche die Verwaltung der Berufsgenossenschaften geführt wird und die in diesem Gesetze den Vorständen der Letzteren übertragenen Befugnisse und Obliegenheiten wahrgenommen werden.

Anmerkungen.

1. Die der Landesgesetzgebung hier eingeräumte Befugniß, gewisse Formalien der Unfallversicherung, insbesondere rücksichtlich der Organisation, anderweit zu regeln, bezweckt eine ausgiebige Berücksichtigung der in den einzelnen Theilen des Deutschen Reichs bestehenden Verschiedenheiten der Land- und Forstwirthschaft, und thunlichste Verminderung der Kosten. Die materiellen Bestimmungen über die Unfallversicherung, insbesondere die Höhe der Entschädigungen, der Beginn derselben, die Uebernahme der Entschädigungslast durch die Betriebsunternehmer, welche zu diesem Zwecke in Berufsgenossen-

schaften zu vereinigen sind, die Aufbringung der Beiträge durch Umlagen, die Berufung an Schiedsgerichte unter Mitwirkung Versicherter, der Rekurs an das Reichs-Versicherungsamt, sowie die Auszahlung der Entschädigungen durch die Post sind zwingendes Reichsrecht geblieben.

Außerdem sind Bundesstaaten berechtigt, durch eigene Entschließung an die Berufsgenossenschaften eines Bundesstaates, der von der Befugniß des § 110 Gebrauch gemacht hat, sich anzuschließen, wodurch sie sich dem Recht desjenigen Bundesstaates, an welchen der Anschluß erfolgt, rücksichtlich der Unfallversicherung unterwerfen (§ 114).

Unabhängig von dieser der Landesgesetzgebung eingeräumten Organisationsbefugniß und von der der Landesverwaltung übertragenen Anschlußbefugniß giebt das Reichsgesetz der Landesgesetzgebung noch mehrfach das Recht, in einzelne, im Wesentlichen der statutarischen Ausgestaltung unterworfene Materien der Unfallversicherung regelnd einzugreifen. Diese letztere Befugniß ist nicht, wie die Befugnisse aus §§ 110, 114, an eine bestimmte Frist gebunden.

2. In Preußen ist von der Befugniß des § 110 rücksichtlich der Bildung und Verwaltung der Berufsgenossenschaften Gebrauch gemacht worden durch das Gesetz, betr. die Abgrenzung und Organisation der Berufsgenossenschaften auf Grund des § 110 des Reichsgesetzes über die Unfall- und Krankenversicherung der in land- und forstwirthschaftlichen Betrieben beschäftigten Personen vom 5. Mai 1886 (Reichs-Gesetzbl. S. 132), vom 20. Mai 1887. Im Uebrigen ist es bei den Bestimmungen des Reichsgesetzes und bei der durch dasselbe gestatteten Selbstentschließung der Betheiligten geblieben. Vgl. im Einzelnen das Nähere bei Anm. 2 zu § 18, Anm. 2 zu § 20, Anm. 2 und 3 zu § 22, Anm. 4 zu § 23, Anm. 2, 4, 5 zu § 26, Anm. 1 zu § 33 R.-G.

Die einzelnen Bestimmungen dieses Landesgesetzes sind im Allgemeinen bei den betreffenden Paragraphen des Reichsgesetzes eingeschaltet worden. An dieser Stelle genüge eine

Wiedergabe der in den Text der reichsgesetzlichen Bestimmungen nicht übergegangenen Theile des Landesgesetzes und ein Hinweis, wo die übrigen Bestimmungen des letzteren im Einzelnen sich finden; im Anhang wird demgemäß das Landesgesetz im Zusammenhang abgedruckt werden.

Gesetz, betreffend die Abgrenzung und Organisation der Berufsgenossenschaften auf Grund des § 110 des Reichsgesetzes über die Unfall- und Krankenversicherung der in land- und forstwirthschaftlichen Betrieben beschäftigten Personen vom 5. Mai 1886 (Reichs-Gesetzbl. S. 132). Vom 20. Mai 1887.

Wir Wilhelm, von Gottes Gnaden König von Preußen rc., verordnen auf Grund der §§ 110 ff. des Reichsgesetzes, betreffend die Unfall- und Krankenversicherung der in land- und forstwirthschaftlichen Betrieben beschäftigten Personen, vom 5. Mai 1886 (Reichs-Gesetzbl. S. 132)

für den gesammten Umfang der Monarchie mit Zustimmung beider Häuser des Landtags,

was folgt:

Artikel I.

— betrifft die Bildung der Berufsgenossenschaften. —
(siehe denselben bei § 18 R.-G.).

Artikel II.

— betrifft die Bildung von Sektionen. —
(siehe denselben bei § 23 R.-G.).

Artikel III.

— betrifft die Zusammensetzung der konstituirenden und der späteren Genossenschaftsversammlungen. —

(siehe denselben bei § 20 R.-G.).

Artikel IV.

— betrifft die Uebertragung der laufenden Verwaltung der Berufsgenossenschaften an Organe der Selbstverwaltung (Provinzialausschuß, Kreisausschuß) —

(siehe denselben bei § 26 R.-G.).

Artikel V.

— betrifft die Sektionen in den nach § 114 R.-G. sich anschließenden Bundesstaaten. —

(siehe denselben bei § 23).

Artikel VI.

— betrifft einzelne Funktionen der Selbstverwaltungsorgane, welche die laufende Verwaltung führen —

1. (Abs. 1 siehe bei § 34 R.-G., Abs. 2 bei § 37 R.-G.).
2. (siehe bei § 38 R.-G.; vgl. auch § 82 R.-G.).
3. (siehe bei § 46 R.-G.).
4. (siehe bei § 47 R.-G.; vgl. auch § 48 R.-G.).
5. (siehe bei § 26 R.-G.; vgl. auch § 85 R.-G.).

Artikel VII.

— betrifft dem Statut überlassene Bestimmungen gemäß § 111 R.-G. —

(ad 1 siehe bei § 53 R.-G.).
(ad 2 siehe bei § 58 R.-G.).
(ad 3 siehe bei § 60 R.-G.).
(ad 4 siehe bei § 62 R.-G ; vgl. auch §§ 64, 66 R.-G.).
(ad 5 siehe bei § 81 R.-G.).

Artikel VIII.

— betrifft die Ablehnung des Amts als Beisitzer eines Schiedsgerichts, vgl. § 111 R.=G. —
(siehe denselben bei § 53 R.=G.).

Artikel IX.

— betrifft die Straffälligkeit ungetreuer Beauftragter ꝛc., vgl. § 111 R.=G. —
(siehe denselben bei § 127 R.=G.; vgl. auch § 128 R.=G.).

Artikel X.

Soweit die Vorschriften dieses Gesetzes den Bestimmungen der in § 110 des Reichsgesetzes aufgeführten Paragraphen nicht entgegenstehen, finden die letzteren sinngemäße Anwendung.

Artikel XI.

Die zu diesem Gesetz erforderlichen Ausführungsvorschriften erläßt der Minister für Landwirthschaft, Domänen und Forsten im Verein mit dem Minister für Handel und Gewerbe und dem Minister des Innern.

Urkundlich unter Unserer Höchsteigenhändigen Unterschrift und beigedrucktem Königlichen Insiegel.

Gegeben Berlin, den 20. Mai 1887.

(L. S.) **Wilhelm.**

v. Puttkamer. Maybach. Lucius.
Friedberg. v. Boetticher. v. Goßler.
Bronsart v. Schellendorf. v. Scholz.

3. Die gemäß Art. XI L.-G. erlassenen Ausführungsvorschriften sind im Anhang abgedruckt.

§ 111.

Macht die Landesgesetzgebung von der Befugniß des § 110 Gebrauch, so hat dieselbe

1. über die Befugniß zur Ablehnung des Amtes eines Beisitzers des Schiedsgerichts und über die diesen Beisitzern zu gewährenden Vergütungen (§ 53 Abs. 2),
2. über die Vertretung der Berufsgenossenschaften bei den Untersuchungsverhandlungen (§ 58),
3. über den dem Bevollmächtigten der Krankenkasse oder dem von der Gememeindebehörde bezeichneten Arbeiter zu gewährenden Ersatz für entgangenen Arbeitsverdienst (§ 60),
4. über das Organ, bei welchem der Entschädigungsanspruch anzumelden ist (§ 64) und welches die Entschädigung festzustellen und hierüber den Bescheid zu ertheilen hat (§§ 62, 66),
5. über die Rechnungsführung der Berufsgenossenschaften (§ 85),

sowie darüber Bestimmung zu treffen,

6. welche Personen außer den in Gemäßheit der §§ 90 und 91 ernannten Beauftragten und Sachverständigen den Bestimmungen der §§ 127 und 128 unterliegen.

Anmerkung.

Vgl. in Preußen Landesgesetz Art. VII bis IX, siehe in Anm. 2 zu § 110. Hiernach ist es rücksichtlich der in § 111 angezogenen Bestimmungen bei den betr. Vorschriften des Reichsgesetzes lediglich verblieben.

§ 112.

Bei Abänderung des Bestandes von Berufsgenossenschaften (§ 42) tritt, falls nur solche Betriebe betheiligt sind, deren Sitz im Gebiete desselben Bundesstaates belegen ist, an die Stelle des Bundesraths die Zentralbehörde dieses Bundesstaates, sofern derselbe von der Befugniß des § 110 Gebrauch gemacht hat.

§ 113.

(Abs. 1) Die Auflösung einer Berufsgenossenschaft wegen Leistungsunfähigkeit (§ 14) und die Zutheilung der zu derselben gehörigen Betriebe zu andern Berufsgenossenschaften erfolgt durch die Landes-Zentralbehörde, wenn die aufzulösende Berufsgenossenschaft auf Grund landesgesetzlicher Bestimmungen (§ 110) gebildet ist und diejenigen Berufsgenossenschaften, welchen Betriebe der aufgelösten Berufsgenossenschaft zugetheilt werden sollen, nur solche Betriebe umfassen, deren Sitz im Gebiete des betreffenden Bundesstaats belegen ist.

(Abs. 2) In diesem Fall gehen die Rechtsansprüche und Verpflichtungen der aufgelösten Genossenschaft auf diesen Bundesstaat über.

§ 114.

Die Bundesstaaten sind berechtigt, ihr Gebiet oder Theile desselben der Berufsgenossenschaft eines anderen Bundesstaates, welcher von der im § 110 eingeräumten Befugniß Gebrauch gemacht hat, mit dessen Zustimmung anzuschließen. In diesem Falle gelten für die Berufsgenossenschaft die landesgesetzlichen Bestimmungen desjenigen Bundesstaates, an welchen der Anschluß erfolgt ist, falls aber auch der anschließende Bundesstaat von der Befugniß des § 110 Gebrauch gemacht hat, die Bestimmungen desjenigen Bundesstaates, in welchem sich der Sitz der Berufsgenossenschaft befindet. Der Sitz der Berufsgenossenschaft ist im letzteren Falle durch Vereinbarung der Landesregierungen zu bestimmen. Wird eine derartige Berufsgenossenschaft durch den Bundesrath wegen Leistungsunfähigkeit aufgelöst (§ 14), so gehen deren Rechtsansprüche und Verpflichtungen nach dem Maaßstabe der im letzten Rechnungsjahre gezahlten Beiträge auf die betheiligten Bundesstaaten über. (Abs. 1)

Kommt eine Einigung nicht zu Stande, so entscheidet auf Anrufen der Bundesrath. (Abs. 2)

Anmerkung.

Da Preußen von der Befugniß des § 110 Gebrauch gemacht hat, so können sich an dessen Berufsgenossenschaften andere Bundesstaaten anschließen. Für diesen Fall sieht Art. V des Landesgesetzes (siehe bei § 23 R. G.)

das Erforderliche wegen der Sektionsbildung in diesen Bundesstaaten vor.

§ 115.

(Abs. 1) Die im § 110 eingeräumte Befugniß erlischt, soweit in einem Bundesstaate innerhalb zwei Jahren nach dem Tage der Verkündung dieses Gesetzes landesgesetzliche Bestimmungen nicht erlassen sind oder innerhalb eines weiteren Jahres die Organisation nicht durchgeführt ist.

(Abs. 2) Der Bundesrath kann diese Fristen auf Ansuchen um je ein Jahr verlängern.

(Abs. 3) Die im § 114 eingeräumte Berechtigung dauert so lange, als nicht der Bundesrath das betreffende Gebiet gemäß § 18 einer Berufsgenossenschaft angeschlossen hat.

XI. Schluß- und Strafbestimmungen.

Haftpflicht der Betriebsunternehmer und Betriebsbeamten.

§ 116.

(Abs. 1) Die nach Maaßgabe dieses Gesetzes versicherten Personen und deren Hinterbliebene können einen Anspruch auf Ersatz des in Folge eines Unfalls erlittenen Schadens nur gegen diejenigen Betriebsunternehmer, Bevollmächtigten oder Repräsentanten, Betriebs- oder Arbeiteraufseher geltend machen, gegen welche durch strafgerichtliches Urtheil festgestellt worden ist, daß sie den Unfall vorsätzlich herbeigeführt haben.

In diesem Falle beschränkt sich der Anspruch auf den Betrag, um welchen die den berechtigten nach den bestehenden gesetzlichen Vorschriften gebührende Entschädigung diejenige übersteigt, auf welche sie nach diesem Gesetze Anspruch haben. (Abs. 2)

Die auf landesgesetzlichen Bestimmungen beruhenden Ansprüche eines Verletzten auf Ersatz des in Folge des Unfalls erlittenen Schadens für die Dauer der ersten dreizehn Wochen nach dem Unfalle bleiben vorbehalten, wenn nicht durch die Landesgesetzgebung oder durch statutarische Bestimmung eine den Vorschriften der §§ 6 und 7 des Krankenversicherungsgesetzes vom 15. Juni 1883 (Reichs-Gesetzbl. S. 73) beziehungsweise der §§ 137 ff. dieses Gesetzes mindestens gleichkommende Fürsorge für den Verletzten und seine Angehörigen getroffen ist oder der Verletzte auf Grund des § 136 dieses Gesetzes von der Krankenversicherungspflicht befreit ist. (Abs. 3)

Anmerkungen.

1. „Neben der Sicherung der Arbeiter gegen die wirthschaftlichen Folgen der Unfälle verfolgt der Entwurf das Ziel, alle Streitigkeiten zwischen Arbeitgebern und Arbeitern über Entschädigungsansprüche, welche den letzteren aus Unfällen erwachsen, zu beseitigen, und zu dem Ende alle Entschädigungsansprüche, welche in Veranlassung eines Unfalls gegen den Arbeitgeber nach bisherigem Rechte (Gemeines Recht, Haftpflichtgesetz vom 7. Juni 1871, Code civil u. s. w.) erhoben

werden konnten, aufzuheben. Die Berechtigung hierzu liegt in dem Ersatz, welchen die Arbeitnehmer für die ihnen nach dem bisher geltenden Rechte zustehenden, in ihrer Realisirung höchst unsicheren Entschädigungsansprüche dadurch erhalten sollen, daß ihnen für jeden aus einem Unfall entstehenden Schaden selbst in dem Falle eigenen Verschuldens eine zwar begrenzte, aber vollkommen sichere Entschädigung gewährt wird." (Mot. z. U.-V.-G. S. 81).

Von dieser grundsätzlichen Beseitigung aller civilrechtlichen Entschädigungsrechte und -Pflichten bestehen aber zwei Ausnahmen:

a) einmal zu Gunsten des Beschädigten und seiner Hinterbliebenen für den Fall, daß der Arbeitgeber oder einer seiner Beamten den Unfall vorsätzlich herbeigeführt hat (§ 116), indem in diesem Fall der Ueberschuß des wirklichen Schadens über die Unfallrenten von dem Urheber des Unfalls zuzuzahlen ist;
b) sodann zu Gunsten der Genossenschaften und Krankenkassen, indem derjenige, welcher den Unfall vorsätzlich oder durch qualifizirte Fahrlässigkeit (§§ 222, 230 Str.-G.-B.) herbeigeführt hat, diesen zur vollen Höhe regreßpflichtig wird (§ 117).

Diese beiden Ausnahmen aber setzen voraus, daß der Vorsatz bezw. die qualifizirte Fahrlässigkeit strafgerichtlich festgestellt sein muß (Ausnahme siehe in § 118). „Liegt ein solches strafgerichtliches Urtheil vor, so ist damit ein erkennbares Kriterium für die Regreßpflicht des Betriebsunternehmers gegeben"; die Civilprozesse aber über die Regreßpflicht als solche sind fortan abgeschnitten", indem die Entscheidung der Regreßfrage, vorbehaltlich eines nachfolgenden Civilprozesses über die Höhe des Schadenersatzes, durch die Feststellung des Strafrichters unmittelbar getroffen wird." (Mot. z. U.-V.-G. S. 81).

Fortan haftet jeder Arbeitgeber und Beamte auch nur für seine eigenen Handlungen, sofern er nicht etwa als Anstifter oder Gehülfe anzusehen ist. Dritte Personen aber (§ 119) haften nach wie vor in vollem Umfang des Civilrechts.

Die vorstehenden Bestimmungen gelten für diejenigen Entschädigungen, die aus der Unfallversicherung als solcher gewährt werden, also für Renten und Kuren nach Ablauf der ersten 13 Wochen sowie für Renten der Hinterbliebenen. Sie gelten ferner für die Entschädigungen während der ersten 13 Wochen, sofern die Krankenversicherungspflicht (§ 133) eingeführt ist. Sofern aber letzteres nicht geschehen ist, bleiben rücksichtlich der Ansprüche für die ersten 13 Wochen die Ansprüche aus dem bisher geltenden Civilrecht in der Land- und Forstwirthschaft aufrecht erhalten, weil der bei fehlender Krankenversicherung eintretende Nothbehelf des § 10 (freie ärztliche Behandlung und Arznei Seitens der Gemeinden) nicht als eine so ausreichende Fürsorge angesehen werden kann, daß gegen diese Fürsorge die weitergehenden civilrechtlichen Schadensersatzansprüche ausgetauscht werden könnten. Vgl. Näheres bei v. Woedtke, Kommentar Anm. 1 zu § 116.

2. Die §§ 6 und 7 des Krankenversicherungsgesetzes lauten:

§ 6

Als Krankenunterstützung ist zu gewähren:

1. vom Beginn der Krankheit ab freie ärztliche Behandlung, Arznei, sowie Brillen, Bruchbänder und ähnliche Heilmittel;
2. im Falle der Erwerbsunfähigkeit, vom dritten Tage nach dem Tage der Erkrankung ab für jeden Arbeitstag ein Krankengeld in Höhe der Hälfte des ortsüblichen Tagelohnes gewöhnlicher Tagearbeiter.

Die Krankenunterstützung endet spätestens mit dem Ablauf der dreizehnten Woche nach Beginn der Krankheit.

Die Gemeinden sind ermächtigt, zu beschließen, daß bei Krankheiten, welche die Betheiligten sich vorsätzlich oder durch schuldhafte Betheiligung bei Schlägereien oder Raufhändeln, durch Trunkfälligkeit oder geschlechtliche

Ausschweifungen zugezogen haben, das Krankengeld gar nicht oder nur theilweise gewährt wird, sowie daß Personen, welche der Versicherungspflicht nicht unterliegen und freiwillig der Gemeinde-Krankenversicherung beitreten, erst nach Ablauf einer auf höchstens sechs Wochen vom Beitritte ab zu bemessenden Frist Krenkenunterstützung erhalten.

Das Krankengeld ist wöchentlich postnumerando zu zahlen.

§ 7.

An Stelle der in § 6 vorgeschriebenen Leistungen kann freie Kur und Verpflegung in einem Krankenhause gewährt werden, und zwar:

1. für diejenigen, welche verheirathet oder Glieder einer Familie sind, mit ihrer Zustimmung, oder unabhängig von derselben, wenn die Art der Krankheit Anforderungen an die Behandlung oder Verpflegung stellt, welchen in der Familie des Erkrankten nicht genügt werden kann,
2. für sonstige Erkrankte unbedingt.

Hat der in einem Krankenhause Untergebrachte Angehörige, deren Unterhalt er bisher aus seinem Arbeitsverdienste bestritten hat, so ist neben der freien Kur und Verpflegung die Hälfte des in § 6 festgesetzten Krankengeldes zu leisten.

3. Die Befreiung Einzelner von der Krankenversicherungspflicht (§ 136) steht der Versicherung gleich, weil erstere nur eintritt, wenn mindestens die Leitungen der letzteren gewährleistet sind.

§ 117.

(Abs. 1) Diejenigen Betriebsunternehmer, Bevollmächtigten oder Repräsentanten, Betriebs- oder Arbeiteraufseher, gegen welche durch strafgerichtliches Urtheil festgestellt worden ist, daß sie den Unfall vorsätzlich oder durch Fahrlässigkeit mit Außerachtlassung derjenigen Aufmerksamkeit, zu der sie vermöge ihres Amtes, Berufes oder Gewerbes besonders verpflichtet sind, herbeigeführt haben, haften für alle Aufwendungen, welche in Folge des Unfalls auf Grund dieses Gesetzes oder des Gesetzes, betreffend die Krankenversicherung der Arbeiter, vom 15. Juni 1883 (Reichs-Gesetzbl. S. 73) von den Genossenschaften, Gemeinden (§ 10 Abs. 1) oder Krankenkassen gemacht worden sind. (Abs. 2)

In gleicher Weise haftet als Betriebsunternehmer eine Aktiengesellschaft, eine Innung oder eingetragene Genossenschaft für die durch ein Mitglied ihres Vorstandes, sowie eine Handelsgesellschaft, eine Innung oder eingetragene Genossenschaft für die durch einen der Liquidatoren herbeigeführten Unfälle.

Als Ersatz für die Rente kann in diesen Fällen (Abs. 3) deren Kapitalwerth gefordert werden.

Der Anspruch verjährt in achtzehn Monaten von (Abs. 4) dem Tage, an welchem das strafrechtliche Urtheil rechtskräftig geworden ist.

Anmerkung.

1. Vgl. Anm. 1 und 2 zu § 116. Die Bestimmungen über die zu vertretende Fahrlässigkeit entsprechen den §§ 222, 230 Str.-G.-B.

2. Zu den Krankenkassen im Sinne dieser Bestimmung gehört auch die Gemeindekrankenversicherung (Motive zum U.-V.-G. S. 78).

§ 118.

Die in den §§ 116 und 117 bezeichneten Ansprüche können, auch ohne daß die daselbst vorgesehene

Feststellung durch strafgerichtliches Urtheil stattgefunden hat, geltend gemacht werden, falls diese Feststellung wegen des Todes oder der Abwesenheit des Betreffenden oder aus einem anderen in der Person desselben liegenden Grunde nicht erfolgen kann.

Haftung Dritter.

§ 119.

Die Haftung dritter, in den §§ 116 und 117 nicht bezeichneten Personen, welche den Unfall vorsätzlich herbeigeführt oder durch Verschulden verursacht haben, bestimmt sich nach den bestehenden gesetzlichen Vorschriften. Jedoch geht die Forderung der Entschädigungsberechtigten an den Dritten auf die Genossenschaft insoweit über, als die Verpflichtung der letzteren zur Entschädigung durch dieses Gesetz begründet ist.

Anmerkung.

Dritte Personen sind im Sinne dieses Paragraphen alle Personen, welche nicht Unternehmer und Beamte desjenigen Betriebes sind, in dessen Dienst der Unfall erlitten ist. Die Regreßpflicht dieser Personen bleibt nach Maaßgabe des bestehenden Civilrechts unberührt.

Dasjenige jedoch, was dieselben auf Grund ihres Verschuldens an den Verletzten und seine Hinterbliebenen zu zahlen haben, geht kraft cessio legis an die Genossenschaft insoweit über, als die letztere auf Grund ihrer öffentlichrechtlichen Verpflichtung den Verletzten oder seine Hinterbliebenen schon befriedigt hat. Die Letzteren erhalten also nur das Mehr, nicht doppelt.

Verbot vertragsmäßiger Beschränkungen.

§ 120.

Den Berufsgenossenschaften sowie den Betriebsunternehmern ist untersagt, die Anwendung der Bestimmungen dieses Gesetzes zum Nachtheil der Versicherten durch Verträge (mittelst Reglements oder besonderer Uebereinkunft) auszuschließen oder zu beschränken. Vertragsbestimmungen, welche diesem Verbote zuwiderlaufen, haben keine rechtliche Wirkung.

Rechtshülfe.

§ 121.

Die öffentlichen Behörden sind verpflichtet, den im Vollzuge dieses Gesetzes an sie ergehenden Ersuchen des Reichs-Versicherungsamts, anderer öffentlicher Behörden, sowie der Genossenschafts- und Sektionsvorstände und der Schiedsgerichte zu entsprechen und den bezeichneten Vorständen auch unaufgefordert alle Mittheilungen zukommen zu lassen, welche für den Geschäftsbetrieb der Genossenschaften von Wichtigkeit sind. Die gleiche Verpflichtung liegt den Organen der Genossenschaften untereinander ob. (Abs. 1)

Die durch die Erfüllung dieser Verpflichtungen entstehenden Kosten sind von den Genossenschaften als eigene Verwaltungskosten (§ 15) insoweit zu erstatten, als sie in Tagegeldern und Reisekosten von Beamten oder Genossenschaftsorganen, sowie in Ge- (Abs. 2) bühren für Zeugen und Sachverständige oder in sonstigen baaren Auslagen bestehen.

Gebühren- und Stempelfreiheit.

§ 122.

Alle zur Begründung und Abwickelung der Rechtsverhältnisse zwischen den Berufsgenossenschaften einerseits und den Versicherten andererseits erforderlichen schiedsgerichtlichen und außergerichtlichen Verhandlungen und Urkunden sind gebühren- und stempelfrei. Dasselbe gilt für die behufs Vertretung von Berufsgenossen ausgestellten privatschriftlichen Vollmachten und für die im § 12 bezeichneten Streitigkeiten.

Strafbestimmungen.

§ 123*).

Betriebsunternehmer können von dem Genossenschaftsvorstande mit Ordnungsstrafe bis zu fünfhundert Mark belegt werden, wenn die von ihnen in Gemäßheit der §§ 34 Absatz 2, 37 Absatz 2, 39 ertheilte Auskunft oder die in Gemäßheit der §§ 47, 48 erstattete Anzeige oder Anmeldung, ingleichen wenn die von ihnen in Gemäßheit der §§ 65, 79 eingereichten Lohn- oder Gehaltsnachweisungen thatsächliche Angaben enthalten, deren Unrichtigkeit ihnen bekannt war oder bei Anwendung angemessener Sorgfalt nicht entgehen konnte.

*) Der § 123 gilt nicht für die einer Berufsgenossenschaft nicht zugewiesenen Reichs- und Staatsbetriebe (§ 103).

Anmerkungen.

1. Durch diese Ordnungsstrafen werden die etwa außerdem verwirkten gerichtlichen Strafen wegen Betruges, Fälschung ꝛc. nicht ausgeschlossen. Die Mot. z. U.-V.-G. (S. 85) heben dies ausdrücklich hervor.

2. Ordnungsstrafen sind keine Exekutivstrafen und dürfen daher nicht wiederholt werden (A. N. II S. 94).

§ 124*).

Betriebsunternehmer, welche der ihnen obliegenden Verpflichtung zur Ertheilung von Auskunft in den Fällen der §§ 37, Absatz 2, 39, zur Anzeige oder Anmeldung in den Fällen der §§ 47, 48, zur Einreichung der Lohn- oder Gehaltsnachweisungen in den Fällen der §§ 65, 79, oder zur Erfüllung der für Betriebseinstellungen gegebenen statutarischen Vorschriften (§ 22 Ziffer 8) nicht rechtzeitig nachkommen, können von dem Genossenschaftsvorstande mit Ordnungsstrafe bis zu dreihundert Mark belegt werden. (Abs. 1)

Die gleiche Strafe kann, wenn die Anzeige eines Unfalls nicht rechtzeitig in Gemäßheit des § 56 erfolgt ist, gegen denjenigen verhängt werden, welcher zu der Anzeige verpflichtet war. (Abs. 2)

*) Der § 124 gilt nicht für die einer Berufsgenossenschaft nicht zugewiesenen Reichs- und Staatsbetriebe (§ 103).

Anmerkungen.

1. Vgl. Anm. 2 zu § 123.

2. Auch völlige Unterlassung der vorgeschriebenen Anzeigen ꝛc. ist eine „nicht rechtzeitige" Anzeige ꝛc.

§ 125*).

Die Strafvorschriften der §§ 123 und 124 finden auch gegen die gesetzlichen Vertreter handlungsunfähiger Betriebsunternehmer, desgleichen gegen die Mitglieder des Vorstandes einer Aktiengesellschaft, Innung oder eingetragenen Genossenschaft, sowie gegen die Liquidatoren einer Handelsgesellschaft, Innung oder eingetragenen Genossenschaft Anwendung.

*) Der § 125 gilt nicht für die einer Berufsgenossenschaft nicht zugewiesenen Reichs- und Staatsbetriebe (§ 103).

§ 126*).

(Abs. 1) Zur Verhängung der in den §§ 123 bis 125 angedrohten Strafen ist der Vorstand derjenigen Genossenschaft zuständig, zu welcher der Betriebsunternehmer gehört.

(Abs. 2) Gegen die Strafverfügung des Genossenschaftsvorstandes steht den Betheiligten binnen zwei Wochen von deren Zustellung an die Beschwerde an das Reichs-Versicherungsamt zu.

Die Strafen fließen in die Genossenschaftskasse.

*) Der § 126 gilt nicht für die einer Berufsgenossenschaft nicht zugewiesenen Reichs- und Staatsbetriebe (§ 103).

§ 127*).

(Abs. 1) (Die Mitglieder der Vorstände der Genossenschaften und

*) Der § 127 gilt nicht für die einer Berufsgenossenschaft nicht zugewiesenen Reichs- und Staatsbetriebe (§ 103).

die Mitglieder der Genossenschaftsausschüsse zur Entscheidung über Beschwerden (§ 22 Ziffer 3), ingleichen) die in Gemäßheit der §§ 90 und 91 ernannten Beauftragten und Sachverständigen werden, wenn sie unbefugt Betriebsgeheimnisse offenbaren, welche kraft ihres Amtes oder Auftrages zu ihrer Kenntniß gelangt sind, mit Geldstrafe bis zu eintausendfünfhundert Mark oder mit Gefängniß bis zu drei Monaten bestraft.

Die Verfolgung tritt nur auf Antrag des Betriebsunternehmers ein. (Abs. 2)

Die Bestimmungen der §§ 127 und 128 des Reichsgesetzes finden nur auf die in Gemäßheit der §§ 90 und 91 des Reichsgesetzes ernannten Beauftragten Anwendung. (Art. IX. L.-G.)

Anmerkung.

Nach § 111 Ziffer 6 R.-G. war das Landesgesetz, nachdem ein solches auf Grund des § 110 einmal erlassen war, genöthigt, „darüber Bestimmung zu treffen, welche Personen außer den in Gemäßheit der §§ 90 und 91 ernannten Beauftragten und Sachverständigen den Bestimmungen der §§ 127 und 128 unterliegen". Demgemäß hat Art. IX Pr. L.-G. vorgeschrieben, daß die Strafbestimmungen der §§ 127, 128 R.-G. nicht auf Vorstandsmitglieder (der Beschwerdeausschuß ist, sofern die laufende Verwaltung an Organe der Selbstverwaltung übertragen ist, überhaupt fortgefallen, vgl. Art. VI Ziffer 2 Abs. 2 L.-G. bei § 38 R.-G.), sondern nur noch auf die Beauftragten bezw. auf die event. an deren Stelle tretenden Sachverständigen Anwendung finden sollen.

§ 128*).

(Abs. 1) Die im § 127 bezeichneten Personen werden mit Gefängniß, neben welchem auf Verlust der bürgerlichen Ehrenrechte erkannt werden kann, bestraft, wenn sie absichtlich zum Nachtheile der Betriebsunternehmer Betriebsgeheimnisse, welche kraft ihres Amtes oder Auftrages zu ihrer Kenntniß gelangt sind, offenbaren, oder geheim gehaltene Betriebseinrichtungen oder Betriebsweisen, welche kraft ihres Amtes oder Auftrages zu ihrer Kenntniß gelangt sind, solange als diese Betriebsgeheimnisse sind, nachahmen.

(Abs. 2) Thun sie dies, um sich oder einem anderen einen Vermögensvortheil zu verschaffen, so kann neben der Gefängnißstrafe auf Geldstrafe bis zu dreitausend Mark erkannt werden.

(Art. IX. L.-G.) Die Bestimmungen der §§ 127 und 128 des Reichsgesetzes finden nur auf die in Gemäßheit der §§ 90 und 91 des Reichsgesetzes ernannten Beauftragten Anwendung.

*) Der § 128 gilt nicht für die einer Berufsgenossenschaft nicht zugewiesenen Reichs- und Staatsbetriebe (§ 103).

Anmerkung.

Vgl. Anm. zu § 127.

Zuständige Landesbehörden. Verwaltungsexekution.

§ 129.

(Abs. 1) Die Zentralbehörden der Bundesstaaten bestimmen, von welchen Staatsbehörden, Gemeindevertretungen oder, wo solche nicht bestehen, Gemeindebehörden die in diesem Gesetze den höheren Verwaltungsbehörden, den unteren Verwaltungsbehörden, den Ortspolizeibehörden, den Gemeindebehörden und den Vertretungen der Gemeinden und weiteren Kommunalverbänden zugewiesenen Verrichtungen wahrzunehmen sind, ingleichen zu welchen Kassen die in den §§ 34 Absatz 2, 90 Absatz 2, 93 Absatz 2 vorgesehenen Strafen fließen.

Die von den Zentralbehörden der Bundesstaaten in Gemäßheit vorstehender Vorschrift erlassenen Bestimmungen sind durch den Deutschen Reichs-Anzeiger bekannt zu machen. (Abs. 2)

Anmerkung.

Vgl. Preuß. Ausf. Anweisung (s. Anh.).

§ 130.

Geldstrafen, welche auf Grund dieses Gesetzes verhängt werden, mit Ausnahme derjenigen, auf welche von den Gerichten erkannt ist, werden in derselben Weise beigetrieben, wie Gemeindeabgaben.

§ 131.

Die in diesem Gesetze für Gemeinden getroffenen Bestimmungen gelten auch für die einem Gemeindeverbande nicht einverleibten selbständigen Gutsbezirke und Gemarkungen. Soweit aus denselben der Gemeinde oder Gemeindebehörde Rechte und Pflichten erwachsen, tritt an ihre Stelle der Gutsherr oder der Gemarkungsberechtigte.

Zustellungen.

§ 132.

Zustellungen, welche den Lauf von Fristen bedingen, erfolgen durch die Post mittelst eingeschriebenen Briefes. `Der Beweis der Zustellung kann auch durch behördliche Beglaubigung geführt werden.

B. Krankenversicherung.

§ 133.

Werden durch die Landesgesetzgebung in der Land- oder Forstwirthschaft gegen Gehalt oder Lohn beschäftigte Personen der Krankenversicherungspflicht nach Maaßgabe des Krankenversicherungsgesetzes vom 15. Juni 1883 (Reichs-Gesetzbl. S. 73) unterworfen, so findet letzteres Gesetz mit den aus den §§ 134 bis 142 dieses Gesetzes sich ergebenden Aenderungen Anwendung. Dasselbe gilt, wenn durch statutarische Bestimmungen auf Grund des § 2 des Krankenversicherungsgesetzes die Anwendung der Vorschriften des § 1 des letzteren auf solche Personen erstreckt wird.

Anmerkung zum Abschnitt B.

Die §§ 133 bis 142 enthalten eine Novelle zum Krankenversicherungsgesetz vom 15. Juni 1883 (R.-G.-Bl. S. 73), bezüglich deren auf die Erläuterungen im Kommentar des Verfassers zu dem erwähnten Krankenversicherungsgesetz (III. Aufl. 1886, bei J. Guttentag (D. Collin) in Berlin und Leipzig) zu verweisen ist. Bei der hier beabsichtigten Darstellung der Unfallversicherung genüge der Abdruck des Textes dieser Novelle mit folgenden kurzen Bemerkungen.

Für land- und forstwirthschaftliche Arbeiter besteht reichsgesetzlich der Krankenversicherungszwang nicht, derselbe kann aber durch statutarische Bestimmung von Gemeinden oder weiteren Kommunalverbänden für ihre resp. Bezirke oder Theile derselben begründet (§ 2 Abs. 1 Ziffer 6 K.-V.-G.) oder durch Landesgesetz eingeführt werden (§ 133). Letzteres ist in Preußen bisher nicht geschehen. In Preußen bewendet es also bei der reichsrechtlich zugelassenen statutarischen Versicherungspflicht. Soweit eine solche begründet wird, erfolgt materiell die Versicherung nach den Bestimmungen des Krankenversicherungsgesetzes vom 15. 6. 83 und den durch die vorliegenden §§ 133 fg. für die Land und Forstwirthschaft vorgesehenen Abänderungen und Ergänzungen des letzteren. Die Abänderungen haben insbesondere die Erhaltung der Naturalwirthschaft, die Ergänzungen eine bessere Erfassung der nicht in festem Arbeitsverhältniß stehenden Arbeiter zum Gegenstande; man hofft, daß in Folge dieser Berücksichtigung ländlicher Verhältnisse von der Befugniß zu statutarischer Erstreckung der Krankenversicherungspflicht ein häufigerer Gebrauch wie bisher gemacht werden wird.

Die Krankenversicherung ist nicht Vorbedingung für die Unfallversicherung. Soweit erstere nicht besteht, haben im Falle eines Unfalls während der ersten 13 Wochen nach demselben die Gemeinden für freie Kur verletzter

Arbeiter zu sorgen, während Krankengeld oder eine andere baare Entschädigung solange fortfällt (§ 10).

§ 134.

(Abs. 1) Der Beschäftigungsort land- und forstwirthschaftlicher Arbeiter und der Sitz des Betriebes bestimmt sich nach den Vorschriften der §§ 10 und 44 dieses Gesetzes.

(Abs. 2) Gemeinden oder weitere Kommunalverbände können bei dem Erlasse statutarischer Bestimmungen über die Krankenversicherung land- und forstwirthschaftlicher Arbeiter beschließen, daß diese Bestimmungen auch auf außerhalb des Kommunalbezirks liegende Theile solcher Betriebe sich erstrecken sollen, deren Sitz innerhalb des Bezirks der Gemeinde oder des weiteren Kommunalverbandes belegen ist.

§ 135.

Die Bestimmung des § 20 Absatz 1 Ziffer 2 des Krankenversicherungsgesetzes findet nur auf verheirathete Wöchnerinnen oder solche Wittwen Anwendung, deren Entbindung nach dem Tode des Ehemannes innerhalb des nach den Landesgesetzen für die Vermuthung der ehelichen Geburt maaßgebenden Zeitraumes erfolgt.

§ 136.

(Abs. 1) Personen, welche erweislich mindestens für dreizehn Wochen nach der Erkrankung dem Arbeitgeber gegenüber einen Rechtsanspruch auf eine den Bestimmungen des § 6 des Krankenversicherungsgesetzes entsprechende oder gleichwerthige Unterstützung haben, sind auf den Antrag des Arbeitgebers von der Versicherungspflicht zu befreien, sofern die Leistungsfähigkeit desselben genügend gesichert ist.

Ueber den Antrag entscheidet die Verwaltung der Gemeindekrankenversicherung oder der Vorstand der Krankenkasse, welcher die zu befreiende Person angehören würde. Wird die Leistungsfähigkeit des Arbeitgebers beanstandet, so ist der Antrag an die Aufsichtsbehörde zur Entscheidung abzugeben. (Abs. 2)

Die Entscheidung über den Befreiungsantrag ist den Betheiligten zu eröffnen und vorläufig vollstreckbar. Gegen dieselbe steht jedem Betheiligten binnen zwei Wochen die Beschwerde an die vorgesetzte Aufsichtsbehörde zu. (Abs. 3)

Die Befreiung gilt für die Dauer des Arbeitsvertrages. Sie hört vor Beendigung desselben auf: (Abs. 4)

1. wenn dies von der im Absatz 2 bezeichneten Aufsichtsbehörde wegen nicht genügender Leistungsfähigkeit des Arbeitgebers — sei es von Amtswegen, sei es auf Vorschlag der Verwaltung der Gemeindekrankenversicherung oder des Vorstandes der Krankenkasse — angeordnet wird,
2. wenn der Arbeitgeber die befreite Person zur Krankenversicherung anmeldet. Die Anmeldung

ist im Falle einer zur Zeit derselben bereits eingetretenen Erkrankung ohne rechtliche Wirkung.

(Abs. 5) Insoweit einer nach Absatz 1 befreiten Person im Falle der Erkrankung von dem Arbeitgeber eine den Bestimmungen des § 6 entsprechende oder gleichwerthige Unterstützung nicht gewährt wird, ist dieselbe auf Antrag von der betreffenden Gemeindekrankenversicherung oder Krankenkasse zu gewähren. Die hiernach gemachten Aufwendungen sind von dem Arbeitgeber zu ersetzen.

(Abs. 6) Streitigkeiten über Unterstützungsansprüche, welche gegen die Gemeindekrankenversicherung oder Krankenkasse auf Grund des vorstehenden Absatzes entstehen, werden nach Maaßgabe des § 12 Absatz 1, Streitigkeiten über Ersatzansprüche zwischen der Gemeindekrankenversicherung oder Krankenkasse einerseits und dem Arbeitgeber andererseits nach Maaßgabe des § 12 Absatz 2 dieses Gesetzes entschieden.[a])

§ 137.

(Abs. 1) Für versicherungspflichtige Personen, welche erweislich auf Grund eines mindestens für die Dauer eines Jahres abgeschlossenen Arbeitsvertrages

1. jährliche Naturalleistungen mindestens im dreihundertfachen Werthe des von der Gemeindekrankenversicherung beziehungsweise Kranken-

---

a) Vgl. Anlagen B und C.

kasse für einen Krankentag zu zahlenden Krankengeldes beziehen, oder für den Krankentag einen Arbeitslohn an Geld oder Naturalleistungen erhalten, welcher dem von der Gemeindekrankenversicherung beziehungsweise Krankenkasse zu zahlenden täglichen Krankengelde mindestens gleichkommt, und

2. auf Fortgewährung dieser Leistungen, innerhalb der Geltungsdauer des Arbeitsvertrages, für mindestens dreizehn Wochen nach der Erkrankung einen Rechtsanspruch haben,

tritt auf Antrag des Arbeitgebers während der Geltungsdauer des Arbeitsvertrages eine Ermäßigung der Versicherungsbeiträge ein, wogegen das Krankengeld in Wegfall kommt.

Die Ermäßigung der Beiträge erfolgt in demselben (Abs. 2)
Verhältnisse, in welchem die Höhe des Krankengeldes zu dem Werth der sonstigen Kassenleistungen steht. Dies Verhältniß ist durch statutarische Bestimmung festzustellen, welche für die Gemeindekrankenversicherung (§ 12 des Krankenversicherungsgesetzes) durch den weiteren Kommunalverband, für Orts- und Betriebskrankenkassen durch das Statut zu treffen ist. Die statutarischen Bestimmungen der Gemeinden und weiteren Kommunalverbände bedürfen der Genehmigung der höheren Verwaltungsbehörde; auf die Festsetzung durch das Kassenstatut findet § 24 des Krankenversicherungsgesetzes Anwendung. Wo weitere

Kommunalverbände nicht bestehen, erfolgt die Festsetzung für die gemeinsame Gemeindekrankenversicherung durch die höhere Verwaltungsbehörde. Solange eine endgültige Festsetzung dieses Beitragsverhältnisses nicht erfolgt ist, wird für die nach Absatz 1 versicherten Personen der dritte Theil der für andere Kassenmitglieder geltenden Beiträge entrichtet.

(Abs. 3) Soweit die in Absatz 1 Ziffer 1 bezeichneten Leistungen im Falle der Erkrankung von dem Arbeitgeber nicht in Gemäßheit des Arbeitsvertrages, auf Grund dessen die Ermäßigung der Beiträge erfolgt ist, gewährt werden, ist dem Erkrankten auf Antrag das Krankengeld von der Gemeindekrankenversicherung oder Krankenkasse zu zahlen und derselben von dem Arbeitgeber zu ersetzen. Streitigkeiten über solche Ersatzansprüche werden nach Maaßgabe des § 12 Absatz 2 dieses Gesetzes entschieden.

§ 138.

Durch statutarische Bestimmung (§ 137 Abs. 2) kann eine entsprechende Kürzung des Krankengeldes und der Beiträge auch für solche Versicherten angeordnet werden, welche in Krankheitsfällen auf Grund ihres Arbeitsvertrages weniger als die im § 137 Absatz 1 festgesetzten Geld- oder Naturalleistungen beziehen. Die Kürzung muß dem Verhältniß entsprechen, in welchem der Werth dieser Leistungen zu der Höhe des Krankengeldes steht.

Im Uebrigen finden die Bestimmungen des § 137 auch auf Fälle dieser Art Anwendung.

§ 139.

Soweit es sich nicht um die unter § 2 Absatz 1 Ziffer 1 des Krankenversicherungsgesetzes fallenden Arbeiter handelt, finden die Bestimmungen des § 54 des gedachten Gesetzes keine Anwendung. (Abs. 1)

Die Zahlung der Beiträge erfolgt auch für die nach §§ 137 und 138 versicherten Personen nach den Bestimmungen der §§ 51 bis 53 des Krankenversicherungsgesetzes. (Abs. 2)

§ 140.

Der Werth der Naturalbezüge wird nach Durchschnittspreisen von der unteren Verwaltungsbehörde festgesetzt.

§ 141.

Die auf Grund der §§ 2, 49 bis 52 Absatz 1, 53, 54 des Krankenversicherungsgesetzes erlassenen statutarischen Bestimmungen sind, soweit sie den vorstehenden Vorschriften zuwiderlaufen, bis zum 1. Januar 1887 mit denselben in Uebereinstimmung zu bringen. Soweit dies nicht geschieht, kann die Landes-Zentralbehörde nach Ablauf dieser Frist solche statutarischen Bestimmungen ganz oder theilweise außer Kraft setzen. (Abs. 1)

Der § 3 Absatz 2 des Krankenversicherungsgesetzes findet auf die unter § 1 des gegenwärtigen Gesetzes fallenden Personen keine Anwendung. (Abs. 2)

§ 142.

(Abs. 1) Durch statutarische Bestimmung einer Gemeinde für ihren Bezirk oder eines weiteren Kommunalverbandes für seinen Bezirk oder Theile desselben können Personen, welche innerhalb des betreffenden Bezirks wohnen und, ohne zu einem bestimmten Arbeitgeber in einem dauernden Arbeitsverhältnisse zu stehen, vorwiegend in land- oder forstwirthschaftlichen Betrieben dieses Bezirks gegen Lohn beschäftigt sind, auch für diejenige Zeit, in welcher eine Beschäftigung gegen Lohn nicht stattfindet, der Krankenversicherungspflicht unterworfen und, solange sie nicht zu einer die Versicherungspflicht begründenden Beschäftigung in einem anderen Erwerbszweige übergehen oder Mitglieder einer Betriebs-Krankenkasse werden, in diesem Bezirke zur Versicherung herangezogen werden.

(Abs. 2) Die nach solcher statutarischen Bestimmung versicherungspflichtigen Personen sind der Gemeinde-Krankenversicherung oder Ortskrankenkasse, welcher die sonstigen versicherungspflichtigen land- und forstwirthschaftlichen Arbeiter angehören, durch die Gemeindebehörde zu überweisen. Ihre Versicherung beginnt mit dem Tage ihrer Ueberweisung.

(Abs. 3) Die Ueberweisung ist zurückzunehmen, wenn die Voraussetzungen ihrer Zulässigkeit aufhören.

(Abs. 4) Die Ueberweisung, sowie der die Zurücknahme derselben ablehnende Bescheid kann nach Maaßgabe des § 12 Absatz 2 dieses Gesetzes angefochten werden.

Ob und inwieweit die Vorschriften der §§ 49 bis 53 des Krankenversicherungsgesetzes auf die Arbeitgeber dieser Personen Anwendung finden, ist durch statutarische Bestimmung zu regeln. (Abs. 5)

Solange solche Personen nach Maaßgabe des Absatzes 1 in dem Bezirke ihres Wohnortes gegen Krankheit versichert sind, fällt ihre Verpflichtung zum Beitritt zu einer anderen Kasseneinrichtung für land- oder forstwirthschaftliche Arbeiter fort. (Abs. 6)

Die nach Absatz 1 und 5 zulässigen statutarischen Vorschriften bedürfen der Genehmigung der höheren Verwaltungsbehörde. (Abs. 7)

C. Gesetzeskraft.

§ 143.

Die Bestimmungen der Abschnitte A II, III, IV, V, VIII, und X, die auf diese Abschnitte bezüglichen Strafbestimmungen, sowie diejenigen Vorschriften, welche zur Durchführung der in diesen Abschnitten getroffenen Anordnungen dienen, treten mit dem Tage der Verkündung dieses Gesetzes in Kraft. Dasselbe gilt von den Bestimmungen des Abschnitts B.

Im Uebrigen wird der Zeitpunkt, mit welchem das Gesetz ganz oder theilweise für den Umfang des Reiches oder Theile desselben in Kraft tritt, mit Zustimmung des Bundesraths durch Kaiserliche Verordnung bestimmt.

Urkundlich unter Unserer Höchsteigenhändigen Unterschrift und beigedrucktem Kaiserlichen Insiegel.

Gegeben Berlin, den 5. Mai 1886.

(L. S.) **Wilhelm.**

Fürst von Bismarck.

Anmerkungen.

1. Zur Durchführung der in den Abschnitten A II, III, IV, V, VIII, X getroffenen Anordnungen dienen auch die betr. Bestimmungen des Abschnitts IX (Reichs- und Staatsbetriebe). Denn das Reich bezw. der Staat tritt gemäß § 107 an die Stelle der nach jenen Absätzen zu organisirenden Berufsgenossenschaften, muß besondere Schiedsgerichte errichten ꝛc; die Bestimmungen über die Organisation der Berufsgenossenschaften und ihrer Einrichtungen (A II ꝛc), sowie über die Mitgliedschaft können also nicht in vollem Maaße durchgeführt werden, wenn nicht gleichzeitig die Unfallversicherung in den Reichs- und Staatsbetrieben organisirt wird. Dazu kommt, daß die Bestimmungen der vorgehenden Abschnitte auch für Reichs- und Staatsbetriebe entsprechende Anwendung finden, soweit sie nicht durch §§ 103 bis 109 ausdrücklich geändert sind (vgl. Anm. 2 zu § 102). Zweck des § 143 Abs. 1 ist grade, zu ermöglichen, daß alle organisatorischen Arbeiten, welche durchgeführt sein müssen, bevor die Unfallversicherung materiell in Kraft treten kann, sofort in Angriff genommen werden können.

2. Rückwirkende Kraft hat dieses Gesetz ebensowenig wie das Unfallversicherungsgesetz. Unfälle, welche vor demjenigen Termin sich ereignet haben, mit welchem nach Allerh. Kab.-Ordre der materielle Theil des Gesetzes für den betreffenden Theil des Reichs in Kraft tritt, sind also nach dem bisherigen Civilrecht zu beurtheilen.

Anlagen.

A*).

Gesetz, betreffend die Abgrenzung und Organisation der Berufsgenossenschaften auf Grund des § 110 des Reichsgesetzes über die Unfall- und Krankenversicherung der in land- und forstwirthschaftlichen Betrieben beschäftigten Personen vom 5. Mai 1886 (Reichs-Gesetzbl. S. 132). Vom 20. Mai 1887.

Wir Wilhelm, von Gottes Gnaden König von Preußen ꝛc.,

verordnen auf Grund der §§ 110ff. des Reichsgesetzes, betreffend die Unfall- und Krankenversicherung der in land- und forstwirthschaftlichen Betrieben beschäftigten Personen, vom 5. Mai 1886 (Reichs-Gesetzbl. S. 132) für den gesammten Umfang der Monarchie mit Zustimmung beider Häuser des Landtags, was folgt:

Artikel I.

In jeder Provinz bilden die Unternehmer der unter § 1 des Reichsgesetzes vom 5. Mai 1886 (Reichs-

*) Im Interesse der Uebersichtlichkeit wird hier das Preussische Ausführungs-Gesetz, obwohl dasselbe bei den einzelnen Bestimmungen des Reichsgesetzes bereits berücksichtigt ist, seinem ganzen Umfange nach im Zusammenhange nochmals abgedruckt.

Gesetzbl. S. 132) fallenden Betriebe eine Berufsgenossenschaft.

Die Hohenzollernschen Lande werden der Berufsgenossenschaft der Rheinprovinz, die Stadt Berlin der Berufsgenossenschaft der Provinz Brandenburg angeschlossen.

Der Sitz der Berufsgenossenschaft ist — sofern durch den Ressortminister nichts anderes bestimmt wird — die Provinzialhauptstadt.

Artikel II.

Die Berufsgenossenschaft zerfällt in Sektionen. Jeder Kreis (Oberamtsbezirk) bildet eine Sektion.

Der Sitz der Sektion ist — sofern durch den Ressortminister nichts anderes bestimmt wird — die Kreisstadt.

Sektionsversammlungen finden nicht statt.

Artikel III.

Für jede Gemeinde bezeichnet die Gemeindevertretung, oder, wo eine solche nicht besteht, die Gemeindebehörde aus der Mitte der der Gemeinde angehörenden unter dieses Gesetz fallenden Unternehmer oder bevollmächtigten Betriebsleiter einen Wahlmann. Innerhalb jedes Kreises (Oberamtsbezirks) wählen die demselben angehörenden Wahlmänner aus ihrer Mitte je einen Vertreter. In denjenigen Gemeinden, welche einen Kreis für sich bilden, wird der Vertreter aus der Zahl der unter dieses Gesetz fallenden Unternehmer oder Betriebsleiter durch die Gemeindevertretung bezeichnet.

Diese Vertreter bilden die konstituirende Genossenschaftsversammlung (Artikel I).

Auf die späteren Genossenschaftsversammlungen (§ 23 des Reichsgesetzes) finden diese Bestimmungen entsprechende Anwendung. Jedoch kann durch das Genossenschaftsstatut (§ 22 des Reichsgesetzes) vorgeschrieben werden, daß die Zahl der für jeden Kreis zu wählenden Vertreter vermehrt oder vermindert wird, und daß im letzteren Falle Kreise zu gemeinsamen Wahlbezirken vereinigt werden.

Die Berufung und Leitung der konstituirenden Genossenschaftsversammlungen (§§ 20 und 21 des Reichsgesetzes) liegt — soweit sie nicht dem provisorischen Genossenschaftsvorstand zusteht — auch in dem Falle, daß der Bezirk der Genossenschaft über die Grenzen des Staates hinausgeht (vergl. § 114 des Reichsgesetzes), der Landeszentralbehörde oder deren Beauftragten ob.

Artikel IV.

Durch Beschluß der konstituirenden oder einer späteren Genossenschaftsversammlung kann die Verwaltung der Genossenschaft bezw. der Sektion, soweit sie den Vorständen zustehen würde, an Organe der Selbstverwaltung übertragen werden.

Wird eine solche Uebertragung beschlossen, so tritt:

I. an die Stelle des Genossenschaftsvorstandes der Provinzialausschuß.

Bis zu dem in § 155 des Gesetzes über die allgemeine Landesverwaltung vom 30. Juli 1883 (Gesatz-Samml. S. 195) bezeichneten Zeitpunkt treten an die Stelle des Provinzialausschusses:

1. in der Provinz Posen die Provinzialständische Verwaltungskommission zu Posen, bezw. dasjenige Organ, welchem die Obliegenheiten der genannten Behörde übertragen werden;
2. in der Provinz Schleswig-Holstein, einschließlich des Herzogthums Lauenburg, die Provinzialständische Verwaltung in Kiel;
3. in der Provinz Westfalen der Provinzialständische Verwaltungsausschuß;
4. in der Rheinprovinz der Provinzialverwaltungsrath;

II. an die Stelle des Sektionsvorstandes der Kreis- (Stadt-) Ausschuß.

In denjenigen Provinzen, in welchen das Gesetz über die allgemeine Landesverwaltung vom 30. Juli 1883 (Gesetz-Samml. S. 195) noch nicht in Geltung ist, tritt bis zu dem in § 155 vorstehenden Gesetzes bezeichneten Zeitpunkte an die Stelle des Kreisausschusses eine Kommission, welche aus dem Landrath als Vorsitzenden und 6 von der Kreisversammlung aus der Zahl der Kreisangehörigen nach absoluter

Stimmenmehrheit auf die Dauer von sechs Jahren zu erwählenden Mitgliedern besteht.

In den selbstständigen Stadtkreisen tritt an die Stelle des Landraths der Bürgermeister, und an die Stelle der Kreisversammlung die Stadtverordnetenversammlung (Bürgervorsteherkollegium).

Für den Stadtkreis Berlin wird der Sektionsvorstand nach näherer Bestimmung des Genossenschaftsstatuts (§ 23 des Reichsgesetzes) gebildet.

Artikel V.

Für Bundesstaaten, welche auf Grund des § 114 des Reichsgesetzes vom 5. Mai 1886 (Reichs-Gesetzbl. S. 132) ihr Gebiet oder Theile desselben einer Berufsgenossenschaft Preußens angeschlossen haben, wird die Bildung, der Sitz und die Verwaltung der Sektionen durch das Genossenschaftsstatut geregelt.

Artikel VI.

Im Falle des Artikel IV finden folgende Bestimmungen Anwendung:

1. Ueber die Aufstellung der Verzeichnisse der Betriebsunternehmer (§ 34 des Reichsgesetzes) hat der Genossenschaftsvorstand nähere Bestimmung zu treffen.

   Dem Sektionsvorstande liegt die Veranlagung der Betriebe zu den Gefahrenklassen (§ 35 des Reichsgesetzes), sowie die Abschätzung der Betriebe (§ 36 des Reichsgesetzes) nach näherer Bestimmung des Statuts (§ 22 des Reichsgesetzes) ob.

2. Der „Einspruch" gemäß § 38 Absatz 2 und § 82 Absatz 2 des Reichsgesetzes ist bei dem Sektionsvorstande, die „Beschwerde" gemäß § 38 Absatz 3 und § 82 Absatz 2 des Reichsgesetzes bei dem Genossenschaftsvorstande anzubringen.

   Die Bildung eines Genossenschaftsausschusses zur Entscheidung über Beschwerden (§ 22 Ziffer 3 des Reichsgesetzes) findet nicht statt.

3. Von der Eröffnung eines neuen Betriebes (§ 46 des Reichsgesetzes) hat die Gemeindebehörde dem Sektionsvorstande Kenntniß zu geben. Derselbe hat die Zugehörigkeit zur Genossenschaft zu prüfen.

   Wird die Zugehörigkeit anerkannt, so ist nach § 37 und § 38 des Reichsgesetzes und nach Ziffer 2 dieses Artikels zu verfahren.

   Wird die Zugehörigkeit beanstandet, so hat der Sektionsvorstand die Entscheidung des Genossenschaftsvorstandes einzuholen.

   Wird auch von diesem die Zugehörigkeit abgelehnt, so ist die Angelegenheit an das Reichs-Versicherungsamt zur Entscheidung abzugeben.

4. Die „Anzeige" auf Grund des § 47 des Reichs-

gesetzes, sowie die „Anmeldung" auf Grund des § 48 des Reichsgesetzes ist bei dem Sektionsvorstande anzubringen. Gegen Bescheide des Sektionsvorstandes steht dem Betriebsunternehmer binnen einer Frist von 2 Wochen die Beschwerde an den Genossenschaftsvorstand und gegen dessen Bescheid binnen gleicher Frist die Beschwerde an das Reichs-Versicherungsamt zu.

5. Die Prüfung und Abnahme der Jahresrechnung der Berufsgenossenschaft (§ 26 Absatz 2 Ziffer 3 des Reichsgesetzes) erfolgt durch die Provinziallandtage.

Bestimmungen über die Rechnungsführung, soweit sie nicht durch das Genossenschaftsstatut getroffen sind, werden unbeschadet der Vorschriften des § 85 des Reichsgesetzes durch den Genossenschaftsvorstand erlassen. Dieselben bedürfen der Genehmigung des Reichs-Versicherungsamtes.

Artikel VII.

Ueber die den Beisitzern der Schiedsgerichte zu gewährenden Vergütungen (§ 53 Absatz 2 des Reichsgesetzes);

über die Vertretung der Berufsgenossenschaften bei den Untersuchungsverhandlungen (§ 58 des Reichsgesetzes);

über den dem Bevollmächtigten der Krankenkasse, oder dem von der Gemeindebehörde bezeichneten Arbeiter zu gewährenden Ersatz für entzogenen Arbeitsverdienst (§ 60 des Reichsgesetzes);

über das Organ, bei welchem der Entschädigungsanspruch anzubringen ist (§ 64 des Reichsgesetzes) und welches die Entschädigung festzustellen und hierüber Bescheid zu ertheilen hat (§ 62 und § 66 des Reichsgesetzes);

über die Mitwirkung des Sektionsvorstandes bei Aufstellung der Heberolle (§ 81 Absatz 1 des Reichsgesetzes) — trifft das Genossenschaftsstatut Bestimmung.

Artikel VIII.

Für die Befugniß zur Ablehnung des Amtes eines Beisitzers des Schiedsgerichts (§ 53 Absatz 2 des Reichsgesetzes) ist § 29 Absatz 2 des Reichsgesetzes maaßgebend.

Artikel IX.

Die Bestimmungen der §§ 127 und 128 des Reichsgesetzes finden nur auf die in Gemäßheit der §§ 90 und 91 des Reichsgesetzes ernannten Beauftragten Anwendung.

Artikel X.

Soweit die Vorschriften dieses Gesetzes den Bestimmungen der in § 110 des Reichsgesetzes aufgeführten Paragraphen nicht entgegenstehen, finden die letzteren sinngemäße Anwendung.

Artikel XI.

Die zu diesem Gesetz erforderlichen Ausführungsvorschriften erläßt der Minister für Landwirthschaft, Domainen und Forsten im Verein mit dem Minister für Handel und Gewerbe und dem Minister des Innern.

Urkundlich unter Unserer Höchsteigenhändigen Unterschrift und beigedrucktem Königlichen Insiegel.

Gegeben Berlin, den 20. Mai 1887.

(L. S.) **Wilhelm.**

Fürst v. Bismarck. v. Puttkamer. Maybach. Lucius. Friedberg. v. Boetticher. v. Goßler. Bronsart v. Schellendorf. v. Scholz.

II.

Verordnung, betreffend die Zuständigkeit der Verwaltungsgerichte und den Instanzenzug für Streitigkeiten, welche nach reichsgesetzlicher Vorschrift im Verwaltungsstreitverfahren zu entscheiden sind. Vom 26. Juli 1886 (G.-S. S. 213).

Wir Wilhelm, von Gottes Gnaden König von Preußen ꝛc.,

verordnen auf Grund des Gesetzes vom 27. April 1885 zur Ergänzung des § 7 des Gesetzes über die allgemeine Landesverwaltung vom 30. Juli 1883, (Gesetz-Sammlung S. 127)*), was folgt:

§ 1.

Die nach § 12 Absatz 1 und 2, § 136 Absatz 6, § 137 Absatz 3, § 138, § 142 Absatz 4 des Reichsgesetzes, betreffend die Unfall- und Krankenversicherung der in land- und forstwirthschaftlichen Betrieben beschäftigten Personen, vom 5. Mai 1886 (Reichs-Gesetzbl. S. 132) im Verwaltungsstreitverfahren zu entscheidenden Streitigkeiten unterliegen der Entscheidung des Bezirksausschusses.

Gegen die Entscheidung des Bezirksausschusses ist nur das Rechtsmittel der Revision zulässig.

§ 2.

In den Provinzen Posen, Schleswig-Holstein, Westfalen und in der Rheinprovinz tritt diese Verordnung gleichzeitig mit dem Gesetze über die all-

---

*) Der einzige Paragraph des citirten Landesgesetzes „zur Ergänzung des § 7 des Gesetzes über die allgemeine Landesverwaltung vom 30. Juli 1883“, vom 27. April 1885 (Ges.-Sammlung S. 127) lautet:

Für Streitigkeiten, welche nach reichsgesetzlicher Vorschrift im Verwaltungsstreitverfahren zu entscheiden sind, kann die Zuständigkeit der nach § 7 in Verbindung mit § 4 Absatz 2 und 3 des Gesetzes über die allgemeine Landesverwaltung vom 30. Juli 1883 (Ges.-Samml. S. 195) bezeichneten Behörden, soweit dieselbe nicht anderweit gesetzlich feststeht, sowie der Instanzenzug, durch Königliche Verordnung bestimmt werden.

gemeine Landesverwaltung vom 30. Juli 1883 (Gesetz-Sammlung S. 195) in Kraft.

Urkundlich unter Unserer Höchsteigenhändigen Unterschrift und beigedrucktem Königlichen Insiegel.

Gegeben Bad Gastein, den 26. Juli 1886.

(L. S.) **Wilhelm.**

Für den Minister für Handel und Gewerbe. v. Puttkamer. Lucius.

v. Boetticher.

III.

Anweisung*)

zur Ausführung des Abschnitts B des Reichsgesetzes, betreffend die Unfall- und Krankenversicherung der in land- und forstwirthschaftlichen Betrieben beschäftigten Personen, vom 5. Mai 1886 (Reichs-Gesetzbl. S. 132). Vom 26. Juli 1886 (M.-J.-B. S. 187).

I.

Nach § 143 des Reichsgesetzes vom 5. Mai 1886 sind die Bestimmungen des auf die Krankenver-

*) Diese zum Abschnitt B des Reichsgesetzes gegebene Anweisung gilt bezüglich der Entscheidung von Streitigkeiten auch für den Abschnitt A des Reichsgesetzes bezw. für die Unfallversicherung. Vgl. No. IV 18 d. Ausf. Anweisung (siehe Anlage IV).

sicherung bezüglichen Abschnitts B des Gesetzes mit dem Tage der Verkündung desselben in Kraft getreten. Nach § 136 Abs. 6, § 137 Abs. 3, § 138, § 142 Abs. 4 des bezeichneten Abschnitts sollen die daselbst vorgesehenen Streitigkeiten nach Maaßgabe des § 12 Abs. 1 bezw. 2 entschieden werden. Für das nach Maaßgabe der letztgedachten Vorschriften eintretende Verwaltungsstreitverfahren ist auf Grund des Gesetzes vom 27. April 1885 (G.-S. S. 127) durch die Allerhöchste Verordnung vom 26. Juli dieses Jahres*) bestimmt worden, daß der Bezirks-Ausschuß zuständig und gegen dessen Entscheidung nur das Rechtsmittel der Revision statthaft ist.

II.

In denjenigen Landestheilen, in welchen das Verwaltungsstreitverfahren noch nicht besteht, tritt bis zu dem im § 155 des Gesetzes über die allgemeine Landesverwaltung vom 30. Juli 1883 vorgesehenen Zeitpunkte an Stelle des Verwaltungsstreitverfahrens das Rekursverfahren nach Maaßgabe der Vorschriften der §§ 20, 21 der Gewerbeordnung.

Dementsprechend findet gegen die Entscheidungen der Aufsichtsbehörde, welche in den unter I bezeichneten Streitigkeiten ergehen, innerhalb zwei Wochen nach Zustellung der Entscheidung der Rekurs an die

---

*) Vgl. Anlage II.

Regierung, Abtheilung des Innern, statt. Die Rekursentscheidung der Regierung erfolgt in öffentlicher Sitzung nach erfolgter Ladung und Anhörung der Parteien.

Hat die Regierung als Aufsichtsbehörde in erster Instanz entschieden, so ist gegen den Bescheid innerhalb zwei Wochen nach der Zustellung der Antrag auf mündliche Verhandlung vor derselben Behörde oder aber Rekurs an den Minister für Landwirthschaft, Domainen und Forsten zulässig. Wird der erstere Antrag gestellt, so hat die Regierung in öffentlicher Sitzung nach erfolgter Ladung und Anhörung der Parteien zu entscheiden. Gegen die auf mündliche Verhandlung der Regierung ergehende Entscheidung ist innerhalb zwei Wochen nach der Zustellung der Rekurs an den Minister für Landwirthschaft, Domainen und Forsten zulässig.

Der Rekurs kann bei der ersten oder bei der Rekurs-Instanz eingereicht werden.

Hinsichtlich der mündlichen Verhandlung, sowie der Erhebung und Würdigung des Beweises, sind die Vorschriften in §§ 68, 71, 72, 73, 75, 76, 77, 78 und 79 des Gesetzes über die allgemeine Landesverwaltung vom 30. Juli 1883 sinngemäß zur Anwendung zu bringen. Die Entscheidung ist in öffentlicher Sitzung zu verkünden. Die Oeffentlichkeit der Sitzung kann unter entsprechender Anwendung der §§ 173 bis 176 des Gerichtsverfassungsgesetzes ausgeschlossen oder beschränkt werden (§ 21 Nr. 5 der Gewerbeordnung). Baare Auslagen des Verfahrens (Gebühren für Zeugen und Sachverständige rc.) fallen dem unterliegenden Theile zur Last.

III.

Die in § 140 des Reichsgesetzes vom 5. Mai 1886 den unteren Verwaltungsbehörden übertragene Festsetzung des Werths der Naturalbezüge nach den Durchschnittspreisen erfolgt durch die Landräthe (Oberamtmänner), — in Städten von mehr als 10 000 Einwohnern durch die Ortspolizeibehörde, — in der Provinz Hannover in Städten, auf welche die hannoversche revidirte Städteordnung vom 24. Juni 1858 Anwendung findet, mit Ausnahme der in § 27 Abs. 2 der Kreisordnung vom 6. Mai 1884 bezeichneten Städte, durch die Magistrate.

Berlin, den 26. Juli 1886.

Der Minister des Innern. In Vertretung Herrfurth.	Der Minister für Landwirthschaft, Domainen und Forsten. Lucius.	Für den Minister für Handel und Gewerbe. v. Boetticher.

IV.

Anweisung

zur Ausführung des Reichsgesetzes, betreffend die Unfall- und Krankenversicherung der in land- und forstwirthschaftlichen Betrieben beschäftigten Personen, vom 5. Mai 1886 (R.-G.-Bl. S. 132)

und

des preußischen Landesgesetzes, betreffend die Abgrenzung und Organisation der Berufsgenossenschaften auf Grund des § 110 vorstehenden Reichsgesetzes, vom 20. Mai 1887.

Vom 4. Juni 1887.

Zur Ausführung des Reichsgesetzes vom 5. Mai 1886 und des preußischen Landesgesetzes vom 20. Mai 1887, wird unter Hinweis auf die bereits erlassene Ausführungsanweisung vom 26. Juli 1886 (Ministerialblatt für die innere Verwaltung S. 187) und vorbehaltlich besonderer Ausführungsvorschriften für die den Berufsgenossenschaften nicht angeschlossenen Betriebe der Staatsverwaltung, Folgendes bestimmt:

I. Bezeichnung der Behörden und Verbände.

(§ 129 des Reichsgesetzes, Artikel III des Landesgesetzes).

1. Die den „höheren Verwaltungsbehörden" im Reichsgesetz zugewiesenen Verrichtungen werden von

den Regierungs-Präsidenten, für den Stadtkreis Berlin von dem Polizei-Präsidenten wahrgenommen.

In den Provinzen Posen, Schleswig-Holstein und der Rheinprovinz treten bis zur Einführung der Gesetze vom 30. Juli 1883 über die allgemeine Landesverwaltung und vom 1. August 1883 über die Zuständigkeit der Verwaltungs- und Verwaltungsgerichtsbehörden, an die Stelle der Regierungs-Präsidenten die Regierungsabtheilungen des Innern.

2. Als „untere Verwaltungsbehörde" im Sinne des Reichsgesetzes gelten die Landräthe (Oberamtmänner); in Städten von mehr als 10000 Einwohnern, die Ortspolizeibehörden; in der Provinz Hannover in Städten, auf welche die Hannoversche revidirte Städteordnung vom 24. Juni 1858 Anwendung findet, mit Ausnahme der im § 27 Abs. 2 der Kreisordnung vom 6. Mai 1884 bezeichneten Städte, die Magistrate.

3. Die im Reichsgesetz den „Ortspolizeibehörden" überwiesenen Funktionen werden innerhalb der ihnen zugewiesenen Bezirke von denjenigen Beamten oder Behörden wahrgenommen, welche die örtliche Polizeiverwaltung auszuüben haben.

4. Als „Gemeindebehörde" gilt der nach den verschiedenen Städte- und Landgemeinde-Ordnungen gebildete Vorstand der Gemeinde (Einzelbeamter, Kollegium).

In selbständigen Gutsbezirken und Gemarkungen gilt als „Gemeindebehörde" der Gutsherr, oder Gutsvorsteher, oder Gemarkungsberechtigte.

5. Unter der Bezeichnung „Gemeindevertretung" ist die nach den verschiedenen Städte- und Landgemeinde-Ordnungen gebildete und verschieden (Stadtverordneten-Versammlung, Bürgervorsteherkollegium, Bürgerausschuß, Gemeindeausschuß, Gemeindevertretung, Gemeinderath ꝛc.) benannte Vertretung der Stadt- oder Landgemeinde im Gegensatz zur Gesammtheit der stimmberechtigten Gemeindemitglieder zu verstehen.

6. Als „weitere Kommunal-Verbände" sind anzusehen sämmtliche Provinzial-, Landarmen- und Kreisverbände, der Lauenburgische Landeskommunalverband in der Provinz Schleswig-Holstein, die Aemter in der Provinz Westfalen, die kommunalständischen Verbände (Bezirksverbände) in der Provinz Hessen-Nassau, die Landbürgermeistereien in der Rheinprovinz, der Landeskommunalverband und die Oberamtsbezirke in den Hohenzollernschen Landen.

II. Bildung und Berufung der constituirenden und der späteren Genossenschaftsversammlungen.

(§§ 21, 23 des Reichsgesetzes, Artikel III des Landesgesetzes).

7. Die für jede Gemeinde (selbständigen Gutsbezirk) auf Grund des Artikel III des Landesgesetzes

bezeichneten Wahlmänner sind dem Landrath (Oberamtmann) namhaft zu machen.

Für die constituirende Genossenschaftsversammlung hat die Bezeichnung bis zum 1. September 1887 zu erfolgen.

Der Landrath (Oberamtmann) leitet die Wahl der Vertreter zu den Genossenschaftsversammlungen.

Das Wahlverfahren wird durch die in Anlage A beigefügte Wahlordnung*) geregelt.

Die Wahl der Vertreter zur constituirenden Genossenschaftsversammlung muß bis zum 1. November 1887 stattgefunden haben.

8. Die zur constituirenden Genossenschaftsversammlung gewählten Vertreter sind seitens des Landraths (Oberamtmanns) gleich nach stattgehabter Wahl, unter genauer Angabe von Vor- und Zuname, Stand, Beruf, Wohnort (incl. Poststation) dem Ober-Präsidenten namhaft zu machen.

In gleicher Weise ist seitens der Gemeindevertretung derjenigen Gemeinden, welche einen Kreis für sich bilden, der Vertreter zur constituirenden Genossenschaftsversammlung direct zu bezeichnen und seitens des Gemeindevorstandes bis zum 1. November 1887 dem Ober-Präsidenten namhaft zu machen.

Der Ober-Präsident beruft die ihm namhaft gemachten Vertreter zur constituirenden Genossen-

---

*) Vgl. S. 258.

schaftsversammlung mittelst schriftlicher, 14 Tage vor Anberaumung der Versammlung zu erlassender Einladungen an den Sitz des Ober-Präsidiums.

Der Ober-Präsident, oder dessen Stellverteter hat die Versammlung zu eröffnen und bis zur Wahl des provisorischen Vorstandes die Verhandlungen zu leiten.

Insofern Beauftragte der Landes-Zentralbehörde, oder des Reichs-Versicherungsamtes der Versammlung beiwohnen, ist diesen auf Verlangen jeder Zeit das Wort zu gestatten.

Die constituirende Genossenschaftsversammlung resp. die Beschlußfassung über das Genossenschaftsstatut muß bis zum 1. Januar 1888 stattgefunden haben.

9. Die Vorschriften über die Namhaftmachung und Berufung der gewählten resp. bezeichneten Vertreter zu den späteren Genossenschaftsversammlungen, sind aus dem Genossenschaftsstatut (§ 22 Nr. 4 des Reichsgesetzes) zu entnehmen.

10. Sollte durch das Genossenschaftsstatut gemäß Artikel III Abs. 3 des Landesgesetzes vorgeschrieben werden, daß Kreise zu gemeinsamen Wahlbezirken vereinigt werden sollen, so hat der zuständige Ober-Präsident die hierfür erforderlichen Ausführungsvorschriften seinerseits zu entwerfen, und vor Erlaß derselben zur Kenntniß des Ministers für Landwirthschaft, Domainen und Forsten zu bringen.

11. Die Vertreter zur constituirenden Genossenschaftsversammlung sind befugt, vor Abschluß der Verhandlungen für Wahrnehmung der Versammlung Reisekosten und Diäten bis zur Höhe der für die Provinziallandtagsabgeordneten der betreffenden Provinz geltenden Sätze zu beanspruchen.

Sofern ein solcher Anspruch erhoben wird, hat der provisorische Genossenschaftsvorstand die rechtzeitige Erhebung des Anspruchs und die Zahl der in Betracht kommenden Verhandlungstage zu bescheinigen.

Die Zahlung erfolgt auf Anweisung des Landraths (Oberamtmanns) resp. Bürgermeisters vorschußweise aus der Kommunalkasse desjenigen Kreises (Oberamtsbezirks), für welchen die Vertreter gewählt resp. bezeichnet worden sind.

Die vorschußweise gezahlten Diäten und Reisekosten sind demnächst von den unter § 1 des Reichsgesetzes fallenden Betriebsunternehmern des betreffenden Kreises bei der ersten Umlage der Genossenschaftslasten und nach dem für diese festgesetzten Maaßstabe wieder einzuziehen und der Kommunalkasse zurückzuerstatten.

Sächliche Kosten, welche durch die Wahl der Vertreter zur constituirenden Genossenschaftsversammlung, oder durch die constituirende Genossenschaftsversammlung selbst entstehen sollten, sind als Verwaltungskosten gemäß § 15 des Reichsgesetzes von der Berufsgenossenschaft zu erstatten.

III. Bildung der Schiedsgerichte.
(§§ 50 bis 53 des Reichsgesetzes).

12. In solchen Sectionen, deren Bezirk über die Grenzen Preußens nicht hinausgeht, ist der Sitz des für dieselbe errichteten Schiedsgerichts (§ 50 des Reichsgesetzes) die Kreisstadt.

13. Die erste Wahl der nach § 51 Abs. 3 des Reichsgesetzes von der Section zu wählenden Beisitzer und deren Stellvertreter (Abs. 6) erfolgt durch die gemäß II, 7 dieser Ausführungsanweisung berufene Versammlung der Wahlmänner und nach der für diese Versammlung geltenden Wahlordnung (Anlage A), jedoch mit der Maaßgabe, daß die beiden Beisitzer, die beiden ersten und die beiden zweiten Stellvertreter in je einem besonderen Wahlgange zu wählen sind.

In Stadtkreisen, welche nur aus einer Gemeinde bestehen, erfolgt die erste Wahl dieser beiden Beisitzer und deren vier Stellvertreter durch die Stadtverordnetenversammlung (Bürgervorsteher-Kollegium rc.).

Etwa erforderlich werdende Nachwahlen und die nach § 51 Abs. 7 des Reichsgesetzes demnächst vorzunehmenden Ergänzungswahlen für diese beiden Beisitzer und ihre Stellvertreter werden durch den Sectionsvorstand vollzogen.

14. Bezüglich der nach § 51 Abs. 4 des Reichsgesetzes aus dem Arbeiterstande zu wählenden Beisitzer und deren Stellvertreter (Abs. 6), gilt für diejenigen Sectionen, deren Bezirke über die Grenzen Preußens nicht hinausgehen, Folgendes:

a) Falls in dem Bezirke der Section eine, nach § 51 Abs. 4 des Reichsgesetzes wahlberechtigte Orts- oder Betriebskrankenkasse, oder mehrere solcher Kassen vorhanden sind, so erfolgt die Wahl nach Maaßgabe des in Anlage B beigefügten Wahlregulativs*).

b) Befinden sich dagegen in dem Bezirke der Section keine nach § 51 Abs. 4 des Reichsgesetzes wahlberechtigte Orts- oder Betriebskrankenkassen, so erfolgt die Wahl in den Landkreisen (Oberamtsbezirken) durch die Kreisversammlung (Amtsversammlung); in den Stadtkreisen durch die Stadtverordneten-Versammlung (Bürgervorsteher-Kollegium rc.) nach den innerhalb dieser Versammlungen für die sonstigen Wahlen geltenden Vorschriften.

15. Die nach III, 13 und 14 dieser Ausführungsanweisung gewählten Beisitzer und Stellvertreter werden von der auf sie gefallenen Wahl durch den Leiter der Wahl mittelst eingeschriebener Briefe in Kenntniß gesetzt.

---

*) Vgl. S. 262.

Innerhalb 14 Tagen nach erfolgter Benachrichtigung haben die Gewählten dem Leiter der Wahl eine etwaige Ablehnung unter Angabe der Gründe schriftlich anzuzeigen.

Erfolgt eine solche Anzeige nicht, so gilt die Wahl als angenommen.

Die Anzeige der Ablehnung hat der Leiter der Wahl an die höhere Verwaltungsbehörde abzugeben.

Erkennt diese die Gründe der Ablehnung als gesetzlich (§ 29 Abs. 2 des Reichsgesetzes) an, so hat sie eine Nachwahl zu veranlassen.

Andernfalls hat sie den Ablehnenden über die Unzulässigkeit der Ablehnung aufzuklären, und wenn derselbe trotzdem bei seiner Ablehnung verbleibt, die Angelegenheit an den Minister für Landwirthschaft, Domainen und Forsten zur weiteren Veranlassung gemäß § 53 Abs. 3 und 4 des Reichsgesetzes abzugeben.

16. Der Leiter der Wahl hat die nach III, 13 und 14 dieser Ausführungsanweisung gewählten Beisitzer und Stellvertreter unter genauer Angabe von Vor- und Zuname, Stand, Beruf, Wohnort der höheren Verwaltungsbehörde anzuzeigen, welche ihrerseits in gleicher Weise nach Erledigung der gemäß III, 15 dieser Ausführungsanweisung etwa erforderlich gewordenen Maaßnahmen, die Gewählten dem Minister für Landwirthschaft, Domainen und Forsten namhaft macht.

17. Die Wahlen nach III, 13 und 14 dieser Ausführungsanweisung müssen bis zum 1. Januar 1888 stattgefunden haben, die Anzeige nach III, 16 muß dem Minister für Landwirthschaft, Domainen und Forsten bis zum 1. März 1888 erstattet sein.

Die vierjährigen Wahlperioden (§ 51 Abs. 7 des Reichsgesetzes) laufen vom 1. April 1888 ab.

Die nach Ablauf der ersten zwei Jahre erstmalig ausscheidenden Beisitzer und Stellvertreter werden bei dem ersten Zusammentreten des Schiedsgerichts durch den Vorsitzenden desselben, und sofern vor dem Ablauf dieser Periode das Schiedsgericht nicht zusammentreten sollte, durch den Vorsitzenden unter Zuziehung eines vereideten Protokollführers ausgeloost.

IV. Allgemeine Bestimmungen.

18. Für die Entscheidung von Streitigkeiten über Unterstützungs- und Ersatzansprüche (§ 12 des Reichsgesetzes) sind die Vorschriften unter I und II der zur Ausführung des Abschnitts B des Reichsgesetzes erlassenen Anweisung vom 26. Juli 1886 (Ministerialblatt für die innere Verwaltung S. 187) maaßgebend.

19. Hinsichtlich des seitens der Ortspolizeibehörden gemäß § 56 des Reichsgesetzes zu führenden Unfallverzeichnisses finden die in der Circular-Verfügung der Minister für Handel und Gewerbe

und der öffentlichen Arbeiten vom 7. November 1885 (Ministerialblatt für die innere Verwaltung S. 246) zur Ausführung der gleichen Bestimmung in § 52 des Unfallversicherungsgesetzes vom 6. Juli 1884 gegebenen Vorschriften*) entsprechende Anwendung.

20. Die gemäß § 81 Abs. 2 des Reichsgesetzes den Gemeindebehörden zu gewährende Vergütung wird auf vier vom Hundert der für die Berufsgenossenschaft eingezogenen Beiträge festgesetzt.

21. Die in den §§ 34 Abs. 2, 90 Abs. 2, 93 Abs. 2 des Reichsgesetzes vorgesehenen Strafen fließen in die Kasse derjenigen Berufsgenossenschaft, innerhalb deren Bezirk sie festgesetzt sind.

22. Die Vorstände der Berufsgenossenschaften haben von dem durch das Reichs-Versicherungsamt genehmigten Statut und jedem späteren Nachtrage je ein Exemplar an den Minister für Handel und Gewerbe, des Innern und für Landwirthschaft, Domainen und Forsten einzureichen.

Für den Minister für Handel und Gewerbe.
v. Boetticher.

Der Minister des Innern.
v. Puttkamer.

Der Minister für Landwirthschaft, Domainen und Forsten.
Lucius.

---

*) Vgl. Anlage V, S. 270.

Anlage A*)

Wahlordnung,

betreffend

die Wahlen der Vertreter zur konstituirenden und zu den späteren Genossenschaftsversammlungen.

(Artikel III des Landesgesetzes; II, 7 der Ausführungsanweisung vom 4. Juni 1887.)

§ 1.

In jedem Kreise (Oberamtsbezirk) hat der Landrath (Oberamtmann) in der für amtliche Publikationen üblichen Weise den Termin bekannt zu machen, bis zu welchem ihm seitens der Gemeindevertretung resp. Gemeindebehörde auf Grund des Artikel III des Landesgesetzes und gemäß II, 7 der Ausführungsanweisung vom 4. Juni 1887 die Wahlmänner zu bezeichnen sind.

Die Bezeichnung der Wahlmänner hat durch schriftliche Anzeige unter genauer Angabe von Vor- und Zuname, Stand, Beruf, Wohnort zu erfolgen.

Gemeinden (Gutsbezirke), welche die Frist oder eine etwa bewilligte Nachfrist versäumen, bleiben bei der Wahlhandlung unvertreten.

§ 2.

Werden Wahlmänner bezeichnet, welche den Anforderungen des Artikel III des Landesgesetzes nicht

*) Zu II 7 Ausf.-Anw. (S. 250).

entsprechen, so hat der Landrath (Oberamtmann) die betreffende Gemeindevertretung resp. die Gemeindebehörde unter Angabe der Gründe, aus welchen die Bezeichnung der Wahlmänner zu beanstanden war, mit einer Frist von einer Woche zur Bezeichnung anderer Wahlmänner aufzufordern. Erfolgt eine anderweite Bezeichnung nicht, oder entsprechen die anderweit bezeichneten Wahlmänner wiederum nicht den Anforderungen des Artikel III des Landesgesetzes, so bleibt die betreffende Gemeinde (Gutsbezirk) vorbehaltlich der Beschwerde nach § 10 dieser Wahlordnung bei der Wahlhandlung unvertreten.

§ 3.

Der Landrath (Oberamtmann) beruft die bezeichneten Wahlmänner, soweit sie dem Artikel III des Landesgesetzes entsprechen, mittelst schriftlicher, 14 Tage vor Anberaumung der Wahl zu erlassender, Tag, Stunde und Wahllokal genau bezeichneter Einladung in die Kreisstadt und leitet die Wahlhandlung.

Als Legitimation für die Erschienenen gilt das an sie ergangene Einladungsschreiben.

§ 4.

Die Wahl wird ohne Rücksicht auf die Zahl der Erschienenen durch Stimmzettel in der Weise vorgenommen, daß jeder Stimmberechtigte soviel Namen auf einen Stimmzettel schreibt, als Vertreter zu wählen sind.

§ 5.

Stimmen, welche auf nicht Wählbare (Artikel III des Landesgesetzes) entfallen, oder die Gewählten nicht deutlich bezeichnen, werden nicht mitgezählt.

Befinden sich auf einem Stimmzettel die Namen von mehr Personen eingetragen, als zu wählen sind, so sind nur die Stimmen giltig, welche auf die zuerst und bis zur Erfüllung der Zahl der zu Wählenden eingetragenen Namen entfallen. Ueber die Gültigkeit von Stimmzetteln und Stimmen entscheidet, vorbehaltlich der Beschwerde nach § 10 dieser Wahlordnung, der Leiter der Wahl.

§ 6.

Gewählt sind bei jedem Wahlgange diejenigen, welche die einfache (relative) Mehrheit der abgegebenen gültigen Stimmen erhalten haben.

Bei Stimmengleichheit entscheidet das vom Leiter der Wahl zu ziehende Loos.

§ 7.

Die Wahl kann auch auf andere Weise (durch Akklamation, Handerheben 2c.) erfolgen, wenn nicht mehr als der zehnte Theil der Anwesenden widerspricht.

§ 8.

Ueber die Wahl ist ein Protokoll aufzunehmen und vom Leiter der Wahl zu vollziehen.

Aus dem Protokoll müssen das Wahlverfahren, die Zahl der erschienenen Stimmberechtigten, die Zahl der auf die einzelnen Personen entfallenen gültigen und ungültigen Stimmen, Name, Stand, Beruf, Wohnort der Gewählten, sowie der Grund, weshalb einzelne Stimmzettel oder Stimmen für ungültig erklärt worden sind, zu ersehen sein.

Ebenso sind eventuell in dem Wahlprotokoll die Gründe anzugeben, aus denen einzelne Gemeinden (Gutsbezirke) nach §§ 1, 2, 4 dieser Wahlordnung unvertreten geblieben sind.

§ 9.

Der Leiter der Wahl hat das Wahlergebniß den Erschienenen mitzutheilen. Die Gewählten werden, sofern sie bei der Wahlhandlung nicht erschienen waren, von der auf sie gefallenen Wahl schriftlich in Kenntniß gesetzt.

§ 10.

Streitigkeiten oder Beschwerden, welche sich auf die Gültigkeit der vollzogenen Wahlen beziehen, werden vom Reichs=Versicherungsamt entschieden.

Anlage B*)

Wahlregulativ,

betreffend

die Wahl der auf Grund des § 51 Abs. 4 resp. Abs. 6 des Reichsgesetzes vom 5. Mai 1886 (R.-G.-Bl. S. 132) und gemäß III, 14 der Ausführungsanweisung vom 4. Juni 1887 zu wählenden Beisitzer der Schiedsgerichte und deren Stellvertreter

für

diejenigen Sectionen, deren Bezirke über die Grenzen Preußens nicht hinausgehen.

§ 1.

Innerhalb eines jeden Kreises (Oberamtsbezirks) hat der Landrath (Oberamtmann) resp. Bürgermeister festzustellen:

a) wieviel Orts- oder Betriebskrankenkassen nach § 51 Abs. 4 des Reichsgesetzes wahlberechtigt sind.

b) wieviel nach § 1 des Reichsgesetzes versicherungspflichtige und in Betrieben der Genossenschaftsmitglieder beschäftigte Personen einer jeden dieser Kassen angehören.

Die genannten Beamten werden mit der Leitung der Wahl beauftragt.

---

*) Zu III 14 Ausf. Anw. (S 254).

§ 2.

Behufs Ausübung der Wahl übersendet der Beauftragte (§ 1) einer jeden nach § 1a dieses Regulativs als wahlberechtigt ermittelten Kasse einen Stimmzettel nach Anlage C*) mittelst eingeschriebenen Briefes. Auf dem Stimmzettel werden die Berufsgenossenschaft, die Section, die wahlberechtigte Kasse, und die nach § 1b dieses Regulativs ermittelte Zahl der Mitglieder angegeben.

§ 3.

Sogleich nach Empfang dieses Stimmzettels beruft der Vorsitzende des Kassenvorstandes nach der für die betreffenden Kasse geltenden Geschäftsordnung die Mitglieder des Kassenvorstandes, mit Ausschluß der Arbeitgeber, zur Wahl.

Gehört der Vorsitzende zu den Arbeitgebern, so wählt er selbst nicht mit.

§ 4.

Die nach § 3 dieses Regulativs berufenen und erschienenen Vorstandsmitglieder bezeichnen unter Leitung des Vorsitzenden mit einfacher Mehrheit der Stimmen die in den Stimmzettel als gewählt einzutragenden beiden Beisitzer, die beiden ersten und die beiden zweiten Stellvertreter.

Außer Vor- und Zuname ist auch der Wohnort des Gewählten, sowie der Betrieb, in welchem er

*) Vgl. S. 268.

beschäftigt wird, unter Benutzung des Vordrucks in den Stimmzettel einzutragen. Darunter ist mittelst Namensunterschrift der Wählenden zu bescheinigen:

a) daß die wahlberechtigten Mitglieder des Kassenvorstandes in üblicher Weise zur Wahl der Beisitzer des Schiedsgerichts und deren Stellvertreter eingeladen worden sind,

b) daß mehr als die Hälfte der Erschienenen denjenigen Personen, deren Name vorstehend eingetragen sei, ihre Stimme gegeben habe,

c) daß die Gewählten großjährige, auf Grund des Reichsgesetzes vom 5. Mai 1886 (R.-G.-Bl. S. 132) versicherte, in Betrieben von Genossenschaftsmitgliedern beschäftigte, dem Arbeiterstande angehörende Personen seien, welche sich im Besitz der bürgerlichen Ehrenrechte befinden und nicht durch richterliche Anordnung in der Verfügung über ihr Vermögen beschränkt sind.

§ 5.

Spätestens nach Ablauf von zwei Wochen seit Empfang des Stimmzettels, ist dieser portofrei an den Beauftragten (§ 1) zurückzusenden.

§ 6.

Stimmzettel, welche nicht den richtigen Vordruck tragen, oder nicht unterschrieben sind, sind ungültig.

Stimmen, welche auf nicht Wählbare entfallen, oder die Gewählten nicht deutlich bezeichnen, werden nicht mitgezählt. Befinden sich auf einem Stimmzettel die Namen von mehr Personen eingetragen, als zu wählen sind, so sind nur die Stimmen gültig, welche auf die zuerst und bis zur Erfüllung der Zahl der zu Wählenden eingetragenen Namen entfallen.

Ueber die Gültigkeit von Stimmzetteln und Stimmen entscheidet, vorbehaltlich der Beschwerde an das Reichs-Versicherungsamt, der Beauftragte.

§ 7.

Der Beauftragte stellt binnen längstens zwei Wochen nach Ablauf der Einlieferungsfrist (§ 5 dieses Regulativs) aus den eingesandten gültigen Stimmzetteln das Wahlergebniß fest.

§ 8.

Ist in dem Bezirk der Section nur eine nach § 51 Abs. 4 des Reichsgesetzes wahlberechtigte Orts- und Betriebskrankenkasse vorhanden, so gelten die in dem Stimmzettel dieser Kasse gültig bezeichneten Beisitzer und Stellvertreter in der Reihenfolge ihrer Bezeichnung als gewählte Beisitzer und Stellvertreter des Schiedsgerichts.

Wird der Stimmzettel einer solchen Kasse für ungültig erklärt, oder sind die Bezeichneten, oder einzelne derselben nicht wählbar, so hat der Beauftragte eine Nachwahl herbeizuführen.

Wird auch hierbei den gesetzlichen Anforderungen nicht rechtzeitig genügt, so ist nach der Vorschrift in § 53 Abs. 4 des Reichsgesetzes zu verfahren.

§ 9.

Sind in dem Bezirk der Section mehrere nach § 51 Abs. 4 des Reichsgesetzes wahlberechtigte Orts- oder Betriebskrankenkassen vorhanden, so gilt für die Ermittelung des Wahlergebnisses Folgendes:

Der gültige Stimmzettel resp. die gültigen Stimmen einer Kasse, welcher bis zu 100 in Betrieben der Genossenschaftsmitglieder beschäftigte, nach § 1 des Reichsgesetzes versicherungspflichtige Personen angehören, zählen einfach; einer Kasse, welcher mehr als 100 und bis zu 500 solcher Personen angehören, doppelt; einer Kasse, welcher mehr als 500 und bis zu 1000 solcher Personen angehören, dreifach: einer Kasse, welcher über 1000 solcher Personen angehören, vierfach.

Unter Berücksichtigung dieses verschiedenen Geltungswerthes der Stimmen wird zunächst aus sämmtlichen Stimmzetteln bezüglich des ersten Beisitzers ermittelt, welcher der Bezeichneten die meisten Stimmen (relative Stimmenmehrheit) auf sich vereinigt hat. Derselbe gilt als gewählt. Bei Stimmengleichheit entscheidet das von dem Beauftragten zu ziehende Loos.

Die gleiche Ermittelung findet der Reihe nach für den zweiten Beisitzer und für jeden der Stellvertreter statt.

Hat einer der Bezeichneten in der Reihenfolge der Ermittelung bereits einmal die Mehrheit der Stimmen auf sich vereinigt, und erlangt derselbe nochmals die Mehrheit, so gilt nicht er, sondern derjenige als gewählt, welcher nächst ihm die meisten Stimmen (relative Stimmenmehrheit) erhalten hat, eventuell entscheidet das Loos.

§ 10.

Der Beauftragte hat über die Ermittelung des Wahlergebnisses unter Zuziehung eines vereideten Protokollführers ein Protokoll aufzunehmen, aus welchem der Name und Wohnort der Personen, auf welche Stimmen gefallen sind, die Zahl der auf die einzelnen Personen entfallenen gültigen und ungültigen Stimmen, sowie der Grund der Ungültigkeit von Stimmenzetteln oder Stimmen, endlich Vor- und Zuname, Stand, Beruf, Wohnort der gewählten Beisitzer und Stellvertreter zu ersehen sind.

§ 11.

Auf etwaige Nachwahlen und auf die nach § 51 Abs. 7 des Reichsgesetzes demnächst vorzunehmenden Ergänzungswahlen finden die vorstehenden Bestimmungen sinngemäße Anwendung.

§ 12.

Streitigkeiten oder Beschwerden, welche sich auf die Gültigkeit der vollzogenen Wahl beziehen, werden vom Reichs-Versicherungsamt entschieden.

Anlage C*)

Stimmzettel

für die Wahl von zwei Beisitzern des Schiedsgerichts und vier Stellvertretern seitens der nach § 51 Abs. 4 des Reichsgesetzes vom 5. Mai 1886 (R.-G.-Bl. S. 132) wahlberechtigten Orts- und Betriebskrankenkassen.

Berufsgenossenschaft:
Sektion:
Wahlberechtigte Kasse:
Zahl der in Betracht kommenden Kassenmitglieder:

(Bis hierher von dem Beauftragten auszufüllen.)

Die unterzeichneten Kassen-Vorstandsmitglieder wählen:

Zu Beisitzern

1.	2. . . . .
beschäftigt im Betriebe des	beschäftigt im Betriebe des
. . . .	. . . .
in	in . . . .

Zu ersten Stellvertretern

1.	2. . . . .
beschäftigt im Betriebe des	beschäftigt im Betriebe des
. . . .	. . . .
in	in . . . .

*) Zu III 14 Ausf.-Anw. bezw. § 2 d. Wahlregulativs (S. 263).

Zu zweiten Stellvertretern

1.	2. . . . .
beschäftigt im Betriebe des	beschäftigt im Betriebe des
. . . .	. . . .
in.	in . . . .

Bescheinigung.

Es wird hierdurch bescheinigt:

a) daß die wahlberechtigten Mitglieder des Kassenvorstandes in üblicher Weise zur Wahl der Beisitzer des Schiedsgerichts und der Stellvertreter eingeladen worden sind;

b) daß mehr als die Hälfte der Erschienenen denjenigen Personen, deren Name vorstehend eingetragen ist, ihre Stimme gegeben hat;

c) daß die Gewählten großjährige, auf Grund des Reichsgesetzes vom 5. Mai 1886 (R.-G.-Bl. S. 132) versicherte, in Betrieben von Genossenschaftsmitgliedern beschäftigte, dem Arbeiterstande angehörende Personen sind, welche sich im Besitz der bürgerlichen Ehrenrechte befinden und nicht durch richterliche Anordnung in der Verfügung über ihr Vermögen beschränkt sind.

(Ort und Datum.) (Unterschrift der Wähler.)

V.

Vorschriften*)

für die preußischen Ortspolizeibehörden und das Eisenbahn-Kommissariat in Berlin über die Führung des Unfallverzeichnisses.

Vom 7. November 1885 (M.-J.-B. S. 246).

Nach § 52[1]) des Unfallversicherungsgesetzes haben die Ortspolizeibehörden ein Unfallverzeichniß zu führen und in dasselbe diejenigen Unfälle einzutragen, welche aus den der Unfallversicherung unterliegenden Betrieben, soweit diese nicht unter Reichs- oder Staatsverwaltung stehen, nach § 51[2]) a. a. O. angemeldet werden.

Zur Ausführung dieser Vorschrift wird das Folgende bestimmt:

I.

Die Ortspolizeibehörden haben das Unfallverzeichniß nach dem anliegenden Formular zu führen und die Eintragungen in dasselbe nach Anleitung der probeweisen Ausfüllung zu bewirken.

---

*) Diese für die Industrie erlassenen Vorschriften finden nach IV 19 Ausf. Anw. (vgl. S. 256) auch in der Land- und Forstwirthschaft entsprechende Anwendung.

[1]) § 56 Ges. v. 5. Mai 1886. — [2]) § 55 Ges. v. 5. Mai 1886.

II.

Dabei sind insbesondere folgende Vorschriften zu beachten:

1) In das Unfallverzeichniß sind alle Unfälle einzutragen, welche auf Grund des § 51 [2]) des Unfallversicherungsgesetzes zur Anzeige gelangen.

2) Die Eintragung ist in der Reihenfolge zu bewirken, in welcher die Anzeigen eingehen. Die letzteren sind mit fortlaufender Nummer zu versehen und in einem Beilageheft zum Unfallverzeichniß zu sammeln.

3) In Spalte 2 ist der Betrieb, in welchem sich der Unfall ereignet hat, genau zu bezeichnen. Soweit zur Feststellung der Identität eine Ortsangabe (Gemeindebezirk, Straße, Hausnummer) erforderlich erscheint, ist dieselbe beizufügen.

4) Sind mehrere Personen durch einen Unfall verletzt oder getödtet, so bedarf es einer Ausfüllung aller Spalten für jede Person nicht. Es genügt, in Spalte 5 die Namen der Personen, in Spalte 6—7 die Verletzungen, welche dieselben erlitten haben, aufzuführen, im Uebrigen aber nur eine einmalige Angabe hinsichtlich des Betriebes u. s. w. zu machen.

5) Unfälle, welche nach der darüber eingegangenen Anzeige eine Untersuchung (§ 53 [3]) a. a. O.) zwar nicht

---

[2]) § 55 Ges. v. 5. Mai 1886. — [3]) § 57 Ges. v. 5. Mai 1886.

erfordern, indeß auch nicht als ganz unerheblich anzusehen sind, müssen von der Ortspolizeibehörde in ihren weiteren Folgen beobachtet werden, damit bei etwa eintretender Verschlimmerung der letzteren die Untersuchung rechtzeitig eingeleitet werden kann. In Fällen dieser Art ist in Spalte 10 anzugeben, warum die nachträglich erforderlich gewordene Untersuchung erst nach einiger Zeit vorgenommen worden ist.

6) Mit Rücksicht auf § 5 Absatz 9[4]) a. a. O. empfiehlt sich eine kurze Mittheilung über das Ergebniß der Unfalluntersuchung an die in der Unfallanzeige bezeichnete Krankenkasse, welcher der Verletzte angehört, und ist hierüber in Spalte 10 ein entsprechender Vermerk einzutragen.

7) Es ist zulässig, getrennte Unfallverzeichnisse für örtlich abgegrenzte Theile des Bezirks der Ortspolizeibehörde (Polizei-Reviere u. A.) oder für eine oder mehrere Berufsgenossenschaften (vergl. den Kopf der Unfallanzeigen) oder für einzelne Gewerbezweige oder einzelne größere Etablissements zu führen.

III.

Die unter II 1 bis 7 gegebenen Vorschriften müssen dem Unfallverzeichniß vorgeheftet oder vorgedruckt sein.

---

[4]) Fällt im Ges. v. 5. Mai 1886 fort.

IV.

Die vorgesetzten Dienstbehörden haben sich gelegentlich von der vorschriftsmäßigen Führung des Unfallverzeichnisses zu überzeugen.

Für den Minister für Handel und Gewerbe.
(gez.) v. Boetticher.

Der Minister der öffentlichen Arbeiten.
Im Auftrage
(gez.) Schulz.

Unfallver

(§ 52[1]) des Unfallversicherungs

Laufende Nr.	Betrieb, in welchem sich der Unfall ereignet hat. Name (Firma) d. Betriebsunternehmers.	Datum des Unfalls.	Nr. der Unfallanzeige.	Vor- und Zuname der Verletzten. (Getödteten.)	Art der Verletzung.
1.	2.	3.	4.	5.	6.
1. (Beispielsweise ausgefüllt.)	Maschinenfabrik von Erh. Keller Teichstraße 11.	2. Octbr. 1885	1	Robert Müller	Leichte Fingerquetschung.
2. (Beispielsweise ausgefüllt.)	Wollspinnerei von Christoph, Reuter & Co.	5. Octbr. 1885	2 bis 5	1. Peter Wirtz 2. Maria Nickel 3. Joseph Werner 4. Carl Weise	1. Leichte Kopfverletzung 2. Armbruch und Verbrühung 3. Schwere Verbrühung 4. Brustquetschung †
3. (Beispielsweise ausgefüllt.)	Kalksteinbruch der Wintersberger Steinbruchs Aktiengesellschaft, Gemeindebezirk Rehmhausen im „Hölzchen".	10. Octbr. 1885	6	Friedrich Schönberg	Fußquetschung

[1]) § 56 Ges. v. 5. Mai 1886.

zeichniß.
gesetzes vom 6. Juli 1884.)

Wird die Verletzung voraussichtlich den Tod oder eine Erwerbsunfähigkeit von mehr als 13 Wochen zur Folge haben?	Veranlassung des Unfalls.	Ist der Unfall untersucht? (Wenn ja, an welchem Tag?) Vergl. §§ 53 fg.[2]) des Unfallversicherungsges.	Bemerkungen.
7.	8.	9.	10.
Nein (ca. 1 Woche Erwerbsunfähigkeit).	Gerieth in das Zahnradgetriebe einer Handbohrmaschine	Nein	—
1. Nein (2 Wochen Erwerbsunfähigkeit). 2. Ja 3. Ja 4. Ist bereits gestorben	Dampfkessel-Explosion.	Ja am 7. Octbr. 1885.	In Betreff der Verletzten 2 und 3 Mittheilungen an die zuständige Krankenkasse am 10. October 1885.
Nein (ca. 3 Wochen Erwerbsunfähigkeit).	Fall von überhangendem Gestein	Ja am 15. November 1885.	Untersuchung nachträglich vorgenommen, da nach angestellter Ermittelung die Herstellung des Verletzten sich hinzieht. Der zuständigen Krankenkasse am 15. November Mittheilung gemacht.

[2]) §§ 57 fg. Ges. v. 5. Mai 1886.

Register.

A.

B.

W.

FSC
www.fsc.org
MIX
Papier | Fördert gute Waldnutzung
FSC® C083411

Kolibri 360 GmbH
Ferdinand-Jühlke-Straße 7
99095 Erfurt, Deutschland
produktsicherheit@kolibri360.de